LE VISAGE DE DIEU

Ouvrage publié par Guy Trédaniel éditeur, avec l'autorisation
des éditions Grasset & Fasquelle, 2019

ISBN : 978-2-8132-2210-7

www.editions-tredaniel.com
info@guytredaniel.fr
www.facebook.com/editions.tredaniel

Igor & Grichka
BOGDANOV

Préfaces de Robert Wilson, John Mather et James Peebles
Prix Nobel de physique 1978, 2006, 2019

LE VISAGE DE DIEU

Nouvelle édition illustrée et actualisée,
publiée avec l'autorisation des éditions Grasset & Fasquelle

Guy **Trédaniel** éditeur
19, rue Saint-Séverin
75005 Paris

SOMMAIRE

À Robert Wilson, prix Nobel 1978.

À John Mather, prix Nobel 2006.

À James Peebles, prix Nobel 2019.

Par-delà le gouffre infini des étoiles, ces trois géants de la physique ont percé le secret de la première lumière de l'Univers et découvert les traces flamboyantes du Big-Bang.

Avec chacun d'eux, nous gardons le souvenir étoilé de nos longues conversations, toujours simple et profonde autour de l'immense mystère de l'origine.

Qu'ils soient tous les trois remerciés pour nous avoir fait l'honneur et la joie de préfacer cet ouvrage.

AVERTISSEMENT

Voici presque dix ans, dans les beaux jours du printemps 2010, paraissait la première édition de notre livre Le Visage de Dieu. *Était-ce à cause de son titre ? Du fait – inattendu – qu'il a été le plus gros succès de librairie de l'année ? Ou encore à cause des idées « révolutionnaires » qu'il défendait ? Toujours est-il que l'ouvrage qui est entre vos mains – à notre joie préfacé depuis octobre 2019 par trois prix Nobel de physique, Robert Wilson (1978), John Mather (2006) et James Peebles (2019) – s'est très vite retrouvé au cœur d'un débat brûlant, qui a changé nos vies. Et qui, dix ans plus tard, pourrait bien également bouleverser pour le meilleur la vôtre et vous apporter une raison de goûter à une sérénité que vous n'imaginiez pas pouvoir atteindre un jour.*

Tout a commencé pour nous au début des années 1990 par une question toute simple en apparence, mais qui n'avait encore jamais été posée avant nous : existe-t-il quelque chose avant le Big-Bang ? Que s'est-il passé avant la création du temps, de l'espace et de la matière ? Est-ce que l'Univers dans lequel nous vivons s'est créé tout seul ? Est-ce qu'il existe « par hasard » ou pas ?

Aussi surprenant que cela puisse vous sembler, des débuts de réponses – parfois toutes récentes – existent et vous allez les découvrir dans ce livre. Plusieurs d'entre elles vont vous stupéfier. D'autres vont vous faire profondément réfléchir. Mais toutes ont quelque chose d'enchanteur, qui fera passer au fil des pages le souffle du merveilleux. Une véritable brise de bonheur.

*

Pour nous mettre en jambes, faisons un rapide tour d'horizon. Et ouvrons grand nos yeux. À chaque instant, l'Univers nous montre à quel point il est source de merveilleux, Des exemples ? Le jovial physicien russe George Gamow (l'un des héros de ce livre) était fasciné par l'idée qu'il y a autant d'atomes dans un minuscule grain de sable que de grains de sable dans tous les déserts et toutes les plages du monde ! Il répétait également en riant que si l'on supprimait tout l'espace entre tous les atomes du corps humain, l'humanité entière tiendrait dans un morceau de sucre pesant 250 millions de tonnes !

Autre chose. Chaque jour, obéissant à un programme d'origine inconnue, 10 milliards d'étoiles nouvelles naissent dans notre Univers et 1 million d'autres explosent en un éclair éblouissant qui, pendant quelques instants, est aussi brillant qu'une galaxie entière composée de 100 milliards de soleils. Quelle est donc la source de ces évènements cosmiques dont l'échelle est si colossalement différente de la nôtre ? À chaque instant, à 500 années-lumière de chez nous, la supergéante rouge Bételgeuse, dont le rayon est 1000 fois plus grand que celui de notre Soleil, peut exploser en une supernova. Lorsque ce phénomène se produira, l'étoile émettra pendant quelques secondes un éclair éblouissant qui illuminera la galaxie entière, sur des milliards de milliards de kilomètres. Puis durant plus d'une semaine, elle brillera encore d'un vif éclat argenté, visible depuis chez nous en plein jour. Pourtant, alors qu'on pourrait penser que cette explosion titanesque n'a ni queue ni tête, en réalité elle dispersera dans l'espace les éléments indispensables à la vie. C'est ce qui a permis au système solaire de se former et à la vie d'émerger, il y a des milliards d'années.

Mais d'où vient cet inimaginable scénario qui ne doit rien au hasard ?

Dans le sillage émerveillé de cette question, Einstein a un jour pris sa plume pour écrire : « Tout est déterminé par des forces que nous ne contrôlons pas. Tout est déterminé, pour l'insecte comme pour l'étoile. Êtres humains, légumes ou poussière d'étoiles, nous dansons tous au rythme d'un air mystérieux, joué au loin par un joueur de flûte invisible.[1] »

Pour Einstein, c'est une tranquille évidence : ces forces que nous ne contrôlons pas n'agissent pas seulement dans l'infiniment grand. Elles traversent aussi en trombe le monde à notre échelle, jusqu'à engendrer autour de nous les phénomènes les plus stupéfiants. Un cas à couper le souffle nous est fourni par une espèce de bambous originaire de Chine appelée Phyllostachys bambusoides. *De manière totalement inexplicable, ces végétaux fleurissent seulement tous les 120 ans ! Mais pourquoi 120 ans ? Pourquoi cette durée interminable au lieu d'une année, comme pour presque toutes les plantes ? De plus,*

---

1 Cité par G.S. Vierck dans "Glimpses of the Great" (1930).

ils fleurissent tous au même moment – au jour près - dans le monde entier. Leur dernière floraison remonte à 1970. La prochaine aura lieu un jour lointain, en 2090.

Comment est-ce possible ?

La clef du mystère est encore plus folle : en effet, une équipe de l'université de Harvard vient de montrer que ce cycle de 120 ans est égal au produit des trois premiers nombres premiers, soit $2 \times 2 \times 2 \times 3 \times 5^2$. *Comment les bambous « savent-ils » – et tous au même moment – compter jusqu'à cent vingt avec des nombres premiers, sans commettre la moindre erreur sur une durée aussi longue ?*

Les réponses à ces questions plus troublantes les unes que les autres ne se trouvent pas ici. Il nous faut aller les chercher loin. Très loin. Pour certains, la source de l'ordre qui a permis à notre Univers de se former tel qu'il est aujourd'hui – le premier « moteur immobile » dont parle Aristote – est visible dans la toute première lumière de l'Univers. Dans l'éclair primordial qui, pour la première fois, a illuminé le cosmos 380 000 ans après sa naissance. Cet éclair dans lequel le physicien George Smoot, – récompensé en 2006 par le prix Nobel pour avoir été le premier, avec John Mather (autre préfacier de notre livre) à « photographier » grâce à un satellite le reflet du Big-Bang – a cru apercevoir « le Visage de Dieu ».

---

2 Carl Veller, Martin Nowak, et Charles Davis *Ecology Letters*, Harvard University Publications, 2015.

Quant à nous, nous allons aller encore plus loin. Remonter avant la première lumière. Traverser les âges sombres. Jusqu'à l'aube des temps. Jusqu'au commencement. Pour y déceler et partager avec vous quelques fragments de la signification profonde de l'Univers. Le sens de la vie. Et répondre à la question fondamentale formulée par Leibnitz, celle qui emporte en une seule phrase toute la philosophie : pourquoi y a-t-il quelque chose plutôt que rien ?

*

Afin de bien repérer notre chemin vers les premières réponses, commençons par revenir un peu en arrière. Beaucoup de choses se sont passées depuis dix ans en sciences.

D'abord, après plus d'un demi-siècle de traque, s'est répandue en 2012 comme une traînée de poudre la fracassante découverte – dans le tunnel incandescent du CERN – du célèbre boson de Higgs, cette particule que le physicien Léon Lederman, prix Nobel de physique en 1988, a baptisée « la particule-dieu ». En somme, un autre miroir du visage de Dieu …

Trois ans plus tard, en septembre 2015, c'est au tour des ondes gravitationnelles d'être détectées, ces mystérieuses vibrations de l'espace-temps prédites il y a un siècle par Einstein et qui, silencieuses et invisibles, traversent l'Univers. Là encore, la découverte est si importante qu'elle rapporte en 2017 le prix Nobel de physique à Rainer Weiss, Kip Thorne et Barry Barish. Nous allons voir plus loin que ces fameuses ondes sont des sortes de messagères, qui portent en elles un « texte » écrit au moment même du Big-Bang.

Puis en 2019, a eu lieu la découverte de la toute première image véritable d'un trou noir, photographié au centre de la galaxie M87, à 50 millions d'années-lumière de chez nous. Et si cette image nous fascine, c'est qu'elle est une porte ouverte sur la singularité initiale de l'espace-temps. Comme si, en regardant bien ce cercle flamboyant sur fond noir, l'on pouvait presque distinguer, tout au fond, le point zéro de l'Univers, à l'instant zéro. En somme une image de l'instant créateur.

Enfin, toujours en 2019 a eu lieu la mise en évidence d'un phénomène qui, depuis, ne cesse de tracasser tous les scientifiques du monde (et même ceux qui ne le sont pas). En effet, l'expansion de l'Univers s'accélère encore plus vite que ce que l'on croyait jusqu'ici, ce qui a d'immenses conséquences à tous les étages de la connaissance.

Faisons le point. Que penser de toutes ces nouveautés ? Certes, elles représentent autant de conquêtes majeures sur le plan scientifique. Mais, comme vous le pressentez sans doute, elles sont plus que cela. Bien plus. Elles nous parlent dans une langue inconnue de quelque chose qui, nous le savons obscurément, nous relie à ce qu'il y a de plus profond dans l'Univers. De plus signifiant dans nos vies.

*

Mais de quoi s'agit-il ? Dans ce nouveau livre, nous vous proposons de découvrir en quoi ces bouleversements dans nos connaissances sur l'Univers, depuis la première publication du Visage de Dieu, *donnent un sens nouveau à notre quête.*

Mais aussi à nos existences. Jusqu'à murmurer dans l'invisible pourquoi l'Univers existe. Et pourquoi nous sommes là.

Pour ce faire, comme promis, nous allons nous mettre en route vers l'aube des temps. Vers les premiers jours, les premières heures, les toutes premières minutes de notre Univers. Jusqu'à la toute première fraction de seconde marquant la naissance de tout ce qui existe.

C'est là que nous allons devoir marquer une pause.

Car sous nos yeux fascinés va se dresser une sorte de frontière ultime, apparemment infranchissable. Comme un mur très étrange, perdu au fin fond de l'Univers, à des milliards d'années-lumière de chez nous. Les scientifiques en connaissent tous l'existence et l'appellent « le mur de Planck ». Mais bizarrement, la plupart hésitent à le chercher et, d'avantage encore, redoutent de le franchir. Y a-t-il quelque chose derrière ? Et si oui, quoi donc ?

Ce que les physiciens savent, c'est que ce fameux mur de Planck marque le début de l'Univers matériel. Sa taille ? Des milliards de fois plus petite que celle d'un atome. À peine 10 puissance moins 33 cm. Un millionième de milliardième de milliardième de milliardième de centimètre ! Tout l'Univers tient dans ce fragment infime, qu'aucun microscope ne pourra jamais voir, aussi puissant et ingénieux soit-il. Il vient de naître alors que bizarrement, l'horloge cosmique ne marque pas zéro mais 10 puissance moins 43 seconde. Et déjà, notre Univers naissant a un poids : 20 microgrammes, autant qu'un grain de sable (ce qui, compte tenu de sa taille, est gigantesque). Mais ce n'est pas tout. La chaleur que dégage ce tout premier fragment de réalité est colossale : 10 puissance 32 degrés, autrement dit 100 000 milliards de milliards de milliards de degrés. De plus, il est protégé par une énergie inimaginable, qui dépasse tout ce qui peut exister dans l'Univers. L'énergie de la création de la matière. L'énergie phénoménale du Big-Bang

Mais réfléchissons …

D'où vient ce premier atome de réalité ? Qui donc en a eu l'idée ? Qui l'a construit ? Tout en nous en approchant dans ce livre, nous verrons à quel point son architecture est solide et pensée. Mais nous irons plus loin. À notre émerveillement, nous réaliserons qu'il y a bel et bien « quelque chose » avant le temps de Planck, cette fameuse limite de 10 puissance moins 43 seconde marquant le début du Big-Bang. Quelque chose de totalement différent de ce qu'on trouve chez nous. Une réalité sans matière, sans espace et sans temps, qui a existé avant le Big-Bang.

Avant le Big-Bang !

Certains d'entre vous le savent, nous martelons cette hypothèse depuis des années. Mais si nous étions seuls au début des années 1990, ce n'est plus le cas aujourd'hui. Déjà en 2006, au risque de s'attirer les foudres de ses collègues, le physicien théoricien Marc Kamionkowski, professeur à l'université John Hopkins, avait lancé : « Il n'est plus complètement fou de se demander ce qui s'est passé avant le Big-Bang[3] ». Autre exemple ? Celui de l'astrophysicien George Efstathiou, directeur du prestigieux

---

3 http://media.caltech.edu/press_releases/13218 , 2008

Institut de cosmologie à l'université de Cambridge. Bravant le scepticisme souvent inébranlable de ses collègues, ce chercheur de renom n'a pas hésité à franchir la ligne rouge en déclarant, fin mars 2013 : « Il est parfaitement possible que l'Univers ait connu une phase avant le Big-Bang, qui ait vraiment existé, et que l'on puisse suivre l'histoire de l'Univers jusqu'à cette période précédant le Big-Bang[4]*. » Deux ans plus tôt, sir Roger Penrose, le célèbre leader de l'École Mathématique d'Oxford, s'était jeté un peu avant tout le monde dans la bataille avec un livre publié sous ce titre choc : « Qu'y avait-il avant le Big-Bang*[5] *? »*

Excellente question ! Qu'y avait-il avant la naissance du temps, de l'espace et de la matière ?

*

Pour l'instant, contentons-nous de savoir qu'il existe « avant la création du monde », c'est-à-dire de l'autre côté du mur de Planck « quelque chose » d'immatériel, qui fait que l'énergie du Big-Bang ne se libère pas au hasard mais obéit à des contraintes qui dépassent tout ce que nous pouvons imaginer. Quelque chose qui fait qu'en trois minutes à peine après le Big-Bang – 180 secondes – 98% de la masse de l'Univers – portée par les noyaux d'atomes d'hydrogène – a été créée. Une création qui a eu lieu dans les trois premières minutes de vie de l'Univers et plus jamais après.

4 http://www.euronews.com/2013/03/21/planck-maps-the-dawn-of-time/
5 Roger Penrose, Vintage Publishing, Octobre 2011

À ce propos, les premiers habitants de l'Univers, les fameux protons, nés d'un seul coup, presque tous en même temps, à l'instant du Big-Bang, sont par eux-mêmes des prodiges qui défient l'entendement. Un exemple ? Le 16 mai 2018 a été publié dans la revue Nature *la fascinante découverte du Docteur Volker Burkert et de son équipe. Ceux-ci sont en effet parvenus à mesurer (grâce aux instruments du Thomas Jefferson National Accelerator) la pression régnant à l'intérieur de ces particules nichées au cœur des noyaux atomiques. Celle-ci dépasse l'entendement : 10 puissance 35 pascals, c'est-à-dire 10 fois la pression la plus forte connue aujourd'hui dans l'Univers, celle qui règne dans les profondeurs de ces étoiles effondrées, comprimées à l'extrême, qu'on appelle les étoiles à neutrons. Pour vous donner une vague idée, une simple cuillérée à café de la matière d'une étoile à neutrons pèserait … 100 millions de tonnes ! C'est dire la pression qui règne en son cœur de fer. Et pourtant, la pression au cœur du proton est encore dix fois plus élevée. En somme, nous portons dix étoiles à neutrons au cœur de chacun de nos milliards de milliards d'atomes. Mais ce n'est pas tout. Dans notre précédent ouvrage,* L'Équation Dieu, *nous avons observé à propos du proton qu'il est 938 millions de fois plus lourd que le neutrino (dont le poids est seulement d'1 électronvolt). D'où vient ce réglage ? Mais ce n'est encore rien à côté de cette particule infime qu'est le quark top : à lui seul, il pèse autant que 175 milliards de neutrinos entassés les uns sur les autres. Comment expliquer ces invraisemblables différences ? Et pour revenir à notre fameux proton, comment expliquer que sa durée de vie est de 10 puissances 40 ans – 10 000 milliards de milliards de milliards de milliards d'années – alors que celle du neutron, pourtant son inséparable compagnon au sein du noyau, atteint à peine … un petit quart d'heure ? Sans cette vertigineuse différence, jamais la matière n'aurait pu se former aux tout premiers instants après le Big-Bang. Alors quel « miracle » inimaginable a donc pu ajuster l'une sur l'autre ces deux horloges si incroyablement différentes ? En tout cas, on peine à dire qu'il s'agit du hasard. Par là, nous ne disons rien de plus que George Smoot qui écrit dans son livre* Les Rides du Temps *: « Nous ne sommes pas le résultat d'un simple accident cosmique*[6] *».*

*

En effet, la question est bien de savoir si l'Univers est le résultat du hasard ou bien si, au contraire, il est puissamment ordonné.

Pour enfoncer le clou un peu plus, le prix Nobel de physique Steven Weinberg évoque de manière saisissante le prodige accompli par un atome apparemment insignifiant, un isotope du béryllium. Sa vie est incroyablement brève : à peine 0,000000000000001 seconde ! Or, durant cette infime fraction de seconde, il doit à tout prix trouver et absorber un noyau d'hélium avant de disparaître pour toujours. Comment peut-il réussir ? Weinberg nous éclaire : « Cela se produit uniquement à cause d'une correspondance d'énergie totalement inattendue, exquise et précise, entre les deux noyaux. Si cela ne se produisait pas, il n'y aurait aucun des éléments les plus lourds. Pas de carbone, pas d'azote, pas de vie. Notre Univers ne serait composé que d'hydrogène et d'hélium. » Guère surprenant que Weinberg – pourtant agnostique autoproclamé – ait pu conclure son exemple sur ces mots : « La vie telle

6 G. Smoot, Les Rides du Temps, Flammarion (1997)

que nous la connaissons serait impossible si l'une des quantités physiques avait eu une valeur légèrement différente. » Suivant le même itinéraire de pensée, Michael Turner, astrophysicien de l'université de Chicago et du Laboratoire Fermi, décrit l'ajustement de l'Univers au moment du Big-Bang avec cette forte comparaison : « La précision équivaut à lancer une balle à l'autre bout de l'Univers et à atteindre un minuscule carré d'un millimètre de côté.» Prenant la balle au bond, le grand astronome Alan Sandage, lauréat du prix Crawford d'astronomie, a lancé cette formule audacieuse : «Je trouve assez improbable qu'un tel ordre soit issu du chaos. Il doit exister un principe d'organisation. Pour moi, Dieu est un mystère, mais c'est l'explication du miracle de l'existence, pourquoi il y a quelque chose plutôt que rien[7].»

À vrai dire, presque tous les physiciens qui ont étudié l'Univers n'ont pas manqué d'être passablement troublés par l'implacable rigueur du réglage des constantes universelles (la seule façon d'échapper à ce constat étant, comme nous le verrons plus loin, de faire appel à l'hypothèse des Univers parallèles, hypothèse qui, par définition, ne relève pas du domaine observable, autrement dit, n'est pas scientifique).

Dès lors, observer aussi loin que possible dans le passé de l'Univers revient à tenter d'y déchiffrer la trace de lois connues. De 1989 à aujourd'hui, les scientifiques ont lancé trois satellites astronomiques pour fouiller le fin fond de l'Univers. Ils ont pu ainsi sonder le passé lointain, recomposer le scénario du

7 Willford, J.N. March 12, 1991. Sizing up the Cosmos: An Astronomers Quest. New York Times, p. B9.

Big-Bang à partir des lois qu'ils connaissaient et qui leur ont permis de lever une partie du voile sur le mystère de l'origine. À la suite de ces observations, des centaines d'articles scientifiques ont été publiés partout dans le monde afin d'interpréter les données transmises par les fameux satellites. Or parmi eux, une publication très singulière sous la plume de deux scientifiques réputés va susciter un débat des plus enfiévrés et mettre le feu dans les esprits de tous ceux qui s'intéressent à la cosmologie primordiale. Nous avons déjà évoqué cette stupéfiante aventure dans d'autres ouvrages, mais il nous semble nécessaire d'y revenir ici, tant elle est symptomatique.

*

Tout commence aux États-Unis le 11 octobre 2005, il est 7h15. Ce matin-là, encore mal réveillés, deux jeunes physiciens font tourner distraitement un café allongé au fond de leur tasse. C'est leur semaine de garde en tant qu'examinateurs des articles soumis à la très sélective archive scientifique de l'université Cornel – la désormais célèbre arXiv. Tout à coup, l'un des deux s'étrangle sur une gorgée de café. Ils viennent de recevoir sur écran un article qui les laisse bouche bée. Comment diable publier une chose pareille ? La discussion enflamme tout l'étage et finit par arriver aux oreilles de la hiérarchie de l'archive. Vu la haute réputation des auteurs, la décision est prise : l'article sera publié !

9h30. Traînant les pieds, les modérateurs de l'arXiv mettent donc en ligne le sulfureux article. Son titre ? « Un Message dans le Ciel ». Les auteurs ? Deux physiciens théoriciens de renom. D'abord Anthony Zee, de l'université de Californie, expert reconnu en théorie quantique des champs. Visiting Professor à l'Institut des Études Avancées de Princeton, auteur de plus de 200 publications scientifiques, ce professeur respecté a été l'élève de deux monuments de la science, l'académicien Sidney Coleman, de Harvard, et le médaillé Fields Edward Witten, de Princeton, leader mondial de la théorie des cordes.

Quant à Steve Hsu, second signataire de l'article, son palmarès est tout aussi éloquent. Docteur de l'université de Berkley, professeur titulaire et détenteur de la chaire de Physique Théorique de l'université de l'Oregon, directeur de l'Institut des Sciences Théoriques, vice-président de la recherche et des études supérieures dans l'université d'État du Michigan, Steve Hsu est également l'un des experts réputés dans le domaine du machine learning.

Or, que nous disent ces deux stars de la physique théorique dans ce fameux article ? Quelque chose qui a glacé leurs collègues : une sorte de « message cosmique» serait encodé au cœur de la première lumière émise par l'Univers, il y a plus de 13 milliards d'années ! Venant de scientifiques respectés, l'affirmation sent le soufre. Pourtant, elle sera publiée l'année suivante dans les pages du très sérieux journal à comité de lecture Modern Physics Letters A. *Au risque d'être soupçonnés de perdre la tête et sans se soucier des cris d'effroi poussés par leurs collègues, Zee et Hsu ont donc posé cette question explosive : « Supposons qu'un être ou des êtres supérieurs aient créé l'Univers. Nous n'abordons pas la question de savoir si oui ou non c'est probable, mais avançons simplement cette supposition. Supposons en outre qu'ils aient vraiment voulu nous informer que l'Univers a été créé intentionnellement.*

La question que nous posons est la suivante : comment pourraient-ils nous envoyer un message[8] ? »

Et voici l'ahurissante réponse des deux physiciens : « Nous sommes convaincus que le support pour ce message est unique : ce ne pouvait être que le fond diffus cosmologique. Celui-ci constitue en effet un panneau d'affichage géant dans le ciel, visible par toutes les civilisations technologiquement avancées. Comme les différentes régions du ciel sont causalement déconnectées, seul l'Être "présent au moment de la création" pouvait placer un message là-bas[9]. »

L'Être présent au moment de la création !

*

La formule autant que l'idée sous-tendue se sont bien sûr attirées les foudres de la communauté scientifique, parmi lesquelles un article acerbe, publié sur l'arXiv de Cornell dès le 15 novembre 2005 par deux jeunes astrophysiciens, Douglas Scott, de l'université de Colombie Britannique (Canada) et James P. Zibin, également à l'UCB. Dans le titre, « Le Vrai Message dans le Ciel[10] » comme dans l'article, les deux chercheurs n'y vont pas par quatre chemins : « Nous soulignons que la quantité d'informations que le CMB peut encoder est bien inférieure à l'estimation de Hsu et Zee et que la quasi-totalité

---

8 https://arXiv.org/abs/physics/0510102
9 *Ibid*
10 https://arXiv.org/abs/physics/0511135

des informations du CMB est fortement dépendante de l'observateur.[11] »

Au reste, cette critique n'est que partiellement fondée dans la mesure où elle ne s'applique pas aux images photographiques du fond diffus, que n'importe qui – vous y compris – peut tranquillement contempler en totalité sur l'écran de son ordinateur ou de son smartphone. Mais surtout, elle passe à côté d'un phénomène qui n'a pas échappé à certains physiciens, sensibles à l'idée d'une sorte de « code » réglant la première lumière de l'Univers. Un exemple ? En novembre 2010, le physicien américain Vahagn. G. Gurzadyan (directeur du Centre de cosmologie de l'institut de physique d'Erevan) et trois de ses collègues ont publié dans la revue Astronomy and Astrophysics *un article qui débouche sur cette conclusion : « Le ciel cosmologique est faiblement aléatoire*[12] *». Autrement dit, ce qu'on observe au sein du rayonnement fossile ne serait pas dû au hasard !*

Mais ici filtre une nouvelle question : comment peut-on parler d'un ordre au sein de la première lumière de l'Univers alors qu'à cette époque, le bébé-Univers n'est encore qu'un brouillard brûlant de particules élémentaires qui dansent dans tous les sens ?

Une réponse convaincante nous a été fournie par le physicien mathématicien américain Steve Carlip, de l'université de Californie. Ce chercheur (avec lequel nous avons eu une

---

11 *Ibid*

12 V.G. Gurzadyan et al, A Weekly Random Universe ? *Astronomy and Astrophysics* 525(6) · November 2010

correspondance soutenue en 2002) n'est pas n'importe qui. Il a en effet déployé une contribution majeure vers l'étude de l'Univers primitif. Or pour lui, pas le moindre doute : les infimes différences de température au sein du rayonnement fossile, représentées par des variations de couleur, des « taches » rouges et bleues représentant les régions chaudes et froides sur la « carte photographique » du bébé-Univers ne sont absolument pas distribuées au hasard : « Lorsque nous observons le rayonnement fossile, nous voyons des petites variations dans son spectre, qui proviennent de petites variations de densité. Ces variations ne sont pas dues au hasard, et leur modèle est prévisible et bien compris.[13] » Et afin de fixer une fois pour toutes sa démonstration, Carlip lance avec enthousiasme : « En particulier, l'on observe l'image précise de corrélations entre les « points chauds » (provenant de pics) et les « points froids » (provenant de creux). La théorie ne se contente pas de prédire quelques chiffres, mais propose une courbe extrêmement élaborée, et les observations tombent pile sur cette courbe[14] ».

La découverte est frappante. Mais si cet ordre existe bel bien au sein de l'Univers naissant, quel est le déterminisme sous-jacent, autant puissant qu'invisible, qui en est la cause ? Qui ou quoi a donc mis, selon la belle expression de Stephen Hawking, « le feu aux équations » ? Pourquoi George Smoot, en montrant à ses collègues les images de l'Univers naissant, s'est-il laissé aller à parler du « visage de Dieu » ?

---

13 http://newsgroups.derkeiler.com/Archive/Talk/talk.origins/2010-07/msg03973.html
14 *Ibid*

C'est ce que nous allons tenter de découvrir dans les pages de cet ouvrage en suivant pas à pas la fascinante histoire de la découverte du Big-Bang. Et de ce qu'il y avait avant.

Mais encore un mot avant d'entamer notre merveilleux voyage. Nous vous réservons dans notre livre une surprise. Quelque chose de nouveau et de bouleversant, récemment apparu. Quelque chose qui pourrait bien changer pour toujours votre manière de voir la réalité et la place que vous y occupez.

Bon voyage à tous !

Préfaces

Robert Wilson

John Mather

James Peebles

Robert Wilson, prix Nobel de physique 1978 pour avoir découvert l'écho du Big-Bang…

ROBERT WILSON

Prix Nobel de physique 1978

Dans ce livre d'Igor et Grichka, intitulé, selon la fameuse phrase de George Smoot, *Le Visage de Dieu*, vous allez découvrir l'histoire la plus fascinante que vous puissiez imaginer, la plus mystérieuse aussi : celle de nos origines. Vous et moi, bien sûr, mais aussi la naissance de l'Univers. Toute bonne histoire a ses héros. Igor et Grichka vont vous présenter la plupart de ceux qui ont apporté une contribution significative à notre compréhension du Big-Bang, d'abord sur une simple feuille de papier, aujourd'hui, grâce à des satellites dans l'espace. Je n'ai pas eu la chance de rencontrer certains des anciens héros comme Alexander Friedmann ou Edwin Hubble ; mais j'ai eu le plaisir de travailler avec nombre de ceux que vous allez rencontrer dans ce livre, comme Fred Hoyle, George Gamow ou Robert Dicke. D'ailleurs, c'est une grande joie de retrouver ici, dans l'introduction à ce livre, ces deux personnages essentiels de l'histoire du Big-Bang, James Peebles et John Mather. Comme nous allons le découvrir dans les pages qui suivent, James et le groupe de Princeton m'ont aidé à comprendre ce que nous avions découvert, tandis que John et l'équipe de

COBE ont pu confirmer, grâce à leur satellite, nos premières observations.

À la fin des années 1950, alors que j'étais étudiant à Caltech, l'unique enseignement en cosmologie était dispensé par Fred Hoyle. Comme chacun sait, Hoyle était l'auteur et le défenseur déterminé de la théorie de l'Univers stationnaire. Celle-ci me plaisait assez. C'est pourquoi l'on ne peut pas dire que j'étais particulièrement orienté vers une cosmologie de type « Big-Bang ». Depuis les toutes premières microsecondes jusqu'à l'Univers que nous observons, la théorie du Big-Bang est plutôt bien comprise. Certes, la question de savoir comment l'Univers a démarré de manière aussi précise pour nous mener là où nous sommes est beaucoup moins claire. Mais l'un dans l'autre, cette théorie semble être la seule susceptible d'expliquer l'Univers tel qu'il est.

Pendant que je préparais mon doctorat, j'avais entendu dire que les laboratoires Bell avaient rassemblé des équipements radio spécialisés dans les communications avec les satellites. En 1963, après une année de post-doc à Caltech, j'ai donc accepté un travail dans le New Jersey, au département de recherche des laboratoires Bell à Holmdel. J'avais l'intention de continuer l'astronomie tout en contribuant à des missions pratiques pour le département des systèmes. Tout au long de l'année suivante, j'ai préparé avec Arno Penzias le réflecteur d'antenne de 20 pieds en vue de plusieurs projets en radio astronomie. L'un d'eux consistait à observer un halo autour de notre galaxie, la Voie lactée. Ce halo devait être visible dans toutes les directions et son éclat plutôt uniforme. Lorsque nous avons enfin monté le radiomètre (conçu pour mesurer avec précision la température d'antenne du réflecteur), nous avons alors détecté un excès de température tout à fait inattendu. Nous étions au mois de mai 1964. Or, cet excès de température était indépendant de l'endroit du ciel vers lequel l'antenne était orientée. Il ne s'agissait que de quelques degrés au-dessus du zéro absolu (et de bien peu de choses eu égard au rayonnement terrestre qui environnait notre antenne), mais si nous devions poursuivre nos observations avec ce matériel, il nous fallait absolument trouver un moyen d'éliminer ce « bruit » parasite. D'autres gens des laboratoires Bell avaient déjà observé ce phénomène, mais ils en avaient conclu qu'il résultait simplement d'une imprécision de leurs mesures. Or, malgré le fait que nous disposions d'un système de mesure bien plus performant, le problème persistait. Nous avons alors pensé, Arno et moi, que ce « bruit » provenait d'un défaut de notre équipement : nous n'avions jamais supposé qu'il ait pu avoir une origine extraterrestre. Nous avons épluché la liste de ce qui aurait pu causer ce problème et vérifié chaque élément de notre équipement : pendant près d'un an, nous avons passé toutes nos mesures au peigne fin.

Ce n'est qu'en 1965, au moment où nous avons appris, presque par hasard, que certains physiciens de Princeton avaient prédit un tel « bruit », que nous avons commencé à penser qu'il pouvait peut-être s'agir d'un phénomène cosmologique inconnu. À cette époque, nous n'avions pas encore eu de contacts avec l'équipe de Princeton. Heureusement, notre ami le radio astronome Bernie Burke a alors attiré notre attention sur les travaux de l'équipe de Robert Dicke, en particulier sur ceux d'un jeune physicien nommé James Peebles. À ce moment-là, Peebles venait de distribuer à ses collègues un article non publié dans lequel il décrivait de quelle manière le rayonnement fossile du Big-Bang pourrait être détecté dans le cosmos. Nous avons donc appelé nos collègues de Princeton (qui se trouve à une soixantaine de kilomètres à peine). Je me souviens très clairement du jour où Bob Dicke, David Wilkinson et Peter Roll sont venus visiter nos installations à Crawford Hill (James Peebles n'avait pas pu se joindre à nous ce matin-là). Quel ne fut pas notre soulagement lorsque, après avoir examiné notre équipement, ils sont tous tombés d'accord pour conclure que nos mesures étaient correctes. Je revois encore Bob Dicke en train de décrire leur cosmologie et de plaider pour la théorie à l'arrière de ce que nous avions découvert. Le bruit du « Big-Bang » devait être uniforme dans toutes les directions et donc correspondre à ce que nous avions observé. À cette époque, ni Arno ni moi n'avions réalisé l'importance de notre découverte. Nous étions très heureux d'avoir une explication plausible de ce « bruit », mais bien que nous ayons accepté le fait que Dicke et ses collègues pouvaient avoir raison, nous avons tout de suite pensé que nous devions chercher d'autres explications. Par exemple, celle de l'Univers stationnaire. Mais le temps passant, après quantité de tests et de vérifications, nous avons dû admettre que la seule explication plausible renvoyait aux idées de Peebles et de Dicke : peut-être avions nous bel et bien trouvé le rayonnement « fossile » provenant de l'Univers naissant, comme l'avait prédit Dicke et démontré Peebles. Avant d'envoyer notre article pour publication, nous avons fait une ultime vérification du niveau de rayonnement parasite en provenance du sol, mais notre antenne fonctionnait comme prévu.

En 1965, quelques semaines avant la publication de notre travail dans l'*Astrophysical Journal*, Walter Sullivan a été le premier à révéler notre découverte au monde entier, en une du *New York Times*. Ceci m'a amené, comme le reste du monde, à prendre cette aventure très sérieusement. Pour preuve, nous avons alors reçu quantité d'encouragements de la part de nombreux astronomes. Il était alors remarquable de constater à quel point la communauté scientifique était favorable à notre découverte. Les laboratoires Bell jouissaient d'une excellente réputation, de même que l'équipe de Princeton : les meilleures conditions étaient réunies pour que notre découverte soit prise au sérieux et acceptée. Malgré cela, je me souviens que notre aventure a évolué avec une certaine lenteur. Il a fallu plus d'un an avant que nos premières observations puissent trouver une explication. Je ne pense pas que nul d'entre nous aurait pu réaliser à quel point notre découverte allait bouleverser la cosmologie. C'est peut-être pour cette raison qu'au moment où nous avons reçu le prix Nobel, ce fut presque une surprise. Avant cela, nous n'y avions même jamais songé. Je crois que c'était la meilleure façon de recevoir un tel prix. Au-delà du grand honneur d'être récompensés, le prix Nobel a totalement changé nos vies. Au-delà de la communauté scientifique, le monde entier découvrait ce que nous avions fait. Et en même temps, il devenait évident que le fond de rayonnement cosmologique devenait quelque chose de très important. Le prix Nobel ouvre la voie vers quantité d'autres choses. Il m'est difficile de dire ce que le comité Nobel aurait dû faire. Mais je crois que certains de nos collègues auraient dû partager le prix avec nous. En particulier Gamow, Alpher et Herman qui, dans les années 1940, avaient prédit le fond de rayonnement issu d'un Big-Bang ou encore Peebles et Dicke qui étaient partie prenante de cette découverte. Même si certains de ses collègues ont certainement été déçus d'avoir été oubliés, je n'ai ressenti aucune amertume à notre égard de la part de Gamow qui me semblait au contraire enchanté de notre découverte du rayonnement fossile.

Environ une décennie plus tard, en 1992, ce fut au tour de COBE de stupéfier le monde. Il a commencé par établir une magnifique convergence entre les observations et le spectre de corps noir prédit par la théorie du Big-Bang. John Mather qui dirigeait cette expérience (et que nous retrouverons plus loin dans cet avant-propos) a montré qu'il s'agissait d'un rayonnement de corps noir presque parfait. Ceci a mis un terme à toute possibilité d'expliquer le rayonnement fossile par tout autre modèle que celui du Big-Bang. Si COBE n'avait pas pu mettre en évidence les anisotropies du CMB, il aurait alors été très difficile d'expliquer notre propre existence. Je comprends à quel point George Smoot a été ébloui au moment où il a reçu les premiers résultats transmis par COBE. C'est la raison pour laquelle il a déclaré : « C'était comme voir le visage de Dieu ! » Je pense que je n'aurais pas utilisé la même métaphore. Bien qu'elle soit étonnante, j'aurais dit : « Nous voyons le visage de la Création ! » plutôt que celui du créateur. À n'en pas douter, il y a eu « quelque chose » pour tout mettre en place. Si vous êtes religieux, selon la tradition judéo-chrétienne, je ne puis imaginer de meilleure théorie de l'origine de l'Univers qui corresponde à ce point à la genèse. Nous voyons désormais bien plus loin dans l'histoire de l'Univers que quiconque auparavant. Je trouve extraordinaire que l'on puisse recueillir autant d'informations à partir des fluctuations primordiales du CMB. Quand j'étais étudiant, la constante de Hubble avait une imprécision d'un facteur d'ordre 2. Désormais, on peut la déterminer à quelque pour cent près à partir des fluctuations du fond tout comme une quantité d'autres constantes.

En fait, après que WMAP a appliqué ses instruments à haute résolution sur de petites portions du ciel, le satellite *Planck* devrait nous fournir un tableau à haute résolution du fond cosmique sur la totalité du ciel. Voici qui va certainement renforcer notre compréhension de ce qui s'est passé au moment de la naissance de l'Univers : ce serait magnifique que le mode B de polarisation soit assez puissant pour être détecté par *Planck*.

La providence m'a placé au bon endroit pour utiliser un instrument capable d'observer « le bruit du Big-Bang ». J'ai également eu beaucoup de chance de comprendre ce que cet instrument pouvait réaliser. J'aurais pu faire tellement d'autres choses de ma vie. Mais j'ai atterri aux laboratoires Bell où se trouvait cette antenne avec toute l'aide nécessaire pour construire ce dont nous avions besoin et mettre en place les observations souhaitées. Environ un demi-siècle après cette époque, je me souviens que la vie était remarquablement bonne à Crawford Hill. Mon premier patron avait travaillé avec le physicien et ingénieur radio Karl Jansky qui avait découvert dans les années 1930 les ondes radio en provenance de l'espace et fut, à ce titre, le premier radioastronome. L'équipe de Crawford Hill avait apporté des contributions substantielles aux technologies des micro-ondes qui ont été développées par la suite. C'était merveilleux de se trouver dans l'entourage stimulant de ces gens-là. Je ne peux pas imaginer un endroit dans lequel j'aurais été plus heureux. Notre bâtiment ouvrait sur l'arrière vers une colline où se trouvaient diverses antennes, y compris le réflecteur de 20 pieds. Ce n'était pas seulement « commode » de travailler là-bas, au beau milieu de la nature : c'était singulièrement agréable.

Aujourd'hui, j'habite à quelques kilomètres seulement des laboratoires Bell. Je reviens de temps en temps dans cet endroit où j'ai passé les moments les plus heureux de ma vie de chercheur. L'antenne est toujours là. Il y a quelques années, l'ancien système de contrôle est tombé en panne. Avec l'aide d'un collaborateur, j'ai installé un tableau de commande électronique moderne à la place de l'ancien système. Et l'antenne fonctionne à nouveau. La plupart du temps, elle est désormais éteinte. Mais lorsque des pique-niques sont organisés sur les pelouses, on l'oriente alors en direction des gens assis dans l'herbe. Au lieu de détecter le rayonnement primordial du Big-Bang, elle capte alors quelque chanson à la mode et retransmet la musique à toute la foule. Du plus profond des mystères cosmologiques à quelques banales notes de musiques, ainsi va la vie, après tout.

John Mather, prix Nobel de physique 2006 pour avoir observé
la première lumière après le Big-Bang…

JOHN MATHER

Prix Nobel de physique 2006

Ce livre, *Le Visage de Dieu*, traite de la quête scientifique la plus passionnante de tous les temps : celle de l'origine de l'Univers. Qu'est-il arrivé à l'instant du Big-Bang ? Et peut-être même *avant* ? Comment l'Univers a-t-il commencé ? Quelle est l'origine des étoiles et des galaxies ?

Pour la première fois, les scientifiques disposent d'outils qui leur permettent de répondre à ces questions : la cosmologie est devenue aujourd'hui une science expérimentale (et précise). Personnellement, j'ai eu la grande joie et le privilège de participer à un projet qui a transformé non seulement la cosmologie, mais aussi toute notre vision de l'Univers. Cette expérience a un nom que vous connaissez peut-être : le satellite COBE.

En 1974, j'ai dirigé une petite équipe de scientifiques afin de concevoir une méthode de mesure du rayonnement cosmologique émis au moment du Big-Bang ainsi que les radiations infrarouges en provenance des galaxies les plus lointaines. Le lancement du satellite COBE en 1989 est le résultat du travail de plus de 1 500 chercheurs et ingénieurs de la NASA et de Ball Aerospace ainsi que des universités à travers tous les États-Unis.

L'équipe de COBE a fait trois découvertes majeures.

Tout d'abord, le spectrophotomètre absolu dans l'infrarouge lointain (ou FIRAS), construit par une équipe dirigée par moi-même avec Rick Shafer, a comparé le spectre du rayonnement fossile à celui du « corps noir » prédit par la théorie. En janvier 1990, j'ai présenté les premiers résultats des observations faites par l'instrument FIRAS installé à bord de COBE. Presque immédiatement, nous avons été en mesure de confirmer que le rayonnement fossile avait bien un spectre de corps noir. Cela signifiait que la première lumière émise par l'Univers était entièrement déterminée par sa température, de sorte que le cosmos primordial se trouvait dans un équilibre thermique presque parfait. Lorsque nous avons dévoilé l'image des courbes à la Société américaine d'astronomie, nous avons déclenché une *standing ovation*. Plus tard, nous avons montré que l'ajustement de ces courbes était presque parfait, à moins de 50 parties par million, ce qui confirme la théorie du Big-Bang chaud avec une précision extraordinaire. La théorie concurrente, celle de l'Univers stationnaire, ne pouvait pas expliquer un tel degré de perfection. La température du rayonnement fossile est aujourd'hui bien connue : 2,725 degrés kelvin plus ou moins 0,001 K. Cette « première lumière » est la forme dominante d'énergie par rayonnement dans l'Univers, même encore à présent, alors qu'elle a été refroidie et diluée par l'expansion.

La deuxième grande découverte a été effectuée grâce au radiomètre différentiel à micro-ondes (ou DMR), un instrument construit par une équipe dirigée par George Smoot et Charles Bennett. Il a révélé que la carte de la luminosité du rayonnement fossile présente de minuscules irrégularités (qu'on appelle des anisotropies). Ces « grumeaux » varient en luminosité d'environ 10 parties par million et dans les cartes elles ont des tailles apparentes d'à peu près 7 degrés. On pense que ces aspérités sont les traces des conditions qui régnaient dans l'Univers primordial et, apparemment, seraient formées (pour l'essentiel) à partir de la matière noire – pour autant que les astronomes puissent la mesurer. Elles représentent des contrastes dans la distribution physique de la matière à des époques très lointaines et sont à l'origine de la structure à grande échelle de l'Univers actuel. Dans l'Univers primordial, les régions denses ont attiré la matière et engendré ainsi les galaxies et les amas de galaxies. Tout ceci est à l'origine de notre propre existence.

Le 23 avril 1992, lorsque notre équipe a présenté cette carte de l'Univers primordial, nous avons littéralement survolté la communauté scientifique. Pour la première fois nous apportions la preuve qu'il existait des anisotropies au sein du rayonnement fossile, autrement dit d'infimes différences de température qui n'avaient pas été détectées auparavant. Stephen Hawking, le physicien théoricien de l'université de Cambridge, connu internationalement pour ses recherches sur l'Univers primordial (et aussi pour son livre *Une brève histoire du temps*) a immédiatement déclaré que c'était la plus importante découverte du siècle, sinon de tous les temps. En fait, le modèle cosmologique standard, la théorie du Big-Bang, s'est donc trouvé confirmée, au-delà de tout doute possible. En outre, les cartes montrent que les forces gravitationnelles, agissant sur la distribution initiale de la matière issue du Big-Bang, suffisent à expliquer la structure de l'Univers d'aujourd'hui, avec les galaxies et les amas de galaxies. Par conséquent, les cosmologistes avaient deux vraies raisons de se réjouir : non seulement la théorie du Big-Bang était la bonne, mais en plus nous étions en mesure d'expliquer l'énorme mystère de la formation des galaxies et des amas galactiques.

Depuis cette découverte se sont succédé de nombreux instruments basés au sol ou embarqués à bord de ballons. S'y ajoutent deux satellites actuellement en orbite, WMAP de la NASA (Wilkinson Microwave Anisotropy Probe), dirigé par Charles Bennett et par David Wilkinson et lancé en 2001, puis l'observatoire *Planck*, construit en Europe et lancé en mai 2009. Il ne fait aucun doute que le satellite *Planck* sera amené à confirmer et à affiner les fantastiques résultats précurseurs des satellites COBE et WMAP. La cosmologie est entrée dans une ère passionnante où les théories peuvent maintenant être validées par les instruments de mesure. Nous quittons l'époque des spéculations incertaines pour découvrir le domaine fascinant des confirmations expérimentales.

Nos deux premières découvertes ont été reconnues par le prix Nobel de physique, attribué en 2006 à George Smoot et à moi-même, au nom de toute notre équipe.

Notre troisième découverte majeure a été celle du fond cosmique infrarouge, mesuré par l'expérience du fond infrarouge diffus (DIRBE), réalisée par une équipe sous la direction de Michael Hauser et Thomas Kelsall. Cette radiation – encore pas totalement expliquée – est à peu près aussi lumineuse que le rayonnement visible émis par toutes les classes connues de galaxies découvertes jusqu'ici. Le rayonnement infrarouge lointain a surtout été expliqué comme résultant d'une classe de galaxies extrêmement lumineuses et poussiéreuses, tellement poussiéreuses que leur rayonnement visible est presque entièrement absorbé. La partie proche du fond cosmique infrarouge n'est encore pas très bien comprise et des travaux supplémentaires sont nécessaires.

Le livre d'Igor et Grichka que vous tenez entre les mains rappelle les principales étapes de cette immense aventure de la connaissance à travers laquelle il devient possible de mieux définir la place que l'homme occupe dans l'Univers, son histoire et son évolution.

John Mather
NASA

James Peebles, prix Nobel de physique 2019 pour avoir prédit la théorie du Big-Bang…

JAMES PEEBLES

Prix Nobel de physique 2019

Dans ce témoignage que j'apporte au livre d'Igor et Grichka, *Le Visage de Dieu*, je rappellerai tout d'abord au lecteur que la théorie du Big-Bang est née du travail d'un petit nombre de gens qui étaient le plus souvent dans l'ignorance de ce que les autres étaient en train de faire. C'était mon cas dans ma jeunesse, de même que pour Robert Wilson qui a pourtant joué un rôle décisif en découvrant que le Big-Bang avait bel et bien eu lieu. Presque un demi-siècle après notre première rencontre, c'est pour moi un grand plaisir de le retrouver à nouveau à mes côtés dans les pages de ce livre.

J'ai commencé à travailler en cosmologie, la science de la nature à grande échelle de l'Univers, au début des années 1960, sur les conseils de mon professeur Bob Dicke. C'était séduisant, mais j'étais préoccupé par le peu de preuves qui auraient pu nous indiquer, parmi les idées alors en discussion, celles qui étaient sur la bonne voie. J'ai pourtant vu que certains calculs intéressants pouvaient mener à des comparaisons avec le peu de mesures dont nous disposions ou que nous espérions obtenir ; j'ai donc décidé de consacrer une année ou deux à ce sujet avant de me tourner vers un domaine doté d'une meilleure base expérimentale. Or, les avancées dans les techniques de détection des rayonnements très faibles émis par les objets éloignés ainsi que les progrès des ordinateurs susceptibles de traiter ces données ouvraient de nouvelles voies dans l'observation de l'Univers. Comme les nouvelles mesures s'accumulaient, j'ai été conduit vers de nouvelles idées qui suscitaient encore davantage de mesures. Je ne suis pas certain d'avoir compris, à l'époque, à quel point cette situation était merveilleuse pour un jeune scientifique ; mais j'avais la motivation pour continuer. Et donc, sans l'avoir prévu, j'ai ainsi consacré toute ma carrière à une question qui est devenue bien plus fertile et enrichissante que tout ce que j'avais imaginé lors de ces premiers jours.

À cette époque, nous avions une théorie selon laquelle l'Univers était en expansion depuis un état primordial dense ; cette théorie était en accord avec l'observation selon laquelle la lumière des galaxies lointaines était décalée vers le rouge, comme si elle était « étirée » à mesure que les galaxies s'éloignaient les unes des autres. J'avais appris cette théorie en vue de mes examens de diplôme ; à l'époque, les démonstrations étaient si fragiles que je me rappelle avoir été surpris que les gens puissent la considérer sérieusement. Or, Bob Dicke avait vu qu'il était possible d'apporter de nouvelles preuves. Si l'Univers avait bien commencé son expansion à partir d'un état chaud, alors l'espace devait être rempli d'un rayonnement thermique « fossile ». Certes, ce rayonnement devait s'être refroidi en fonction de l'expansion de l'Univers, mais il devait encore emplir tout l'espace : si l'Univers est « partout », on ne peut aller nulle part « ailleurs ». Et si ce rayonnement devait encore être présent, l'étude de ses propriétés nous fournirait un excellent test de la théorie de l'expansion de l'Univers.

Lorsque Dicke a eu cette idée, je venais de terminer mes études supérieures en physique sous sa direction. Il a alors persuadé David Wilkinson et Peter Roll (qui en étaient au même point que moi dans leur carrière) de construire un instrument capable de détecter ce rayonnement fossile (si toutefois il existait). Quant à moi, il m'a conseillé d'en analyser les implications théoriques. Après cette expérience, Roll s'est orienté avec succès vers une carrière universitaire et administrative. De notre côté, Wilkinson et moi-même avons consacré la plus grande part de nos carrières à l'étude de ce rayonnement et de ce qu'il pouvait nous apprendre : la brève remarque de Dicke avait suffi à sceller nos deux destins en science.

Lorsque nous avons commencé nos recherches, nous ne savions même pas s'il y avait un rayonnement à détecter. Si le Big-Bang avait bel et bien eu lieu, aurait-il pu être froid ? J'avais rapidement remarqué que dans l'hypothèse d'un Big-Bang chaud, la pression du rayonnement pourrait nous aider à comprendre comment les galaxies se sont formées et expliquer pourquoi l'hélium avait été produit en si grandes quantités. J'ai découvert plus tard que j'étais en train de refaire la même analyse que George Gamow (un Russe devenu résidant aux États-Unis) qui avait décrit la formation de l'hélium quinze ans plus tôt. À cette époque, j'ai également exploré les propriétés d'un Big-Bang « froid ». J'ai appris plus tard qu'en Russie, un physicien nommé Yakov Zel'dovich suivait à peu près le même cheminement de pensée que moi au même moment. Et peu à peu, je découvrais que ce domaine n'était pas aussi « vide » que je l'avais pensé, même s'il restait encore beaucoup de choses à découvrir.

Comme je viens de le rappeler, j'ai accordé au début de mes recherches autant d'importance au cas d'un Big-Bang chaud qu'à celui d'un Big-Bang froid. À l'époque, je n'avais aucune opinion établie sur le modèle qui pouvait être le plus proche de la vérité. Or, tout a changé lorsque nous avons appris que des ingénieurs des laboratoires Bell Telephone se heurtaient à un problème dans le cadre d'expériences sur la communication par rayonnement micro-ondes : leurs instruments indiquaient un rayonnement inattendu. Alors que nous étions sur le point de commencer nos propres expériences à Princeton, voilà que deux jeunes scientifiques des laboratoires Bell, Arno Penzias et Robert Wilson, étaient en train d'achever une série de tests minutieux qui établissaient que le problème rencontré par les ingénieurs était bien réel. Je n'étais pas présent le jour où notre équipe de Princeton, dirigée par Dicke, s'est rendue aux laboratoires Bell. Mais je me souviens de leur rapport : « Ces gars-là ont de solides mesures ! » Penzias et Wilson étaient aux anges. Ils avaient une interprétation de leur problème : leur antenne détectait un rayonnement venu du fond de l'espace, peut-être le rayonnement du Big-Bang lui-même. Nous étions heureux. Nous avions découvert qu'il existait bel et bien un rayonnement mesurable et des résultats susceptibles d'être analysés ; dès lors, nous savions que nous pouvions faire œuvre de science utile dans un nouveau domaine.

En 1965, nous avions donc découvert que le ciel était empli d'un rayonnement qui pouvait bien être la trace fossile laissée par un Big-Bang chaud. Afin de démontrer qu'il s'agissait bien de cette trace fossile, il nous fallait procéder à deux tests : l'énergie de ce rayonnement à chaque longueur d'onde – le spectre – devait correspondre aux conditions thermiques qui dominaient l'Univers primordial chaud ; de plus, on aurait dû pouvoir déceler sur cette mer de radiations exactement uniforme de légères variations en accord avec la distribution observée de matière sous forme de grumeaux.

Le premier objectif (tester le spectre) a été atteint en 1990 par deux expériences indépendantes : celle de John Mather avec le satellite COBE et celle de Herb Gush, responsable d'une mission spatiale canadienne. J'ai un souvenir très clair de mon soulagement au moment où vingt-cinq années de travail avaient fini par montrer de manière convaincante que le rayonnement primordial avait le spectre si hautement caractéristique d'un Big-Bang chaud.

Le second test, celui de la mesure des légères variations du rayonnement primordial, a été atteint par George Smoot qui dirigeait un instrument embarqué à bord de COBE. Tout à coup s'ouvrait un nouveau champ de recherches particulièrement excitant : tenter de comprendre comment le rayonnement et la matière ont interagi à l'époque primordiale pour engendrer la distribution des structures que nous observons aujourd'hui. On pourrait évoquer plusieurs scénarios selon lesquels la matière s'est développée à partir d'une distribution primordiale sous forme de « grumeaux ». Celle qui a eu le plus de succès a été appelée CDM en raison du rôle dominant joué par la matière sombre froide (elle a été renommée « lambda CDM » en raison d'un autre élément hypothétique, la constante cosmologique d'Einstein). J'étais un peu mal à l'aise face à la popularité naissante de cette théorie ; je l'avais inventée, mais j'aurais pu aussi bien songer à d'autres théories également en accord avec les données dont nous disposions alors. Celle de la matière sombre froide était sans doute la plus simple : mais y avait-il une raison pour laquelle l'Univers devait accepter nos idées les plus simples ? Pourtant, à mesure que les mesures s'amélioraient, il me semblait de plus en plus difficile de trouver des alternatives acceptables à l'hypothèse de la matière sombre : j'ai totalement renoncé à d'autres explications au moment où a eu lieu une autre avancée considérable, celle de la mesure précise de la distribution du rayonnement cosmologique par le satellite Wilkinson Microwave Anisotropy Probe (WMAP). Ce satellite porte le nom de mon vieil ami David Wilkinson en raison de son travail interrompu dans ce domaine depuis les jours lointains des années 1960 jusqu'à sa mort en 2002. WMAP a réalisé une part importante des observations aujourd'hui fiables qui montrent que la théorie de la matière sombre froide représente une bonne approximation de qui s'est produit lorsque notre Univers en expansion s'est refroidi.

Pour comprendre ce que je ressens à propos de la prochaine grande mission d'exploration du rayonnement cosmologique par le satellite *Planck*, il faut revenir sur ma vie de chercheur. Dans les années 1960, très peu de scientifiques travaillaient en cosmologie. Je les ai presque tous rencontrés lors de conférences. Le livre que j'ai publié en 1971 sur ce sujet n'était pas très épais : en 300 pages, j'avais pu y passer en revue toutes les recherches intéressantes. À l'époque, cette science était encore restreinte. Mais de nos jours, une étude comparable remplirait toute une bibliothèque et nécessiterait de nombreux auteurs experts dans chacun des sous-domaines de ce qui est devenu une vaste science. Cette science a rassemblé quantité de preuves en faveur d'un Big-Bang chaud mais pas d'une « théorie finale » (si toutefois une telle théorie devait exister un jour). L'histoire des sciences est l'histoire de l'amélioration des approximations successives qui suscitent de nouvelles questions et orientent la recherche vers des approximations encore plus fines. J'ai pu assister à cela en cosmologie : comme toute théorie à succès, celle-ci engendre toute une série de questions ouvertes. Quelle est la nature de la matière sombre froide ? Les expériences en cours pourraient nous le dire. Quelle est la nature de cet autre élément hypothétique, la constante cosmologique d'Einstein ? Les hypothèses sont au mieux schématiques, mais elles suscitent des recherches stimulantes chez des jeunes gens brillants. Que faisait l'Univers avant de commencer son expansion ? L'idée la plus populaire, celle de l'inflation, est également bien schématique. Mais *Planck* pourrait nous apprendre si l'une des versions de l'inflation a réellement eu lieu.

Comme on peut le voir, je suis en quelque sorte « conditionné » pour espérer des avancées merveilleuses dans des directions surprenantes. Je n'en attends pas moins de *Planck*. Comme vous l'avez lu dans le témoignage de Robert Wilson, l'histoire de la cosmologie repose, pour l'essentiel, sur une rencontre entre de grandes espérances d'un côté et de minutieuses observations de l'autre. Avec parfois la joie immense de découvrir ce que Smoot appelle « le visage de Dieu » !

P. J. E. Peebles
Princeton
le 29 mars 2010

Le 23 avril 1992 à Washington, le physicien George Smoot présente à ses collègues de la Société de physique, les résultats du satellite astronomique COBE. En projetant l'image du bébé-Univers, il est saisi d'une telle émotion, qu'il lancera : « C'est comme voir le visage de Dieu ».

INTRODUCTION

Washington DC, le 23 avril 1992, au siège de la vénérable Société américaine de physique. Il est un peu plus de midi. Après avoir rapidement avalé un sandwich et un verre d'eau, un physicien du nom de George Smoot, solide gaillard barbu à l'époque totalement inconnu du grand public, se prépare à rejoindre la salle de presse pour annoncer une découverte qui, il le sait, fera dès le lendemain la une de tous les journaux du monde. Il savoure cet instant. Pour la circonstance, il a enfilé son plus beau costume. Plus de quinze ans qu'il attendait ça. Quinze années d'un travail acharné, jour après jour, souvent même nuit après nuit. Une longue suite d'obstacles, de difficultés presque incontournables, de batailles obscures, d'accidents, de retours en arrière, de déceptions, de critiques et d'incertitudes, une traversée interminable avant d'en arriver là : dans quelques minutes, il allait offrir sa découverte au grand public, la mettre en scène, la rendre claire pour tout le monde. Il hésita encore un bref instant, chercha une profonde inspiration au fond de sa poitrine, rajusta ses lunettes sur son nez, puis ouvrit franchement la porte.

Une rumeur vague monta entre les murs avant de prendre l'air, lentement, jusqu'à l'évaporation des derniers bruits. Accompagné de ses collègues Ned Wright, Chuck Bennett et Al Kogut, Smoot monta le premier sur l'estrade qui dominait la salle. Le plancher grinçait, lézardait chaque pas, fissurait le silence. Au moment de s'asseoir, il posa un regard diffus sur le public qui se taisait entre les petits bruits. La salle était bourrée à craquer. On entendait un souffle vague, le bruissement d'une attente lentement remuée par le grand nombre. Le moment était magique : un miracle, en quelque sorte, dont la solennité était à peine dispersée par le bruit d'une mouche qui vibrait contre l'une des vitres de la fenêtre. Les quatre conférenciers se regardèrent sans rien dire. Des caméras de divers modèles étaient disposées au fond de la salle brutalement éclairée par une rangée de projecteurs. Le flot de lumière blanche agitée par les flashs était presque inflammable. Smoot se racla la gorge. Devant lui, la pièce était comme un abîme plat. Lentement, il commençait à prendre conscience de l'immense intérêt du public pour les recherches qu'il avait menées, avec son équipe, pendant toutes ces années.

Il commença à parler. Les premiers mots, fragiles, à peine sonores, passèrent difficilement dans l'air chaud.

— Nous avons observé les plus anciennes et les plus grandes structures jamais vues dans l'Univers. À peine 380 000 ans après le Big-Bang.

Il s'interrompit un bref instant avant de poursuivre :

— Il s'agit des germes primordiaux des structures actuelles comme les galaxies et les amas de galaxies. Ce sont des « rides », des plis dans la trame de l'espace-temps, restes lointains de la période de la création.

Smoot avait déposé le dernier mot sur un silence. Lentement il leva la tête pour laisser travailler la phrase. Loin dans la salle, les journalistes semblaient pris d'une légère ivresse. Chacun d'eux était en train de réaliser que ces quelques mots allaient bouleverser le ciel cosmologique de fond en comble : pour la première fois, un satellite nommé Cosmic Background Explorer (COBE) venait de « photographier » la lumière la plus ancienne jamais émise par l'Univers : âgé de plus de 13 milliards d'années, ce rayonnement archaïque offrait une image saisissante de « l'œuf cosmique » qui venait à peine de naître. En effet, après avoir tâtonné, cherché en vain, risqué toutes sortes de théories pendant près de trois décennies, les astrophysiciens tenaient enfin la preuve qui leur permettait de résoudre l'une des plus anciennes énigmes en cosmologie : l'Univers primordial était là, sous leurs yeux, ils le voyaient en taches rouges, jaunes et bleues encore plus clairement que la Lune par beau temps ou Jupiter au bout de leurs télescopes. Pris de vertige devant ces images impensables venues du fond de l'espace et du début des temps, ces détails lumineux datant de la création de l'Univers, George Smoot, le « père » de COBE qui se verra récompenser par le prix Nobel en 2006, va alors risquer sa célèbre métaphore devant les journalistes regroupés ce jour-là dans la salle de presse surchauffée : « Pour les esprits religieux, c'est comme voir le visage de Dieu ! »

« Pour les esprits religieux, c'est comme voir le visage de Dieu... »

Un souffle incertain traversa la salle. Puis, quelques paroles murmurées de bouche-à-oreille se firent entendre. À cet instant, tout au fond de la salle, une porte s'ouvrit pour se refermer presque aussitôt : deux personnes venaient de quitter la pièce. Smoot remua sur son son siège, vaguement mal à l'aise. En avait-il trop dit ? Avait-il été mal compris ? Les deux inconnus qui venaient de partir s'étaient-ils émus d'entendre le nom de Dieu dans une communication scientifique ? Il ne s'agissait que d'une image, d'une métaphore sans contenu religieux, mais à cet instant, Smoot pressentait que cette petite phrase lui vaudrait sans doute beaucoup d'ennuis de la part de la communauté scientifique. Aurait-il dû choisir une autre image pour partager son enthousiasme devant les résultats de COBE ?

Il est vrai que les informations transmises par la petite sonde étaient prodigieuses : « Il s'agit de la découverte la plus importante du siècle ! Peut-être même de tous les temps ! » s'exclama à son tour Stephen Hawking. L'émotion du chercheur anglais était à la mesure de ce qui venait de se passer.

*

En 1992, on savait encore bien peu de choses sur ce fameux rayonnement fossile. Il avait été débusqué en 1964. Robert Wilson, l'un des deux jeunes chercheurs à l'origine de la fantastique découverte, a raconté avec nostalgie dans la préface de ce livre comment, en procédant à des réglages sur une antenne radio des laboratoires Bell Telephone, il allait déboucher par hasard avec son collègue sur l'un des plus extraordinaires bouleversements scientifiques qu'ait connu l'humanité. Car sans le savoir, Penzias et Wilson – nous reviendrons plus loin sur leur aventure – ont découvert le rayonnement le plus ancien jamais émis par l'Univers : issu du feu primordial et de la formidable énergie du Big-Bang, la température de ce rayonnement a chuté, tout au long des millions de siècles et de l'expansion de l'Univers, jusqu'à seulement 2,73 degrés kelvin au-dessus du zéro absolu (soit -270,42 °C). Or, ni Penzias, ni Wilson, ni aucun chercheur sur Terre n'avait encore jamais pu déceler – ni même deviner – ce que Smoot et Mather allaient observer un quart de siècle plus tard. Un vrai mystère : tout au fond de la lumière fossile, il y avait des irrégularités. Comme si quelque chose était (selon le mot de Smoot) « écrit » sur ces images archaïques : l'Univers primordial semblait mystérieusement tramé, il ressemblait à une sorte de « carte cosmologique » sur laquelle on pouvait lire, par stries, ce qu'allait devenir bien plus tard le cosmos. Nous sommes bien sûr très loin de l'hypothèse de Zee et Hsu évoquée dans l'avant-propos. À ce sujet, Scott et Zibin ont conclu le résumé de leur article sur cette phrase sans appel : « Un message dans le rayonnement fossile ne serait pas plus visible à un observateur qu'une communication cachée dans les feuilles de thé du matin[15]. » Dont acte. Mais tout n'est pas dit car après un virage, les deux chercheurs concluent : « Néanmoins, le ciel CMB contient une multitude d'informations sur la structure du cosmos et peut-être sur la nature de la physique aux niveaux d'énergie les plus élevés. L'Univers nous a laissé un message à lui tout seul[16]. »

L'Univers nous a quand même laissé un message ! Mais lequel ?

*

Trente ans plus tard, le mystère reste entier. Au début des années 2000 a été lancé un nouveau satellite astronomique, WMAP, doté de détecteurs beaucoup plus sensibles que son prédécesseur. Cette sonde a photographié en finesse les fameuses stries primordiales. Puis est venu le tour du satellite *Planck*, lancé le 14 mai 2009. Il a pris lui aussi des milliers de photos, avec une résolution 1 000 fois supérieure à celle de COBE. Et pourtant… Les dernières images rendues

---

15 D. Scott, J. P. Zibin, *Le Vrai Message dans le ciel* ; https://arXiv.org/abs/physics/0511135 (2005).
16 *Idem.*

publiques en 2019 sur le site n'ont pas vraiment permis de répondre à la question : d'où viennent ces mystérieuses irrégularités observées 380 000 ans après le Big-Bang ? Toutes les théories sur l'origine de l'Univers viennent, indifféremment, se heurter à une seule et même limite infranchissable, dont nous avons dit deux mots dans l'avant-propos : le redoutable mur de Planck. Située dans un passé cosmique reculé, très loin « en dessous » de la première lumière observée par COBE, nous l'avons dit, cette barrière est d'une petitesse inconcevable : 10^{-33} cm, un « soupçon de néant », la plus infime longueur de tout l'Univers. En imaginant que le mur de Planck mesure 3 mètres de hauteur, à cette échelle, un atome d'hydrogène serait aussi immense que l'Univers entier. Rien d'étonnant alors à ce que face à ce mur, la physique (celle des années 1980 comme celle d'aujourd'hui) soit réduite au silence.

*

Revenons un instant sur la conclusion que les deux physiciens Scott et Zibin nous ont livrée en 2005 sur l'ArXiv de Cornell : « L'Univers nous a laissé un message[17]. » Autrement dit « quelque chose » venu de l'aube des temps aurait laissé une trace quelque part, au cœur du rayonnement fossile. Mais que veut dire au juste « l'aube des temps » ? Selon nous, cette aube renvoie (une fois de plus) à ce qui a pu se passer avant même la naissance matérielle de notre Univers, avant le Big-Bang, et qui aurait pu laisser

---

17 *Idem.*

un indice au sein de la première lumière. Une hypothèse un peu folle ? Sans doute. Mais avec peut-être aussi certains éléments intéressants à regarder de près. La meilleure preuve réside dans la théorie développée depuis une dizaine d'années par sir Roger Penrose, de l'université d'Oxford, l'un des plus importants scientifiques de notre époque. Cet ancien compagnon de pensée de Stephen Hawking a écrit une série d'articles scientifiques ainsi qu'un livre passionnant intitulé dans l'édition anglaise : « Que s'est-il passé avant le Big-Bang ?[18] » Disons-le tout net : son hypothèse est considérée par ses pairs comme un peu folle. En effet, le génial physicien mathématicien est fermement convaincu qu'il a exhumé des preuves, au sein du rayonnement fossile, de ce qu'il appelle des « points de Hawking ». De quoi s'agit-il ? Rien de moins que des vestiges de l'évaporation de trous noirs supermassifs, un phénomène qui aurait eu lieu bien avant notre ère, avant le Big-Bang ! De tels points seraient donc détectables et constitueraient autant d'indices de l'existence d'un Univers précédant le nôtre, avant le Big-Bang. Nous reviendrons plus loin sur cette audacieuse hypothèse qui, aux yeux de nombreux physiciens, brouille les cartes et ne vaut pas qu'on s'y attarde. Toutefois, nous ne sommes pas d'un avis aussi tranché. Car même si certains détails restent discutables, la théorie de Penrose ne peut que renforcer l'idée selon laquelle il pourrait exister une sorte de « trace » codée dans les profondeurs de la radiation fossile, une trace qui, peut-être, renvoie à une ère antérieure à celle de notre espace-temps.

---

18 Roger Penrose, *Les Cycles du temps, une nouvelle vision de l'Univers*, éd. Odile Jacob, 2013.

Il pourrait subsister dans les profondeurs de la radiation fossile
une sorte de trace d'un Univers archaïque ayant existé avant le Big-Bang.

*

Faut-il s'en étonner ? Dans *Dieu et la science*, nous avions écrit avec Jean Guitton qu'il est possible « d'appréhender l'Univers comme un message exprimé dans un code secret, une sorte de hiéroglyphe cosmique que nous commençons tout juste à déchiffrer ». Ce « message secret » semble apparaître dans la trame même de l'Univers primordial, dans ce temps très reculé où l'avenir de tout ce qui est semblait déjà crypté dans la première lumière. Ceci veut peut-être dire que l'origine profonde de la trame cosmologique pourrait se situer *ailleurs*, semble-t-il, que dans le monde physique. L'Univers repose bien sur des lois physiques, mais leur origine semble curieusement située « en dehors » de notre réalité, étrangement antérieure au Big-Bang lui-même. En 2001, le physicien américain Paul Davies a observé en ce sens : « Les lois de la physique n'existent aucunement dans l'espace et dans le temps. Tout comme les mathématiques, elles ont une existence abstraite. Elles décrivent le monde, mais elles ne sont pas "dedans" (bien que certaines personnes désapprouvent profondément cette vision). Néanmoins, cela ne signifie pas pour autant que les lois de la physique sont nées avec l'Univers. Si tel était le cas – si l'ensemble de l'Univers physique et des lois étaient issus de rien –, nous ne pourrions alors pas recourir à ces lois pour expliquer l'origine de l'Univers. Aussi, pour avoir quelque chance de comprendre scientifiquement comment l'Univers est apparu, nous devons admettre que les lois elles-mêmes ont un caractère abstrait, intemporel, éternel. »

Ce caractère « abstrait, intemporel et éternel » dont parle Paul Davies, nous espérons en avoir identifié quelques fragments (un peu comme on retrouve les contours d'un bas-relief à partir de traces à demi effacées ou de vestiges à peine visibles). Dans l'un de ses derniers ouvrages, Paul Davies n'hésitera pas à écrire : « J'appartiens au nombre de ces chercheurs qui ne souscrivent pas à une religion conventionnelle, mais refusent de croire que l'Univers est un accident fortuit. L'Univers physique est agencé avec une ingéniosité telle que je ne puis accepter cette création comme un fait brut. Il doit y avoir, à mon sens, un niveau d'explication plus profond. Qu'on veuille le nommer "Dieu" est affaire de goût et de définition. J'en suis, en outre, arrivé à la conviction que l'esprit – c'est-à-dire l'appréhension consciente du monde – n'est pas un caprice absurde et fortuit de la nature, mais un aspect fondamental de la réalité. Je m'efforce d'exposer les raisons de mes convictions. J'examine les progrès récents enregistrés aux frontières de la science, qui, pour certains, ont engendré des notions intéressantes sur Dieu, la création et la nature de la réalité[19]. »

*

C'est sans aucun doute en songeant à ces mêmes questions que Smoot a écrit, à la dernière page des *Rides du temps* : « Quand un cosmologiste comprend comment s'assemblent lois et principes dans le cosmos, comment ils sont reliés,

---

19 Paul Davies, *The Fifth Miracle*, Simon & Schuster, 1999.

comment ils montrent une symétrie que les anciennes mythologies réservaient à leurs dieux, comment ils impliquent que l'Univers doit être en expansion, doit être plat, doit être tel qu'il est, il perçoit la beauté pure sans mélange. Le concept religieux de création découle d'un sentiment d'émerveillement devant l'existence de l'Univers et devant notre place en son sein[20]. »

Après deux heures d'exposé, alors que les quatre scientifiques se préparaient à quitter la salle de presse, Smoot resta un long moment silencieux, le regard appuyé sur le vide. Peut-être à cet instant était-il en train de se rappeler la formule de Leibniz : « Pourquoi y a-t-il quelque chose plutôt que rien ? Pourquoi y a-t-il de l'Être ? Ce “je-ne-sais-quoi” qui nous sépare du néant ? » Si « l'ADN cosmique » dont il parle dans son livre existe bel et bien, alors il faudra sans doute le chercher à l'origine : dans le tout premier instant qui a marqué la préhistoire du monde, bien avant le Big-Bang. C'est peut-être là, dans la singularité initiale, que se trouve codé le scénario cosmologique, à la façon d'un secret originel, au cœur du temps imaginaire et du zéro. L'un des plus grands éblouissements pour le chercheur sera alors de découvrir que ce secret originel peut encore être entrevu aujourd'hui, sous la forme de traces, de reliques cosmologiques projetées sur le fond de rayonnement cosmologique.

L'un des objectifs de la science consiste, pour l'essentiel, à réduire la complexité apparente des phénomènes, à leur donner une explication simple. Si vous ramassez une

---

20 *Op. cit.*

Une énigme à déchiffrer dans le rayonnement fossile…

poignée de neige au creux de votre main, vous verrez très vite que chaque flocon est différent des autres. Certains sont cristallisés en étoiles, d'autres en hexagones, d'autres encore en cercles parfaits couronnés de six petites pointes : tous uniques, les flocons peuvent être ramifiés d'une infinité de façons. Or, cette extraordinaire diversité de forme, ces myriades de combinaisons vont se résoudre en une réalité très simple, commune à tous les flocons : il suffit de les faire fondre dans votre main pour réduire l'infini des figures géométriques à quelques gouttes d'eau : un soupçon d'hydrogène et un souffle d'oxygène.

Ce sont les traces de cette simplicité primordiale que nous allons maintenant rechercher, 13,8 milliards d'années après leur apparition, dans les pages de ce livre. Avec l'espoir de déchiffrer quelques fragments de leur mystère.

« Un peu de science éloigne de Dieu, mais beaucoup de science nous en rapproche. »

Louis Pasteur

1

OÙ CHERCHER LE VISAGE DE DIEU ?

Par un sombre soir de novembre 1990, rue de Fleurus, nous rentrions avec le philosophe et académicien Jean Guitton d'une promenade d'automne dans les sous-bois du jardin du Luxembourg. Le vent avait balayé en poussières nos certitudes du moment et soudain, le vieux penseur chrétien, empêchant son chapeau de fuir dans la bourrasque, avait demandé : « Comment Dieu… » Le reste de sa phrase s'était perdu dans la tempête. En appui sur le vide, il avait alors repris : « Comment Dieu peut-il nous apparaître dans le cosmos ? » Cette question allait être au centre du petit ouvrage que nous avons écrit ensemble, *Dieu et la science*[21].

21 Éd. Grasset, 1991.

Étrangement, elle est revenue à nos oreilles deux ans plus tard – mais cette fois sous une forme scientifique – lorsqu'en avril 1992, George Smoot a cherché à nous faire comprendre, à nous faire aimer ces images éclairées par la toute première aube de l'Univers. Une vision venue de l'abîme, profonde d'un tel infini qu'elle ne pouvait être comparée à rien, sinon au visage de Dieu. D'ailleurs, coupant au plus haut, Smoot n'a pas hésité à franchir un nouveau pas, cinq ans après sa découverte, en décrivant dans la revue *Science* la radiation fossile comme « l'écriture manuscrite de Dieu[22] ».

*

Ici se pose une première question : pourquoi George Smoot, jusqu'alors sur ses gardes comme tous les scientifiques, a-t-il soudain pris le risque, en ce jour du printemps 1992, de mêler Dieu à ce qu'il a vu grâce à son satellite ? Nous avons posé la question à son compagnon de route, John Mather, lauréat comme lui du prix Nobel en 2006 : « Pourquoi est-ce que George a dit cela ? En fait, comme il l'a précisé plus tard, il pensait que cela pourrait aider le public à comprendre les résultats scientifiques. Mais bien sûr, beaucoup de gens ont protesté face à une telle référence, tout particulièrement ici, aux États-Unis, où la religion est tellement politisée[23]. »

Sans surprise, l'affaire a fait grand bruit. Lorsqu'il regagne son laboratoire à Berkeley, il peut lire sur une pancarte suspendue à sa porte « Maison du Saint-Graal ». Dans le

---

22 *Science*, 15 août 1997.
23 E-mail de John Mather aux auteurs le 3 mars 2010.

hall, les étudiants ont placardé en grand la fameuse photo de l'Univers naissant avec cette petite phrase en dessous : « Contempler le visage de Dieu ».

Au sein de la sacro-sainte Société américaine de physique et par ricochet chez nombre de ses collègues, ce qui est souvent considéré comme un « dérapage » a également laissé des traces. Smoot nous l'a d'ailleurs confirmé lui-même sans détours : « Je dois vous dire franchement que mes paroles en rapport avec Dieu le jour de l'annonce de ma découverte m'ont causé beaucoup d'ennuis, particulièrement avec la communauté scientifique[24]. »

George Smoot a décrit la première lumière comme l'écriture manuscrite de Dieu.

24 George Smoot, courrier aux auteurs le 14 mars 2010.

Pourtant si Smoot est allé aussi loin, c'est qu'il avait de bonnes raisons. Il a bel et bien aperçu « quelque chose » là-haut. Quelque chose de très inhabituel. Mais quoi donc ? Peut-être exactement la même chose que l'astrophysicien Richard Isaacman, de l'université de Leiden. Lui aussi a fait partie de l'équipe scientifique qui, aux côtés de George Smoot, a encadré le satellite COBE. Dans ces années 1990, en tant que responsable de l'analyse des données, il a suivi « en direct » (et de très près chaque jour) le déroulement de la fantastique observation. Or, un jour (peu de temps après le lancement), en reconnaissant les courbes très précises d'un « corps noir » au cœur de la première lumière, il s'est tout à coup exclamé : « J'ai senti que j'étais en train de regarder Dieu en face ![25] »

Ici, une mise au point s'impose. Smoot nous l'a confié lui-même : sa fameuse phrase ne doit évidemment pas être prise au pied de la lettre : « C'était une métaphore, mais les journalistes l'ont prise au sérieux et l'ont propagée sans discernement, sans chercher à comprendre le contexte ou une signification plus profonde[26]. »

Justement : il existe une signification plus profonde derrière ce qu'à dit George Smoot. Et c'est ce que nous allons rechercher ensemble au fil des pages.

*

25 *In* http://www.wcg.org/lit/booklets/science/debate1a.htm.
26 E-mail de George Smoot aux auteurs le 14 mars 2010.

« Ma petite phrase sur Dieu m'a valu beaucoup d'ennuis avec mes collègues ».

Il vous est sûrement arrivé, un jour ou l'autre, de vous demander de façon fugitive, sans peser sur la question : comment faire pour entrevoir, ne serait-ce qu'un instant, le

« visage de Dieu » dans notre monde ? Comment donc savoir si « quelque chose » – mieux encore, quelqu'un – existe à l'arrière de cette immense machinerie qu'est l'Univers ? Un esprit « immensément supérieur à celui de l'homme », comme l'a écrit un jour de 1936 Einstein à un enfant. Raisonnons un instant comme Einstein et, plus généralement, comme le font les hommes de science. Ce qui les intéresse dans la nature, ce sur quoi ils travaillent du matin au soir (et souvent la nuit) ce sont les lois. Or, derrière ces grandes lois (qui ont toutes une expression mathématique) il y a toujours des grandes constantes. Ce sont, pour la plupart, des nombres sans dimension, c'est-à-dire des nombres « purs », qui ne dépendent d'aucune unité. Par exemple, il existe, vous le savez, quatre forces dans l'Univers. Deux agissent dans l'infiniment grand, à l'échelle des étoiles : la force de gravitation (qui fait que vous ne vous envolez pas de votre siège) et la force électromagnétique (qui éclaire ces pages mais qui empêche aussi votre fauteuil de s'écrouler en poussières de particules). Et les deux autres ? On les trouve dans l'infiniment petit : c'est la force faible (qu'on peut comprendre comme une sorte de radioactivité) et la force forte (celle qui « colle » les particules élémentaires à l'intérieur du noyau de l'atome).

Comment mesurer chacune de ces forces ? Grâce à des nombres sans dimension, qu'on appelle des constantes de couplage. Et c'est là que surgissent tout à coup des chiffres dont le « réglage » apparent semble tenir du miracle. Ainsi, à peu de chose près, la force forte vaut 1. Elle est suivie par la force électromagnétique qui est 137 fois plus petite. Puis vient la force faible, un million de fois plus petite que sa cousine la force forte. Enfin, la gravité plonge dans un gouffre : 1 000 milliards de milliards de milliards de milliards de fois plus petite que la force nucléaire ! Comment expliquer cette chute inouïe, mais très précise, de trente-neuf (et pas quarante-trois ou trente-cinq) ordres de grandeur ? L'ajustement donne d'autant plus le vertige qu'on le retrouve pour une trentaine d'autres grandes constantes sur lesquelles repose toute notre réalité, du grain de poussière sur votre manche aux milliards d'étoiles de la Voie lactée.

Sans la force de gravitation, tous les objets se mettraient à flotter.

Car sans elles – en fait sans les valeurs très précises qu'elles ont – ni les fleurs, les chiens, les chats, ni aucun être vivant, ni notre monde, ni l'Univers lui-même, rien de tout cela n'aurait la moindre chance d'exister. C'est sans doute ce qui a poussé le célèbre savant anglais Stephen Hawking, cloué sur son fauteuil de métal, l'œil fixé sur l'écran qui le relie au monde, à écrire dans sa *Brève histoire du temps* : « Les lois de la science, telles que nous les connaissons actuellement, contiennent certains nombres fondamentaux, comme la charge électrique de l'électron ou encore le rapport des masses du proton et de l'électron… Ce qui est remarquable, c'est que la valeur de ces chiffres semble avoir été très finement ajustée pour rendre possible le développement de la vie[27]. »

*

En 1998, tout juste un an avant la soutenance de thèse dans le légendaire amphithéâtre Becquerel de l'École polytechnique, nous avons eu plusieurs discussions captivantes avec un savant russe qui enseigne aujourd'hui à l'université de Princeton. Ce théoricien, lauréat de la médaille Dirac (une des plus hautes distinctions en physique théorique) a exercé une influence profonde et durable sur de nombreux fronts de la physique théorique actuelle. En particulier, il est le premier à avoir formalisé en 1975 (en même temps que le prix Nobel Gerard 't Hooft mais indépendamment) la nature de ces étranges « pseudo-particules » qui existent non pas dans le temps réel mais dans ce que les mathématiciens appellent le *temps imaginaire* (et que nous retrouverons au voisinage de l'origine de l'Univers, comme nous le verrons plus loin). Or, lorsqu'il était encore en Union soviétique, à l'Institut Landau, voici ce que le physicien Alexander Polyakov (aujourd'hui à l'université de Princeton) affirmait haut et fort : « Nous savons que la nature est décrite par la meilleure de toutes les mathématiques possibles parce que Dieu l'a créée[28]. »

---

27 Stephen Hawking, *Une brève histoire du temps*, Flammarion, 1989.
28 Entretien avec Stuart Gannes, *Fortune*, 13 octobre 1986.

C'est peut-être pour cela que les choses de la nature – un magnifique coucher de soleil, le cœur d'une rose – vous donnent parfois la sensation furtive qu'un ordre, une intelligence insaisissable mais protectrice est bel et bien là, occupée à faire tourner mystérieusement les innombrables rouages du monde, grands ou petits, visibles ou cachés. Et même, pourquoi pas, à se préoccuper personnellement de vous. Mais l'instant d'après, cette fragile certitude s'évanouit.

Alors ?

Revenons un instant à Einstein. En 1929, il reçoit un télégramme plutôt inhabituel, signé du rabbin de New York, Herbert S. Goldstein, lui demandant de but en blanc – sur un fond d'inquiétude – s'il croyait en Dieu. L'affaire était sérieuse, car le rabbin avait lui-même été contacté peu de temps auparavant par le cardinal O'Connel, influent prélat de Boston. Très alarmé, l'ecclésiastique menaçait de saisir le Vatican, au motif que la relativité « répandait un doute universel sur Dieu et la Création ». En bref, elle impliquait « l'affreuse apparition de l'athéisme ».

Le cardinal O'Connel était affligé. En moins de trente mots, soucieux de calmer son interlocuteur, le maître s'empresse alors de renvoyer cette réponse aujourd'hui célèbre : « Je crois au Dieu de Spinoza, révélé dans l'harmonie du monde, mais pas en un Dieu qui se préoccuperait des faits et gestes de chacun. »

Il n'en fallait pourtant pas d'avantage pour que le rabbin Goldstein, aux anges, se mette à répéter à qui voulait l'entendre qu'Einstein, « bien évidemment », n'était pas athée. Comme ce dernier préférait prudemment garder le silence, il crut même bon d'apporter la touche finale : « La théorie d'Einstein, si elle était poussée jusqu'à sa conclusion logique, pourrait apporter à l'humanité une formule scientifique pour le monothéisme. »

Sans doute que le père de la relativité n'en demandait pas tant. Mais plus sérieusement, à plusieurs reprises, il a confié au lauréat du prix Nobel de physique Paul Dirac, lui aussi très troublé par l'ajustement des grandes constantes, que les valeurs de celles-ci n'étaient pas distribuées au hasard. Un point de vue immortalisé en 1927 lors du congrès Solvay à Bruxelles, dans la très célèbre formule jetée à la tête de Niels Bohr, le maître de la toute nouvelle théorie quantique : « Dieu ne joue pas aux dés ! ». De ce point de vue, sa lettre du 3 janvier 1954 adressée au philosophe allemand Erik Gutkind (et adjugée le 4 décembre 2018 chez Christie's à New York à près de trois millions de dollars) précise clairement ce qu'il pense de la « cause première » : « Une causalité limitée n'est plus du tout une causalité, comme l'a montré le merveilleux Spinoza[29]. » Sous-entendu, limitée par la religion, inévitablement naïve, voire infantile aux yeux du maître.

Et c'est sans doute poussé par cette conviction qu'il franchit la dernière étape avec ce coup d'éclat qui, aujourd'hui encore, résonne dans la communauté scientifique : « Je veux savoir comment Dieu a créé le monde. Je ne suis pas intéressé par tel ou tel phénomène, tel ou tel élément. Je veux connaître la pensée de Dieu ; le reste n'est que détails[30]. »

Dieu !

---

29 Lettre à Erik Gutkind, 3 janvier 1954.
30 Propos recueillis par E. Salaman, « A Talk With Einstein », *The Listener* 54, 1955.

« Ce que je veux connaître, c'est la pensée de Dieu… »

Est-ce un hasard ? C'est le tout dernier mot choisi par Hawking pour clore sa *Brève histoire du temps*[31] : « Si nous découvrons une théorie complète, elle devrait un jour être compréhensible dans ses grandes lignes par tout le monde, et non par une poignée de scientifiques. Alors nous tous, philosophes, scientifiques et même gens de la rue, serons capables de prendre part à la discussion sur la question de savoir pourquoi l'Univers et nous existons. Si nous trouvons la réponse à cette question, ce sera le triomphe ultime de la raison humaine – à ce moment, nous connaîtrons la pensée de Dieu. »

Avec Einstein et Hawking, à un demi-siècle de distance l'un de l'autre, nous voici face à l'essentiel : savoir enfin ce que Dieu pense. Curieusement, cela semble devenir la forme ultime, l'horizon de la recherche scientifique du XXIe siècle, comme l'affirme – avec les mêmes mots – le théoricien américain Freeman Dyson, de Princeton : « Le défi est de lire la pensée de Dieu ![32] » Afin de savoir pourquoi l'Univers existe. Pourquoi il est tel qu'il est. Pourquoi il y a « quelque chose » plutôt que rien. Comment le monde a été créé.

*

Vous venez donc de voir brusquement émerger l'enjeu. Celui d'un lien étroit entre la création de l'Univers et, invisible à l'arrière, son hypothétique créateur. Au nom de quoi ? Du très ancien principe de la cause et de l'effet – une

31 Flammarion,1989.
32 F. Dyson, *Infinite in All Directions*, éd. Harper and Row, New-York,1988.

aubaine pour les spiritualistes autant qu'un casse-tête pour les athées. Dit simplement, il n'existe pas d'effet sans cause. C'est donc de ce côté-là – de ce que Jean Guitton nous a appris à comprendre comme « la cause à l'origine des causes » – que nous allons chercher le mystérieux « visage de Dieu » dont parle George Smoot.

Une harmonie cosmique visible à toutes les échelles, de l'infiniment petit à l'infiniment grand.

Le raisonnement est finalement tout simple, à ce point naturel qu'il tient en quelques mots. Pour preuve, ce qu'a déclaré le radioastronome Arno Penzias, prix Nobel 1978 pour avoir découvert en 1965 avec son collègue Robert Wilson la première lumière émise par l'Univers : « Ce que nous avons découvert était une radiation pour laquelle il n'existe aucune source connue dans l'Univers[33]. »

Voici donc de quoi nous parle la radiation fossile, dans sa langue si ancienne : de cet inconnu d'où elle vient. En 1965, l'idée de « quelque chose » avant le Big-Bang n'existait encore pratiquement pas dans la communauté scientifique. Pourtant, c'est là, à partir de cette source inconnue dont parle Penzias que l'Univers émerge à la réalité. C'est pourquoi il précise : « Donc, ce que nous avons découvert – la théorie la plus simple, celle que normalement tous les astronomes adoptent –, c'est une création à partir de rien. L'apparition, à partir de rien, de notre Univers[34]. » C'est pourquoi de son côté, Robert Wilson place calmement au centre de sa préface à notre livre « la question de savoir comment l'Univers a démarré de manière aussi précise pour nous mener là où nous sommes... »

*

Un quart de siècle après Penzias et Wilson, George Smoot a vu à son tour la première lumière : « C'est vraiment remonter en arrière jusqu'à la création, regarder l'apparition

33 *In* Fred Heeren, http://www.wcg.org/lit/booklets/science/debate1a.htm.
34 *Idem.*

de l'espace et du temps, de l'Univers et de tout ce qu'il y a dedans, mais aussi voir l'empreinte de celui qui a fait tout ça[35]. »

Soit. Mais qui ? Quoi ? Quelle est donc cette cause dont parle George Smoot, qui aurait travaillé « depuis l'extérieur » pour faire exister notre Univers ? Et laissé une empreinte ? Il y a plus d'un siècle, le physicien allemand Max Planck, le légendaire fondateur de cette science de l'infiniment petit qu'est la « mécanique quantique » a pris le risque de déclarer : « Toute la matière trouve son origine et existe seulement en vertu d'une force. Nous devons supposer derrière cette force l'existence d'un esprit conscient et intelligent[36]. »

Plus de doute : nous vivons une époque révolutionnaire où, pour la première fois, l'on peut commencer à chercher autrement. Les grandes questions n'ont pas changé. Mais les « grandes réponses », irrésistiblement, se transforment. En particulier émerge depuis peu une science nouvelle : la science de l'information. Que commence-t-elle à nous dire ? Que le monde de l'énergie et de la matière repose sur un autre monde, invisible mais déterminant : celui de l'information. Un peu comme le monde du vivant obéit à cette information qu'est le code génétique. C'est bien ce que désigne Smoot lorsqu'il lance à propos de l'Univers : « Son évolution est inscrite dans ses débuts, une sorte d'ADN cosmique si l'on veut[37]. »

---

35 *Idem.*
36 http://www.brainyquote.com/quotes/authors/m/max_planck.html.
37 George Smoot, *Les Rides du temps*, Flammarion, 1994.

Max Planck était convaincu de l'existence à l'origine du monde d'un « esprit conscient et intelligent ».

Nous allons le voir dans ce petit livre, notre recherche de ce qui a pu se produire avant le Big-Bang nous a conduits vers une idée très proche : un peu comme le code génétique, il existerait, selon nous, une sorte de « code cosmique » qui règle, encadre, ajuste l'apparition physique de l'Univers et son évolution. Dans ce cadre nouveau, ce que Planck appelle « esprit » bénéficie d'un éclairage surprenant grâce auquel on commence à percevoir le rôle possible joué par l'information dans la naissance et l'évolution de notre Univers. Pour preuve, dans le sillage de l'idée génialement résumée par le grand John Wheeler par sa célèbre formule « *It from Bit* », sous l'impulsion de chercheurs tels que Gerard 't Hooft, Seth Lloyd, David Deutsch, Alonzo Church et d'autres, émerge avec succès depuis 2010 une nouvelle discipline scientifique, captivante à bien des égards, la « physique numérique ». Elle nous parle, en termes encore naissants, d'une convergence étroite entre le déterminisme physique et le déterminisme mathématique. Nous aurons plaisir à partager avec vous plus loin l'exploration de ce tout nouveau – et déjà fascinant – champ de la connaissance. En attendant, nous commençons à peine à entrevoir ces ressources si nouvelles que nous offre la science. Ces grandes questions évoquées plus haut commencent aujourd'hui à s'ouvrir sur une étonnante « métaphysique expérimentale », rendue possible par ces consciencieux astronomes de métal – les satellites – qui, depuis les gouffres de l'espace, sondent le passé lointain, jusqu'à l'origine.

À notre tour de nous mettre à chercher. Pour ne pas nous perdre en route, nous allons simplement suivre le chemin indiqué par ceux qui nous ont précédés.

En route ! Notre voyage promet d'être passionnant et commence dès les premières années du siècle dernier.

Les astronomes des années 1900 étaient unanimement convaincus que l'Univers était fixe.

2

—

L'UNIVERS ÉTERNEL

Quelle est donc pour vous la question la plus fondamentale, la plus profonde que vous vous soyez jamais posée ? À coup sûr, pour reprendre le mot de Max Planck, il s'agit de la plus grande énigme policière de tous les temps : comment l'Univers a-t-il commencé ?

Aussi incroyable que cela puisse paraître, au début des années 1920, non seulement il n'existait aucune réponse, mais plus surprenant encore, personne n'imaginait même poser une telle question. Ni dans les cercles savants ni dans la rue on n'avait la moindre idée de ce qui aurait pu ressembler à un commencement pour notre Univers. Et on ne cherchait pas à en savoir plus. Un exemple ? Un beau jour de janvier 1920, alors qu'un groupe d'académiciens était reçu au palais de l'Élysée par le président Raymond Poincaré (cousin du grand mathématicien Henri Poincaré), il glissa dans un sourire complice à l'un des astronomes qui lui offrait son dernier ouvrage : « Pourquoi donc vous essouffler à mesurer l'Univers ? Tout le monde sait qu'il est infini ! »

À vrai dire, presque tous ces savants à col cassé pensaient alors que l'Univers était immobile et éternel. Mieux encore : il y a moins d'un siècle – à peine plus qu'une vie d'homme –, ces savants astronomes étaient encore persuadés que notre galaxie, la Voie lactée, était la seule chose existant dans l'Univers. Personne – pas même Einstein – ne pouvait alors imaginer qu'il y avait d'autres galaxies, bien plus loin que ces nébuleuses que l'on apercevait la nuit au fond des télescopes. En somme, la Terre était au centre de l'Univers. Un Univers bien fixe, bien stable, qui n'avait ni commencement ni fin.

*

Mais était-ce vraiment certain ? Parfois, quelques érudits (presque toujours des mathématiciens) risquaient des hypothèses audacieuses. L'un d'eux s'appelle Bernhard Riemann. Pour beaucoup, il est le plus grand mathématicien du XIXe siècle. Et l'un des plus grands tout court. C'est lui l'auteur en 1859 de la fameuse hypothèse de Riemann, le problème le plus fascinant (et sans doute le plus difficile) de tous ceux qui, aujourd'hui, résistent aux mathématiciens. Comme nous l'indiquons dans notre livre *L'Équation Dieu*[38], celui qui démontrera un jour cette fabuleuse hypothèse confirmera par un théorème que l'Univers ne repose

38 *L'Équation Dieu*, Grasset, 2019.

pas sur le hasard et que tout, de l'étoile jusqu'à la plus infime particule, est gouverné par un ordre profond.

Jusqu'en 1929, les astronomes n'avaient pas la preuve que l'Univers était en expansion.

Or, cinq ans plus tôt, en 1854, Riemann (alors âgé de 28 ans à peine) présente à l'université de Göttingen, à voix basse et mesurée, une conférence éblouissante qui, sur le coup, laisse les savants présents dans la salle bouche bée. Aucun d'eux n'a compris un seul mot de ce que le mathématicien a dit. Pourtant, avec le recul, on y voit émerger, pour la première fois, la cosmologie moderne. Des idées qui donnent le vertige. L'une d'elles est que l'Univers, s'il est muni d'une courbure constante et positive, peut être représenté par une sphère à trois dimensions. Une « hypersphère », comme le dit Riemann. Nous sommes ici à l'origine lointaine – mais certaine – de l'Univers sphérique d'Einstein, à la fois fini et illimité. Nous reviendrons bien sûr plus loin sur cette idée prophétique, qui débouche sur d'insondables richesses.

La seconde idée de Riemann, plus fugace mais d'une saisissante force, se résume à quelques mots, prononcés par lui en dehors de la conférence : le rayon de cette sphère est fixe. Mais, ajoute-t-il à l'adresse de l'un de ses interlocuteurs, on peut admettre qu'il varie avec le temps sans remettre en cause le moins du monde le modèle de la sphère !

C'est la toute première fois, dans la nuit du XIXe siècle, que va apparaître l'idée d'une possible expansion de notre Univers.

*

Mais l'hallucinante vision passe comme une étoile qui file en pleine nuit avant de disparaître. Elle est née bien trop tôt pour avoir le moindre retentissement.

Et pourtant !

Vesto Slipher a été le premier à observer l'expansion de l'Univers en 1912…

À nouveau, l'histoire a bien failli basculer en 1912. Cette année-là, à l'observatoire Lowell en Arizona, un astronome américain, Vesto Slipher (qui ne s'éteint qu'en 1969, à presque cent ans) achève une étude de trois ans à la demande du fondateur et directeur de l'observatoire, sir Percival Lowell, célèbre dans le monde entier pour ses fracassantes « observations » (photos à l'appui) de canaux sur Mars. Heureusement peu intéressé par les fameux canaux, Slipher découvre – un peu par hasard – qu'une douzaine de nébuleuses s'éloignaient de la Terre à des vitesses vertigineuses, de l'ordre d'un million et demi de kilomètres à l'heure. L'affaire est extravagante. Pourrait-il se tromper quelque part ? Toujours est-il qu'en 1914, après avoir beaucoup hésité, il se décide finalement à présenter son étrange trouvaille à ses collègues de la Société américaine d'astronomie. Une fois l'exposé terminé, un silence embarrassé retombe sur l'auditoire. Puis, quelques applaudissements clairsemés s'envolent çà et là dans la pièce. C'est tout. Pas un des astronomes n'a compris la formidable portée de la découverte de Slipher. Personne sauf un jeune homme isolé au fond de l'amphithéâtre. Profitant du brouhaha, il rassemble à la hâte ses papiers et, sans attendre son reste, quitte la salle. « Qui est-ce ? » demande distraitement le secrétaire général de la société savante. « Un étudiant », répond le préposé aux inscriptions. « Un certain Edwin Hubble ! Pressé comme il est de partir, je pense qu'il n'ira pas bien loin ! » Aucun des astronomes présents ce jour-là ne se doute alors qu'ils viennent de vivre un moment historique : la toute première observation de l'expansion de l'Univers ! Mais là encore, comme pour le cosmos sphérique de Riemann, la chose arrive trop tôt. Et la voilà bientôt rangée parmi les innombrables « curiosités » qui jonchent les laboratoires du monde entier. Tout rentre dans l'ordre. Il y a bien une dernière alerte en 1917, lorsque l'astronome hollandais Willem de Sitter risque timidement l'idée qu'au vu des équations, rien n'interdit, après tout, que l'Univers soit en expansion. Mais sans prendre de gants, Einstein lui écrit : « Cette circonstance d'une expansion m'irrite ! » Et pour faire bonne mesure, il ajoute dans une deuxième lettre : « Admettre de telles possibilités semble insensé ! »

Finalement lorsque, au début des années 1920, on se risque à demander si l'idée d'un Univers changeant de rayon a des chances d'être vraie, les astronomes haussent mollement les épaules : quelqu'un a-t-il vu un jour varier la distance entre les nébuleuses ? Et ce n'est pas Albert Einstein (aux yeux de tous le plus grand homme de science de l'époque) qui va les contredire, bien au contraire.

Voilà qu'en décembre 1922, il obtient la récompense suprême, le prix Nobel de physique au titre de l'année 1921 (malheureusement en voyage, il ne pourra pas assister à la cérémonie du 10 décembre au soir). Désormais, chacune de ses paroles compte double. Or, le père de la relativité en est fermement convaincu, l'Univers est totalement fixe ! En dehors, peut-être, d'un phénomène vu par beaucoup à l'époque comme une simple curiosité. Que disent les calculs ? Que l'espace-temps possède une petite (très petite) élasticité (en d'autres termes, il peut être déformé par la présence de masses). De combien ? De presque rien : le coefficient numérique qu'Einstein loge dans ses équations est fantastiquement proche de zéro. Il s'écrit 0,000 000 000 000 000 000 000 000 000 000 000 000 000 000 000 002, soit 10 puissance moins quarante-huit ! « Il faut être aussi grand que Dieu pour avoir fabriqué quelque chose d'aussi petit ! » ironisent certains physiciens, plus ou moins sceptiques. De toute façon, cela n'a rien à voir avec l'idée de mouvement. Einstein en conclut donc tranquillement que l'Univers ne bouge pas, existe depuis toujours et pour l'éternité. Et il ne tient à aucun prix à voir surgir du fond de ses calculs, avec cette idée farfelue de commencement, quelque chose qui pourrait plus ou moins ressembler au « visage de Dieu ».

*

Pourtant, isolés au fin fond de quelques laboratoires, une poignée d'astronomes se risque tout de même à penser le contraire (sans jamais oser le dire tout haut). Après tout, pourquoi l'Univers ne pourrait-il pas être comme tout ce qu'on observe dans la nature ? Les fleurs, les animaux et même les étoiles ont bien un début et une fin. Alors, pourquoi pas le cosmos lui-même ?

À la tête de ces dissidents anonymes de la première heure, il y a un jeune mathématicien et météorologue russe. Son nom ? Alexander Friedmann. Jeune étudiant en mathématique à l'aube du XXe siècle, emporté par le torrent révolutionnaire de 1905, un bandeau rouge sur le front, il faisait le coup de feu sur les barricades contre les forces impériales. Mais nous allons le retrouver un peu plus tard en train de lancer une autre révolution, sans doute l'une des plus importantes dans l'histoire de la pensée depuis Copernic : celle qui, à grands coups de calculs, va mettre fin à l'éternité de l'Univers.

Le blason de l'université de Saint-Pétersbourg, là où le mathématicien Alexander Friedmann a découvert l'expansion de l'Univers.

3

—

LA FIN DE L'ÉTERNITÉ

Tout commence au fin fond de la Russie des tsars, à Saint-Pétersbourg. C'est le début du XXe siècle et celui qui, un jour, va bouleverser de fond en comble notre vision du monde – et notre idée de la création – s'appelle Alexander Friedmann.

Curieusement, il ne semble exister en tout et pour tout qu'une seule photo de lui, reproduite aujourd'hui dans le monde entier à l'identique. Une bizarrerie qui ajoute encore à la légende du personnage. Son père est danseur de ballet et sa mère pianiste. À l'école, cet enfant rêveur, que tout destinait à la vie d'artiste, a toutefois révélé très tôt un don sans pareil pour les calculs, résolvant en quelques minutes de tête (et le plus souvent debout au tableau) les problèmes les plus compliqués. Alors qu'il est encore un tout jeune homme, hormis le latin et le grec, il jongle déjà couramment avec l'allemand, l'anglais et le français (ce qui lui permet de dévorer dans le texte tous les articles qui passent à sa portée). On raconte qu'après avoir reçu la médaille d'or du collège, il a gentiment remercié le directeur avec ces mots venus d'on ne sait où : « Dieu apprend aux enfants. »

D'ordinaire timide et effacé, il se transforme soudain et ne recule plus devant rien ni personne dès qu'il est question de mathématiques. À dix-sept ans à peine, avec Jacob Tamarkin, un de ses camarades de classe dont il restera proche toute sa vie, il soumet au grand mathématicien Hilbert – qui pourtant, depuis son bastion de Heidelberg fait trembler le monde entier – un article portant sur les « nombres de Bernoulli », sujet obscur et compliqué. Chose incroyable, l'article est presque tout de suite accepté par Hilbert et publié en 1906 dans les *Annales de mathématiques*, un journal réputé imprenable. L'entrée à l'université d'État de Saint-Pétersbourg est pour lui une banale formalité et dès 1907, le voilà dans le séminaire du célèbre physicien allemand Paul Ehrenfest, l'ami de toujours d'Albert Einstein. Là, autour d'un bol de vin chaud à la cannelle, on a tous les soirs des discussions à n'en plus finir – parfois orageuses – sur la mécanique quantique et une théorie toute jeune mais qui déjà commence à faire du bruit : la relativité restreinte. Mais la guerre puis la révolution d'Octobre vont passer par là, creusant pendant quelques années un fossé que Friedmann s'efforce de combler tant bien que mal entre lui et la science. Pilote bombardier à partir de 1917, il a survécu aux batailles aériennes et en 1920, voilà qu'il retourne à l'université de Petrograd en tant que professeur de mathématiques. C'est là que va avoir lieu grâce à lui la plus grande révolution cosmologique de l'histoire.

Alexander Friedmann a été le premier à prédire l'existence de l'origine de l'Univers.

*

Nous voici à présent en 1922. À l'abri derrière sa barbe taillée de près et ses lunettes cerclées, le camarade Friedmann est devenu malgré lui un fonctionnaire zélé du régime soviétique, courant du matin au soir entre l'université de Petrograd, l'Institut aéronautique, l'Académie navale et l'Observatoire de géophysique. Partout, il donne des cours, anime des séminaires ou poursuit des recherches sur le terrain. Ses étudiants ? Il les trouve tous « meilleurs que du temps des tsars ». En particulier l'un d'entre eux. Un jeune blond à lunettes, très turbulent, toujours à l'affût d'une plaisanterie grinçante sous sa tignasse. Parfois, pendant les cours, au lieu de suivre les calculs, il griffonne d'interminables suites de dessins sur son cahier, entre autres des caricatures de ses professeurs sous tous les angles Mais le plus souvent, entre deux classes, il vient faire le siège de Friedmann pour lui poser mille questions. Cet étudiant facétieux s'appelle George Gamow. Il est encore bien loin de s'en douter, mais il va devenir l'un des héros de la formidable épopée du Big-Bang. L'un des grands personnages de ce livre, que nous retrouverons plus tard.

Pour l'heure, Friedmann passe ses rares moments de répit à lire des articles venant de l'étranger. Il se remet lentement des années de guerre qu'il a passées sur le front russe, à bord d'un avion en tant qu'expert en bombardements.

*

À y regarder de près, pour lui, cette année 1922 n'est pas comme les autres. D'abord, c'est le moment où il passe sa thèse de doctorat. Comme toujours, un événement inoubliable. Mais il y a autre chose. Il vient de découvrir une théorie nouvelle, encore inconnue en Russie. Bourrée de calculs et d'idées plus déconcertantes les unes que les autres, sa lecture le tient en haleine du matin au soir. L'auteur ? Un physicien allemand, dont il se rappelle vaguement le nom, évoqué par Ehrenfest quinze ans plus tôt à l'université : Albert Einstein. Mais peu importe le nom. Ce qui compte, ce sont les calculs. Chaque jour, il se fraie un chemin avec un zèle inépuisable dans une jungle de formules étranges, totalement incompréhensibles pour ses collègues de bureau qui se risquent parfois à jeter un coup d'œil par-dessus son épaule. Mais, peu à peu, à force de nuits blanches et avec l'aide de son collègue le physicien Vsevolod Frederiks (qui avait publié une brève présentation de la théorie en 1921), il commence à savourer la fantastique puissance de cette construction physique – la relativité générale – qui englobe tout l'Univers.

Pourtant, depuis quelque temps, un détail le tracasse. Quelque chose ne va pas dans la solution qu'Einstein a donnée de ses propres équations. Car ce dernier y a ajouté artificiellement, *à la main*, un terme supplémentaire (qu'il appelle la « constante cosmologique ») et qui force l'Univers – du moins sa représentation – à rester immobile ! Mais, comme il le dit en riant à scs camarades, ça lui paraît aussi impossible que de faire tenir un crayon en équilibre sur sa pointe ! De plus en plus perplexe, le mathématicien russe découvre que l'Univers d'Einstein n'est autre qu'une sphère à trois dimensions dont le rayon est désespérément bloqué par cette désolante constante cosmologique. Rien de plus instable !

Décidément, tout ça ne plaît pas à Friedmann. Il va donc s'atteler à une rude tâche : tirer une solution exacte des fascinantes équations de la relativité. Les calculs sont horriblement compliqués, mais à force de craies usées sur le tableau noir et de discussions avec Vsevolod Frederiks ainsi que le mathématicien Vladimir Fock (qui l'aide à mettre de l'ordre dans les équations), il finit par trouver quelque chose.

Quelque chose ?

Les conclusions sont tellement ahurissantes que dans un premier temps, il hésite. Mais finalement, poussé par ses collègues, il se jette à l'eau. Premier acte, rassembler d'abord ses trouvailles dans un article, publié en juin 1922 dans *Zeitschrift für Physik*, la revue la plus lue à l'époque. Puis, il affine les détails dans son unique ouvrage, *L'Univers comme espace et temps*, publié en 1923. Un beau titre, qui en dit long sur la formidable vision de son auteur. Littéralement médusés, ses rares lecteurs de l'époque y découvrent, entre autres, cet énoncé qui frise la provocation : l'Univers a connu un *commencement*, des milliards d'années dans le passé. Pire encore : à cet instant originel, il était contracté « en un point (de volume nul) puis, à partir de ce point, il avait augmenté de rayon[39] ».

39 *In* A. Friedmann et G. Lemaître, *Essais de cosmologie*, trad. J.-P. Luminet et A. Grib, Paris, Seuil, 1997.

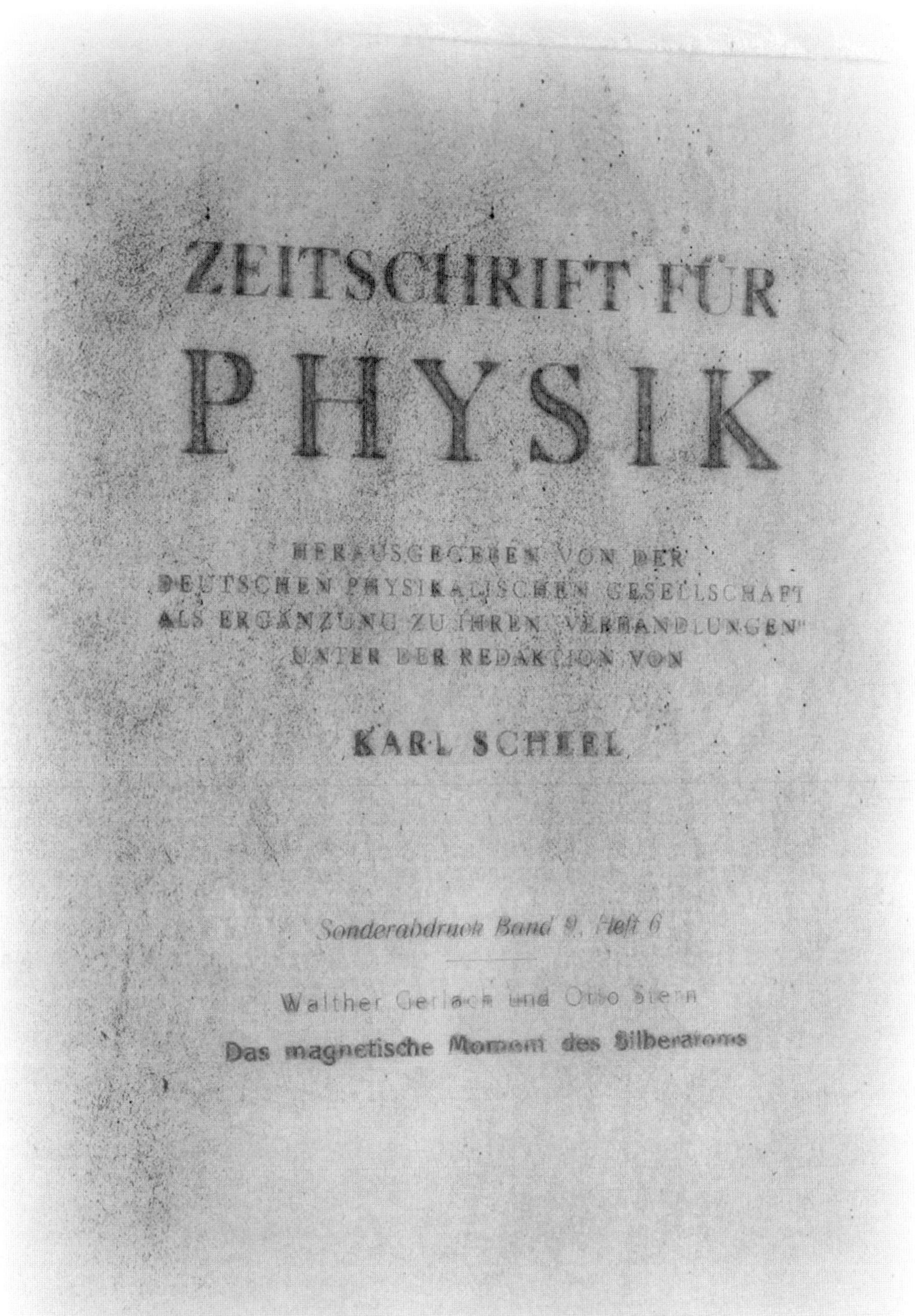
ZEITSCHRIFT FÜR

PHYSIK

HERAUSGEGEBEN VON DER
DEUTSCHEN PHYSIKALISCHEN GESELLSCHAFT
ALS ERGÄNZUNG ZU IHREN „VERHANDLUNGEN"
UNTER DER REDAKTION VON

KARL SCHEEL

Sonderabdruck Band 9, Heft 6

Walther Gerlach und Otto Stern

Das magnetische Moment des Silberatoms

L'édition de 1922 dans laquelle Friedmann publie son article
qui prédit l'expansion de l'Univers.

*

Un point de volume nul à l'origine du cosmos ! Un vulgaire point sans épaisseur, sans dimension. La chose paraît grotesque. Complètement folle. Comment imaginer que des milliards d'années en arrière, une « explosion » à partir de rien puisse être à la source de tout ? Comment croire une seconde que l'Univers, avec ses milliards d'étoiles et de constellations, ait pu commencer dans un point ? Et surtout pourquoi dix milliards d'années depuis la prétendue explosion originelle ? À une époque où l'on est encore persuadé que la Terre n'est âgée que d'un milliard d'années, c'en est trop !

Nous voici à présent le 18 septembre 1922 à Berlin, rue Haberer, dans l'immeuble occupé depuis quelques années par Einstein. C'est le matin et, tranquillement installé à son bureau, le grand savant déguste son café à petites gorgées, jetant un coup d'œil distrait à *Zeitschrift für Physik*. Il finit par tomber sur l'article de Friedmann et tourne machinalement les pages. Puis, intrigué par une bizarrerie, il revient en arrière et fronce les sourcils.

Qu'est-ce que ça veut dire ?

Ce Russe dont il n'a jamais entendu parler laisse entendre que ses calculs sont faux ! Très contrarié, le cheveu soudain en bataille, Einstein s'empresse de chiffonner (et même, selon des témoins de la scène, de piétiner à grands coups de talons) l'article pourtant prophétique que le jeune savant russe avait eu la mauvaise idée de publier (qui plus est dans

« sa » revue) ! Mais il n'en reste pas là. Toujours très remonté, il écrit à *Zeitschrift* une courte note (jugée très acerbe par Vladimir Fock) dans laquelle il signale : « Les résultats concernant l'Univers non stationnaire contenus dans le travail de Friedmann m'apparaissent très suspects. En réalité, il s'avère que la solution proposée ne satisfait pas les équations du champ. »

Einstein est furieux lorsqu'il découvre l'article de Friedmann le 18 septembre 1922.

Pour Friedmann, le coup est terrible. Il lui écrit à plusieurs reprises, lui fait passer des messages, le prie de le rencontrer, en vain. Le jeune savant russe ne le sait pas encore, mais jamais il ne se trouvera face à face avec cet homme qu'il admire plus que tout au monde. Tout semble perdu. Ce n'est qu'un an plus tard, en mai 1923, qu'une lueur d'espoir apparaît. Car le physicien Yuri Krutkov, collègue et ami de Friedmann, se débrouille pour rencontrer Einstein à Leiden, où ils vont assister ensemble à l'émouvant discours d'adieu du légendaire physicien Hendrik Lorentz (deuxième prix Nobel de l'histoire, en 1902, et père de la fameuse « métrique de Lorentz » à la base de l'espace-temps). Peu après la cérémonie, voilà qu'ils se retrouvent au domicile du physicien Paul Ehrenfest (qui, on s'en souvient, avait été avant 1910 l'un des professeurs préférés de Friedmann à Saint-Pétersbourg). Après des heures de discussions acharnées, avec l'aide de l'influent Ehrenfest, Einstein finit par céder et reconnaît le bien-fondé des « curieuses » conclusions de son contradicteur. Le 18 mai, Krutkov, débordant de joie, écrit à sa sœur : « J'ai terrassé Einstein dans la dispute avec Friedmann. L'honneur de Saint-Pétersbourg est sauf ![40] »

Cette fois, Friedmann peut enfin respirer : ses idées triomphent !

40 Cité par Alan Guth *in Albert Einstein and the Friedmann Equations* ; openpdf.com/ebook/alan-guth-pdf.html.

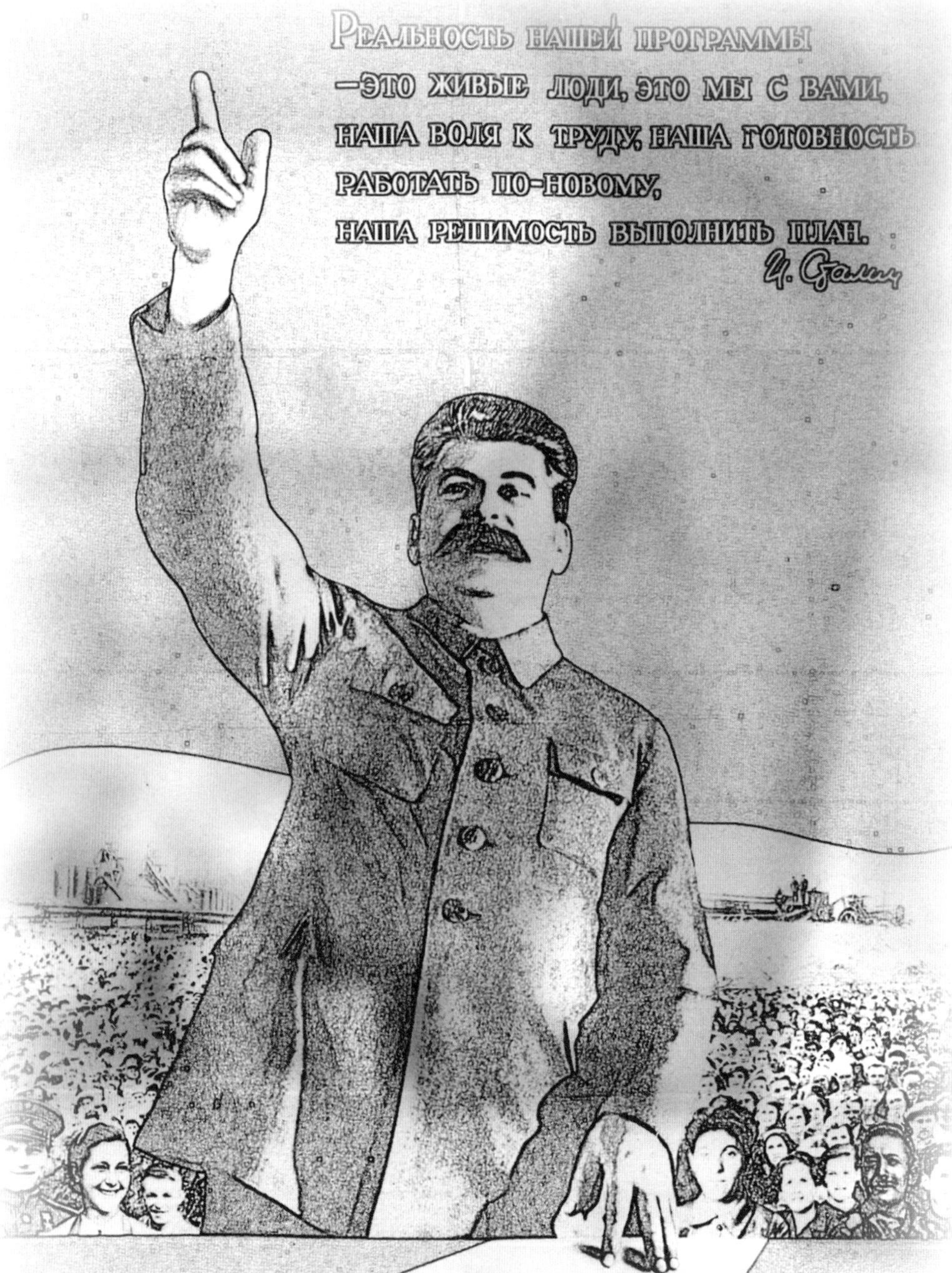

À partir de 1925, Staline abat sa main de fer sur l'immense appareil d'État soviétique. Au nom du matérialisme dialectique selon lequel la matière est éternelle, il va s'employer à éliminer systématiquement les scientifiques partisans du Big-Bang.

4

LE RETOUR DES SOVIETS

Depuis la note fracassante d'Einstein, tout a changé pour Friedmann. Désormais, on s'arrache ses articles et on se bouscule à ses cours. Or, parmi ses élèves, quatre jeunes gens ont pris la tête. Lev Landau est le plus jeune. Ce génie du calcul a passé son bac à 13 ans et il en a à peine 16 en 1924. Son meilleur copain, celui avec lequel il est fourré du matin au soir ? George Gamow, ce blondinet à lunettes dont nous vous avons déjà parlé a réponse à tout et connaît la relativité sur le bout du doigt. Puis, sérieux et concentré derrière ses lunettes, il y a Matveï Bronstein, qui sidère ses professeurs par ses idées prophétiques sur la science de l'infiniment petit. Et enfin Dmitiri Ivanenko, qui n'a pas son pareil pour monter des expériences compliquées en physique expérimentale. À eux quatre, ils forment un bloc devenu légendaire dans tout Leningrad : les « quatre mousquetaires ».

À l'été 1924, nos quatre compères connaissent par cœur la théorie de l'expansion de Friedmann et en sont devenus les plus farouches défenseurs. Plus aucun doute pour eux : à l'opposé de ce que rabâchent du matin au soir les bolcheviks et autres tenants du matérialisme dialectique, l'Univers n'est pas fixe ! Et il n'est pas éternel.

Mais quand bien même ! Les calculs du savant russe ont beau conduire logiquement à un Univers en expansion, en son for intérieur, le père de la relativité reste encore persuadé que tout cela n'est qu'un tas d'élucubrations sans le moindre sens physique. Et de toute façon, l'observation semble lui donner raison : est-ce qu'on voit « bouger l'Univers » lorsqu'on braque le plus puissant des télescopes vers les profondeurs du ciel ? Bien sûr que non ! Tout est immuablement fixe là-haut…

Et pourtant…

Le 23 novembre 1924, alors qu'ils prennent leur café du matin, les Américains découvrent un article qui les laisse bouche bée. Notre galaxie – la Voie lactée et ses milliards d'étoiles – n'est pas la seule ! Il en existe des milliers, peut-être même des millions d'autres dans le ciel !

*

Nous ferons plus loin le récit de cette stupéfiante découverte par un jeune astronome à l'époque totalement inconnu, Edwin Hubble. En fait, dès 1922, soir après soir, Hubble identifie des étoiles géantes, jusqu'à 30 000 fois

LEV LANDAU

MATVEI BRONSTEIN

GEORGE GAMOW

DMITRI IVANENKO

Les quatre élèves de Friedmann, appelés « les quatre mousquetaires… »

plus lumineuses que le Soleil. Et en 1924, la cause est entendue : les nébuleuses qui abritent ces étoiles se trouvent bien trop loin pour faire partie de la Voie lactée. Ces amas laiteux, qu'on prenait jusqu'alors pour des nébuleuses sont en réalité des galaxies à part entière, comme notre Voie lactée, regorgeant d'étoiles par milliards.

Abasourdi par la découverte, Friedmann se frotte les mains. Car pour lui, ces galaxies lointaines apportent la preuve que l'Univers n'est pas fixe. Pourquoi ? Il suffit, répète-t-il à Gamow, Landau et les autres, de reprendre les mesures effectuées par Slipher douze ans plus tôt. Ses calculs montrent clairement que les distances entre les « nébuleuses » ne sont pas fixes.

Malheureusement, alors que tout semblait sourire au génial mathématicien de Saint-Pétersbourg, le ciel commence à s'assombrir au-dessus de lui. D'abord, les bolcheviks, derrière lesquels rôde l'ombre de Staline, apprécient de moins en moins ses travaux. En effet, affirmer que l'Univers n'est pas fixe, c'est *de facto* dire qu'il n'est pas éternel. Or, ceci entre en contradiction frontale avec l'idéologie marxiste-léniniste et tout particulièrement avec le matérialisme dialectique selon lequel la matière est éternelle. Sans commencement ni fin. À partir de l'automne 1924, Friedmann est donc peu à peu identifié comme un ennemi de la révolution. Un criminel envers le peuple. Ses cours sont de plus en plus interrompus par des miliciens armés jusqu'aux dents qui font irruption dans sa salle de classe, à la recherche d'espions ou de bourgeois contre-révolutionnaires.

Mais il va y avoir pire.

*

Par un beau jour d'été, Friedmann grimpe avec son copilote à bord de son ballon stratosphérique et décolle en silence dans l'air calme. Il fait bon ce jour-là et le ballon grimpe vite. Trop vite. Quelque chose ne tourne pas normalement. Bientôt 15 000 pieds. Le copilote actionne la valve de descente mais rien à faire, la folle ascension continue. Vêtu d'un simple manteau de laine, le mathématicien est vite glacé jusqu'aux os. De plus, sans bouteilles d'oxygène, il commence à ressentir les effets de l'asphyxie. Rien n'arrête le ballon fou qui continue de grimper comme une flèche, jusqu'à plus de 7 400 mètres, pulvérisant le record soviétique d'altitude. L'engin volant aurait-il été trop gonflé, comme on le murmurera plus tard sous les tôles ondulées des hangars ? Toujours est-il que l'air glacé à moins cinquante siffle dans ses poumons et le tue un peu plus à chaque bouffée. À son retour, il chancelle. Très affaibli, rongé par une mauvaise fièvre, il s'éteint le 16 septembre 1925, à trente-sept ans à peine, brutalement arraché aux siens (en particulier à un fils qu'il ne connaîtra jamais) sans avoir pu apporter la preuve définitive par l'observation que sa théorie d'un Univers en expansion était vraiment la bonne.

Les quatre mousquetaires sont atterrés. Mais leurs convictions restent intactes. Plus que jamais, ils sont convaincus que leur vénéré professeur avait raison. Que l'Univers n'existe pas depuis toujours. Ils font donc le serment de reprendre le flambeau. Et ensemble de percer le fascinant secret de l'origine.

Le flambeau allait passer à une nouvelle génération. Dans le même temps, le ciel s'assombrit pour les élèves de Friedmann.

Été 1925. En mission d'observation à près de 8 000 m d'altitude,
Friedmann et son pilote vont souffrir du froid et de l'asphyxie.
Le grand savant disparaîtra très peu de temps après.

5

LA FIN DES MOUSQUETAIRES

Automne 1925. Lacéré par un vent noir venu du fond de la Sibérie, le mois d'octobre est plus sombre et plus froid que jamais. Transis jusqu'aux os, abattus par la disparition de leur maître vénéré, les quatre mousquetaires ne sont plus que l'ombre d'eux-mêmes. Les cours à l'université ? Ils ne s'y montrent plus depuis que les milices du régime font des descentes régulières dans les amphis, brandissant leurs fusils à baïonnettes. Les sorties dans les cafés de la ville ? Ils n'en ont pas le cœur. De toute façon, leurs camarades d'université éclatent de rire lorsqu'ils racontent – désormais sans l'appui de leur mentor – que le cosmos a surgi d'un point plus petit qu'un grain de sable, des milliards d'années en arrière. Les merveilleux moments de discussions sur l'origine de l'Univers sont bien finis et ont laissé la place à des pensées lugubres.

Mais il y a plus grave.

Très vite, George Gamow fut persuadé que son maître a été victime d'un attentat abject (il le confiera d'ailleurs au début des années 1940 à Einstein). C'est aussi ce qu'il murmure sous le manteau un soir de l'automne 1925 au plus ancien et le plus fidèle compagnon de Friedmann, le brillant mathématicien Jacob Tamarkin. Celui-ci n'a rien oublié du jour où, alors qu'ils n'avaient pas encore 18 ans, les deux camarades de lycée ont rédigé leur premier article de mathématiques sur la théorie des nombres, accepté et publié sous la sévère houlette de Hilbert (et avec la bénédiction de Felix Klein, le maître de l'université de Göttingen) dans les imprenables *Annales de mathématiques*. Il n'a pas oublié non plus ces nuits blanches où, à la lueur silencieuse d'une chandelle, Friedmann et lui ont refait pour la énième fois les calculs menant à la solution dynamique des équations de la relativité générale. Il se souvient du moment où ils en ont tiré tous les deux l'idée que l'espace-temps avait nécessairement connu un « instant créateur » (auquel le célèbre physicien Andreï Sakharov, prix Nobel de la paix, a donné le nom de « singularité de Friedmann »).

Or, la disparition de Friedmann marque un tournant dans les rapports entre le régime et les scientifiques. Avec l'aide de son second, le redoutable Molotov et le bras armé du chef de la police secrète, Feliks Dzerjinski, Staline resserre peu à peu sa main de fer sur le gigantesque appareil d'état de l'Union soviétique, prenant systématiquement le contrôle de ses innombrables rouages. Chaque jour, la répression contre les idées des élèves de Friedmann se fait plus dure. Pourquoi ? Parce qu'affirmer que le cosmos a une origine, c'est remettre en cause le sacro-saint dogme selon lequel la matière est éternelle, pilier fondateur du matérialisme marxiste. En 1926, Viatcheslav Menjinski succède à Feliks Dzerjinski. Et une fois à la tête de la terrifiante police secrète, il n'hésite pas à lâcher ses milices sanguinaires sur les prétendus « ennemis du peuple ». Et pendant ce temps, souriant derrière sa pipe, Staline prépare en sous-main les grands procès qui à partir du début des années 1930, vont bâillonner ceux qu'on appelle désormais les « suppôts de Friedmann ».

Le redoutable Félix Dzerzhinsky, dit « Félix de fer » (1877-1926), fondateur et premier chef de la Tchéka, la police secrète du régime.

Nous voici en 1931. Le rideau de fer s'est refermé sur l'immense Russie. Désormais, les nouveaux maîtres du régime – les Staline, Molotov, Boukharine, Beria – ne tolèrent plus que la moindre voix puisse soutenir que la matière n'est pas éternelle. Pour les élèves de Friedmann, le climat devient donc irrespirable. Gamow, qui a très vite senti le danger, décide alors de prendre le large.

Au printemps 1932, il grimpe avec son épouse à bord d'un kayak et tente de traverser la mer Noire jusqu'en Turquie. Malheureusement, au bout de quelques heures, le bateau est pris dans une terrible tempête, menace de chavirer. Échappant de peu à la noyade, le couple regagne la Russie. Quelques mois plus tard, il va tenter de fuir vers la Norvège par l'océan Glacial. Là encore, louvoyant entre les immenses glaciers, il évite de peu la catastrophe. Tout semble perdu lorsqu'en 1933 Molotov – bizarrement séduit par le jeune homme – lui accorde un visa pour assister au fameux congrès Solvay, à Bruxelles. Et tout bascule. Grâce à Marie Curie, il va gagner l'Amérique avec son épouse. Aussitôt connue la nouvelle de sa fuite, il est déclaré « traître au régime » et condamné à mort. Mais qu'importe : il est libre et pour lui une nouvelle vie commence à l'université George-Washington.

Hélas… Landau, Ivanenko et Bronstein n'ont pas suivi le même chemin. En 1934, Ivanenko, arraché de sa maison en pleine nuit, est déporté au fin fond de la Sibérie. Puis vient le tour de Landau. Le 28 avril 1938 au petit matin, la milice défonce la porte de son modeste appartement. Mains liées derrière le dos, il est traîné sur le plancher d'un

Gamow va tenter de fuir vers la Norvège par l'océan Glacial.
Il fera naufrage et échappera de peu à la noyade…

Le 18 février 1938, Bronstein est éliminé par les soviets pour avoir affirmé que l'Univers a une origine…

camion et jeté en prison. Jugé coupable « d'idées subversives », il est condamné à dix ans de travaux forcés.

Reste Bronstein. Cet esprit visionnaire, pionnier de l'unification entre la relativité et la physique quantique et génial vulgarisateur de la science à travers des livres pour enfants sur la gravité, est arrêté en août 1937. Son crime ? Avoir répandu des idées contre-révolutionnaires concernant le « soi-disant commencement » de la matière. Cruellement torturé, il sera finalement fusillé à bout portant d'une balle dans la nuque le 18 février 1938.

À des milliers de kilomètres de là, Gamow vacille sous le poids du chagrin. Avec ses compagnons, c'est toute sa jeunesse qui disparaît. Mais il reste ses idées. Et l'héritage de Friedmann. Désormais, il n'a plus qu'une idée en tête : venger ses compagnons. Et faire honneur à son maître.

Nous le verrons plus loin, sa revanche sera éclatante. Mais à l'Ouest, on n'a qu'une vague idée des drames qui secouent la Russie. La vie y est bien plus paisible, en particulier dans la petite ville de Louvain, au cœur de la Belgique. C'est là que va avoir lieu un fantastique rebondissement.

Le 28 avril 1938, Landau est traîné devant les chefs de la police secrète pour être condamné à 10 ans de travaux forcés.

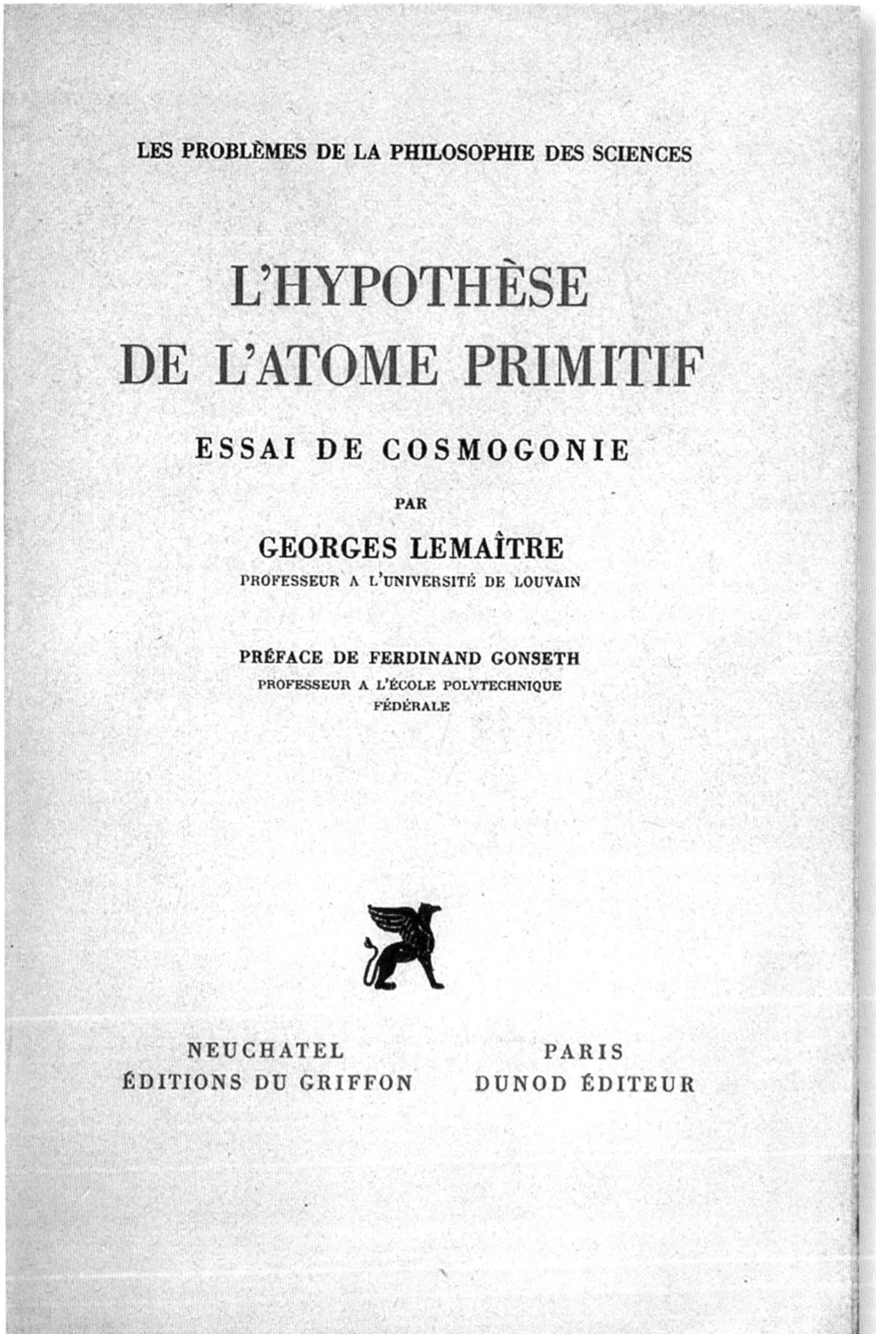

LES PROBLÈMES DE LA PHILOSOPHIE DES SCIENCES

L'HYPOTHÈSE
DE L'ATOME PRIMITIF

ESSAI DE COSMOGONIE

PAR

GEORGES LEMAÎTRE

PROFESSEUR A L'UNIVERSITÉ DE LOUVAIN

PRÉFACE DE FERDINAND GONSETH

PROFESSEUR A L'ÉCOLE POLYTECHNIQUE
FÉDÉRALE

NEUCHATEL
ÉDITIONS DU GRIFFON

PARIS
DUNOD ÉDITEUR

La première publication de la théorie de l'abbé Lemaître.

6

L'ATOME PRIMITIF

Mais revenons en 1927. Cinq ans ont passé depuis le spectaculaire affrontement entre Einstein et Friedmann. C'est à présent au tour d'un jeune chanoine belge, l'abbé Lemaître, d'entrer en scène. Lui aussi a eu du mal à se remettre des horreurs de la Grande Guerre, où son courage lui a valu d'être décoré de la Croix militaire avec palmes. La paix de l'âme, il la trouve dans la religion où il s'engage. Et celle de l'esprit dans les hautes mathématiques.

En 1920, il entame à l'université de Louvain une ambitieuse thèse de doctorat sur la fonction zêta de Riemann. Nous l'avons vu dans notre précédent ouvrage, la célèbre fonction zêta représente une sorte de clef, de nature à percer l'un des nombreux mystères des nombres premiers. Plus précisément encore, l'hypothèse que Riemann a formulée en 1859 est que les solutions de cette fonction correspondent à l'emplacement des nombres premiers le long d'une droite (appelée « droite critique ») jusqu'à l'infini. Mais le sujet est atrocement compliqué. Placé en 1900 sur la liste des fameux « problèmes de Hilbert », on le retrouve encore aujourd'hui sur celle des « problèmes du millénaire » de la Fondation Clay en mathématiques. Faut-il alors s'en étonner ? Malgré des efforts acharnés, Lemaître n'arrive à rien. Ses calculs l'obsèdent, l'empêchent de manger (et parfois même de prier) mais en vain : la solution lui échappe. La mort dans l'âme, il renonce et choisit un nouveau sujet : l'approximation des fonctions de plusieurs variables réelles. À lui seul, le titre (bien loin des sermons) en dit long sur le goût du futur chanoine pour le calcul algébrique. Et cette fois c'est le succès : le voilà en 1920 docteur de l'université de Louvain. Le deuxième pas est franchi en 1923 avec son ordination : à partir de cette date, entré dans la Fraternité sacerdotale des amis de Jésus, il ne quittera plus sa soutane.

*

Nous arrivons donc à la fameuse année 1927. Après être passé par la mythique université de Cambridge (dans le laboratoire de physique du Soleil où il travaille avec Eddington, célèbre dans le monde entier pour avoir « prouvé » par l'observation la relativité d'Einstein), le jeune abbé s'envole pour le MIT en Amérique où il s'est mis en tête de passer une deuxième thèse de doctorat, cette fois en physique. C'est chose faite en 1926. Le sujet ? le calcul du champ gravitationnel d'une sphère fluide de densité homogène. On est déjà tout près de son fameux modèle d'Univers sphérique en expansion. Mais il manquait encore certaines pièces. Où les trouver ? Dans la relativité générale.

L'abbé Lemaître défend à son tour en 1927
l'idée d'un Univers en expansion…

*

Moins porté vers les mathématiques abstraites que son génial devancier Friedmann, mais plus intuitif quant aux aspects physiques, le savant en soutane se lance alors à corps perdu dans les calculs. Et finalement, un beau matin, il parvient à extraire la solution tant espérée. Aussitôt, il la publie dans les *Annales de la société scientifique* de Bruxelles. Il n'a jamais lu une seule ligne de ce qu'a écrit Friedmann cinq ans plus tôt. Pourtant, il parvient aux mêmes conclusions que lui : l'Univers n'est pas – ne peut pas – être fixe. Chaque fois qu'il en a l'occasion, il prend à part l'évêque de Louvain, un prélat au sourire flottant, partagé entre incrédulité et émerveillement, et lui confie à voix basse : le cosmos est soumis à une formidable expansion qui le propulse vers l'infini.

Mais il lui reste encore une chose à faire, une chose difficile : convaincre Einstein. L'occasion rêvée ? Le fameux congrès Solvay, un sommet mondial, qui depuis 1911 réunit tous les trois ans à Bruxelles la fine fleur de la physique. Cette année 1927, pour la cinquième conférence consacrée, à l'initiative de Niels Bohr, à la théorie quantique, plus de la moitié des participants ont été ou seront lauréats du prix Nobel. Et bien sûr Einstein sera de la partie. Lemaître s'arrange donc pour se faufiler dans la prestigieuse assemblée et finit par rencontrer Einstein. Mais hélas, d'ordinaire affable et souriant, celui-ci a sa mine des mauvais jours. Très agacé par les explications du jeune prêtre, il finit par le couper d'une voix sèche : « Vos calculs sont corrects, mais votre physique est abominable ! »

Tout comme Friedmann par le passé, Lemaître est comme assommé. Pourquoi abominable ? La réponse n'est pas difficile à imaginer : après l'agaçant Friedmann, voilà qu'à son tour un autre mathématicien (prêtre par-dessus le marché) soutient cette idée – décidément très dérangeante – que l'Univers n'est pas éternel. Or, Einstein le sait mieux que

Très contrarié, Einstein déclare à l'abbé Lemaître :
« Vos calculs sont corrects, mais votre physique est abominable. »

personne : si la théorie défendue par Lemaître est correcte, alors l'Univers doit avoir un commencement, loin dans le passé. Et dans ce cas, ce n'est pas seulement la matière qui jaillit du néant, mais l'espace et le temps eux-mêmes ! De quoi faire frémir Einstein. Mais heureusement, jusqu'alors aucune observation n'a jamais montré que le cosmos n'est pas fixe. Les idées folles de Friedmann et Lemaître sont donc à ranger parmi les curiosités mathématiques sans rapport avec la réalité.

Mais plus pour longtemps.

Très loin de là, en Amérique, un astronome fouille le ciel sans répit. Nuit après nuit. Et il va finir par faire une découverte fracassante, à laquelle il a du mal à croire lui-même. Pourtant, pas d'erreur possible : ce qu'il observe existe bel et bien et va brutalement faire voler en éclats toutes les anciennes croyances. Et pour la première fois, faire déboucher l'humanité sur le plus grand mystère de l'Univers.

Le grand téléscope Hooker du mont Wilson qui a permis à Edwin Hubble et à son collaborateur Milton Humason de découvrir la fuite des galaxies les unes par rapport aux autres, éclatante confirmation des théories de Friedmann et de Lemaître.

7

LA PREMIÈRE PREUVE DE L'ORIGINE DE L'UNIVERS

Nous sommes en janvier 1929 dans la chaîne de montagnes de Saint-Gabriel, en Californie. Il fait très froid à cette altitude, presque autant que quarante ans plus tôt, durant le terrible hiver de 1889. Depuis quelques jours, le poêle au fond du petit bureau s'essouffle à lutter contre une tempête qui fait rage derrière les fenêtres. Mais tout cela n'empêche pas un grand gaillard assis dans un fauteuil en bois de noircir son carnet pendant des heures chaque jour.

Deux ans ont passé depuis l'entrevue orageuse entre Einstein et Lemaître. Chacun campe sur ses positions. Entre-temps, l'Amérique puis derrière elle le reste du monde ont lentement sombré dans la plus terrible crise de l'histoire. Mais tout cela ne trouble nullement l'astronome américain Edwin Hubble. Perché depuis des années dans son observatoire du mont Wilson, à plus de 1 700 mètres d'altitude, il n'a qu'une seule chose en tête : s'assurer que ce qu'il observe depuis quelque temps au fond du ciel est bel et bien vrai. Et terminer l'article qu'il se prépare à publier dans les comptes rendus de l'Académie des sciences.

*

Avant les années 1910, ce jeune homme sportif et élégant n'avait encore qu'une idée très floue de ce qu'il allait faire de sa vie. L'astronomie ? Il n'en a pratiquement jamais entendu parler. Ou de très loin, à travers des romans d'anticipation, comme ceux de Jules Verne ou de Henry Rider Haggard. Pour l'instant, il partage ses heures creuses entre la boxe, qu'il aime bien, le saut en hauteur (dont il pulvérise le record dans l'État de l'Illinois) et le basket-ball, dont il ne raterait pour rien au monde les matchs disputés avec ses copains de l'université de Chicago. Puis – premier signe de ses qualités intellectuelles –, il gagne une bourse pour Oxford, la prestigieuse université qui fait rêver tous les jeunes Américains de la haute société. Va-t-il y étudier l'astronomie ? Non. Comme il se doit (notamment par rapport à son père) ce sera le droit. Puis l'espagnol. Trois ans plus tard, il retourne en Amérique avec sa maîtrise en poche. Il en ramène aussi des manières un peu hautaines et une façon très british de s'habiller qui ont souvent mis ses collègues américains au comble de l'agacement. Mais pour l'heure, le voilà installé comme avocat à Louisville, au fin fond du Kentucky. Il aurait pu y couler une existence morne et paisible (ce qui aurait bien sûr bouleversé de fond en comble l'histoire de l'astronomie et dans son sillage, la vôtre). Mais entre les dossiers entassés en pile sur ses étagères et des clients jamais satisfaits au bord de la crise de nerfs, il ne lui faut pas longtemps pour réaliser qu'il n'est pas fait pour être conseiller juridique. « Je n'en peux plus ! » confie-t-il à l'un de ses anciens camarades d'université. Il faut dire que depuis quelque temps, il s'est pris de passion pour le ciel nocturne, qu'il s'est mis à observer avec de simples jumelles. Pour comprendre ce qu'il voit, il commence alors à lire tous les traités d'astronomie qui lui tombent sous la main. Et bientôt, c'est la révélation : il sera astronome ou rien ! Quatre ans plus tard, il monte sur la plus haute marche du podium et devient docteur en astronomie de l'université de Chicago.

À partir de là, tout s'accélère.

Edwin Hubble sera le premier à observer
précisément l'expansion de l'Univers en 1929.

*

Au début des années 1920, il débarque en Californie et grimpe sans même reprendre son souffle jusqu'au fabuleux observatoire du mont Wilson. C'est là que dès le premier jour, il rencontre un personnage hors du commun, qui tout au long des décennies, va lui apporter une aide inestimable. De qui s'agit-il ? D'un certain Milton Humason. Un drôle de phénomène celui-là ! Il a abandonné l'école à 14 ans. Souvent, au début du XXe siècle, il allait faire un tour là-haut, au mont Wilson à dos de mulet. Au moment de la reconstruction de l'observatoire, le voilà donc engagé comme muletier et garçon à tout faire. Pendant des années, il s'échine à transporter des poutres et d'énormes blocs de pierre, épuisant des forces que le soir venu, il n'arrive plus à trouver au fond de ses reins. Heureusement, en 1917, fini les transports à dos de mulet : il est nommé concierge et gardien de l'observatoire. Pour autant, il ne rechigne pas à la tâche et le plus souvent, les astronomes le retrouvent au ras du sol, appliqué avec la plus grande énergie, comme si sa vie en dépendait, à frotter et astiquer le plancher. Mais un jour lui vient une idée. Pourquoi ne deviendrait-il pas veilleur de nuit de l'observatoire ? Contre toute attente, le directeur accepte. À partir de là, tout va basculer pour lui. Car de veilleur de nuit, voilà qu'il est bientôt nommé assistant nocturne des astronomes ! Désormais, c'est lui qui prépare les plaques photographiques, met au point les instruments et surtout, responsabilité suprême, qui règle l'immense lunette du télescope, à l'époque le plus grand du monde avec ses deux mètres cinquante-quatre d'ouverture. Pour lui, le moment où la grande coupole s'ouvre est

Avant d'être nommé astronome titulaire de l'observatoire du mont Wilson,
Milton Humason était muletier pour la construction du célèbre télescope…

unique au monde. Presque un instant religieux. Chaque jour, il attend la nuit avec impatience et s'y prépare minutieusement. À présent, les charges et les mulets sont bien loin, presque irréels. Dès qu'il a un moment de libre, il se précipite à la bibliothèque pour y dévorer tous les ouvrages d'astronomie qui lui tombent sous la main. Peu à peu, jour après jour, il apprend, s'informe, approfondit ses connaissances. À tel point que ceux qui l'ont rencontré autrefois ont maintenant le plus grand mal à le reconnaître. La plupart du temps, l'ancien muletier en sait beaucoup plus qu'eux !

Toujours de bonne humeur, toujours prêt à rendre service, mais en même temps redoutablement habile et précis (c'était un opérateur hors pair), il devient bientôt le compagnon de travail incontournable de tout l'observatoire. Et en 1919, c'est l'incroyable consécration : au terme d'une cérémonie solennelle dont seule l'Amérique a le secret, le directeur de l'observatoire George Ellery Hale nomme Milton Lasell Humason astronome titulaire à l'Observatoire du mont Wilson, le plus grand du monde. À cet instant qui pour lui dure une éternité, tous les astronomes autour de lui sont figés d'admiration. Car c'est du jamais-vu. Le simple muletier, sans études et bien sûr sans le moindre doctorat, est devenu astronome. Cela ne s'est plus jamais reproduit. La connaissance prend parfois des chemins bien étranges mais jamais au hasard : elle choisit ceux par qui elle aura le plus de chances de passer. Qu'aurait fait Hubble sans lui ? Difficile à dire. En tout cas, Humason va jouer un rôle capital dans la découverte du Big-Bang.

L'Univers n'est pas fixe mais il s'agrandit à chaque instant…

*

Lorsqu'il arrive au mont Wilson, Edwin Hubble se met très vite au travail, avec l'aide de Humason. Et dès 1924, à l'âge de 33 ans à peine, il fait une première découverte proprement révolutionnaire. Jusqu'alors, l'idée qu'on se faisait de l'Univers était des plus simples, pour ne pas dire naïve. L'Univers ? Il se réduisait à la Voie lactée, voilà tout ! Il ne pouvait exister en tout et pour tout qu'une seule galaxie – la nôtre – et rien d'autre. Or, coup de tonnerre : les observations de Hubble et Humason montrent, sans contestation possible, que l'Univers n'est pas fait d'une seule galaxie mais de millions (peut-être même de milliards) d'autres. Lorsque la découverte est officiellement annoncée, au matin du 1er janvier 1925 (comme en signe de bons vœux), le monde entier est abasourdi. Le cosmos est donc plus grand, bien plus immense que tout ce que l'on croyait jusqu'alors.

Mais en cette année 1929, Hubble tient quelque chose d'encore plus bouleversant. Car il n'a rien oublié, pas une seule miette, de ce qui s'est passé quinze ans plus tôt avec Slipher à la Société américaine d'astronomie. Bien souvent, l'image de ces nébuleuses filant en trombe dans la nuit cosmique était passée et repassée dans sa tête. Et puis, un an plus tôt, il avait rencontré Willem de Sitter durant un congrès en Hollande. Et il avait été très ébranlé par son modèle d'Univers en mouvement. Le moment était donc venu de faire la lumière sur cette histoire d'expansion.

Grâce à son fabuleux télescope géant, nuit après nuit, lui et Humason se mettent à accumuler les observations. Les clichés. Les calculs. Hubble s'occupe de mesurer les distances tandis que Humason s'échine à déceler le mouvement des nébuleuses. Et finalement harassés, les yeux rougis par le manque de sommeil, ils finissent par mettre au jour le phénomène. Quelque chose d'inouï, auquel personne – sauf Hubble – ne s'attendait. Mais les extraordinaires photos qu'ils ont prises sont sans appel : loin d'être fixes, comme on le pensait, les galaxies se déplacent les unes par rapport aux autres, à des vitesses vertigineuses. Qu'est-ce que cela peut bien vouloir dire ? Quelque chose d'inouï, que les physiciens comprennent vite : ce ne sont pas les galaxies mais l'Univers lui-même, l'Univers tout entier qui est en fuite ! En expansion ! Et d'un seul coup, tout bascule. La loi de Hubble et Humason apporte la preuve tant attendue que contrairement à ce que l'on croyait observer jusque-là, l'Univers n'est pas fixe. Qu'il ne l'a jamais été et ne le sera jamais. Qu'à chaque instant, il se dilate, s'étire vers l'infini.

*

Pour la première fois, une observation venait donc confirmer l'idée que l'Univers avait peut-être eu un commencement. Et que Friedmann avait eu raison. Il n'en fallait pas davantage pour que Lemaître chasse de sa tête le souvenir de sa mauvaise rencontre avec Einstein. Désormais, ses idées se déploient avec hardiesse et en 1931, de nombreux lecteurs en Europe comme en Amérique les découvrent d'abord dans la prestigieuse revue *Nature* puis dans son livre *Hypothèse de l'atome primitif* : « L'évolution du monde peut être comparée à un feu d'artifice qui vient de se terminer. Quelques mèches rouges, cendres et fumées. Debout sur une escarbille mieux refroidie, nous voyons s'éteindre doucement les soleils et cherchons à reconstituer l'éclat disparu de la formation des mondes[41]. »

41 Éd. Culture et civilisation, Bruxelles,1972.

Qu'en pense Einstein ? L'incroyable découverte de Hubble le plonge dans une grande perplexité. Mais au fond, il est encore si peu convaincu que pendant deux ans, il continue d'enseigner à Berlin son modèle d'Univers statique. Jusqu'à ce qu'il décide d'en avoir le cœur net. En 1931, il accepte l'invitation de Hubble et va lui rendre visite au mont Wilson, dans cet observatoire devenu du jour au lendemain célèbre dans le monde entier. Et sur place, tous les astronomes – Hubble et Humason en tête – le confirment : l'Univers est bel et bien en train de grandir à chaque seconde !

C'est le coup de grâce. Il ne reste plus qu'à donner raison à Friedmann : « Friedmann fut le premier à débuter dans cette voie », reconnaît Einstein avec un début d'admiration qui ira en croissant au fil des années. Quant au travail de Lemaître, « c'est l'explication de la création la plus belle et la plus satisfaisante que j'aie jamais vue ! » Et à partir de là, difficile de retirer le doigt de l'engrenage. Et d'échapper à l'inévitable conclusion : l'espace, le temps et la matière auraient bel et bien connu en même temps un commencement ! Sans le vouloir, voilà qu'Einstein emboîte donc le pas de l'un des pères de l'Église chrétienne, le vénérable saint Augustin. Né dans la basse Antiquité, en 354, ce penseur devenu évêque d'Hippone vers la fin du IVe siècle a eu l'extraordinaire intuition d'écrire un jour, au tout début de la longue nuit du Moyen Âge : « L'Univers n'est pas né dans le temps mais avec le temps. » Exactement ce que dira Einstein 1 500 ans plus tard. D'où cette idée encore fermement ancrée que s'il existe une ère avant la création de l'espace, du temps et de la matière – une ère avant le

Big-Bang – celle-ci ne relève plus de la science mais plutôt de la quête métaphysique (voire mystique).

En 1931, Einstein, au mont Wilson, reconnaît devant Hubble que l'Univers n'est pas fixe…

*

C'est ici que nous rencontrons un nouveau héros de cette passionnante aventure du Big-Bang. Il s'agit – et ce n'est pas un hasard – de cet élève de Friedmann, ce Russe enthousiaste, parfois même moqueur, dont nous vous avons déjà parlé :

George Gamow. Très influencé par son illustre mentor, il a été le premier à parler ouvertement à qui voulait l'entendre (ses collègues aussi bien que sa concierge) non seulement du Big-Bang, mais aussi de ce qu'il y avait avant. En 1944, dans son petit livre *La Création de l'Univers*, il propose justement d'appeler cette ère mystérieuse « l'ère de saint Augustin » : « On ne peut rien dire de l'ère prématérielle de l'Univers, cette ère que d'une manière appropriée, on peut appeler "ère de saint Augustin". » Une bonne façon de montrer que ce qui a pu se passer avant le début est un mystère total, qui n'appartient qu'à Dieu. Et en attendant, il publie en 1948 deux articles qui feront date et en supervise un troisième (signé par deux de ses élèves, Ralph Alpher et Robert Herman). Que peut-on y lire ? Pour la première fois, que l'explosion initiale qui a probablement donné naissance à l'Univers a forcément laissé des traces. Un rayonnement à très basse température (quelques degrés au-dessus du zéro absolu) qui, comme une sorte d'écho de la phase brûlante des débuts, doit baigner tout l'Univers.

Sans qu'ils s'en rendent vraiment compte sur le moment, Gamow, Alpher et Herman viennent donc d'apporter la pièce décisive qui manquait au tableau : le rayonnement fossile. Pourtant, Gamow le pressent, c'est là, au cœur de la toute première lumière de l'Univers, que se cache le secret ultime. Celui de la création.

Les travaux de Gamow et de son élève Alpher ont établi que tous les noyaux d'atomes d'hydrogène contenus dans ce verre ont été fabriqués dans les trois premières minutes de vie de l'Univers après le Big-Bang. C'est ainsi que 98 % de la matière de l'Univers a été fabriquée dans le premier quart d'heure et plus jamais après.

8

ET LA LUMIÈRE FUT

L'homme s'approcha du bureau derrière lequel quelqu'un était déjà assis. Il toussota pour attirer son attention.

— Heu… Puis-je m'asseoir ?

L'autre fit un geste vague sans relever la tête des papiers sur lesquels il était en train de griffonner d'une écriture serrée.

— Alors Ralph, fit-il d'une voix neutre, où en êtes-vous ?

Ralph rajusta ses lunettes et s'assit tout en déplaçant sa chaise sur la droite, pour éviter le rayon de soleil qui coulait de la fenêtre. Puis, il attendit que l'autre lève les yeux vers lui pour répondre :

— J'ai terminé la nouvelle version de mon article. Je pense que nous avons montré de façon convaincante qu'il sera possible de détecter ce rayonnement datant de la préhistoire de l'Univers.

Un silence. Derrière son bureau, l'homme rangea deux ou trois dossiers avant de lancer d'une voix acide :

— Soyez plus précis, Ralph. Vous avez résolu le problème oui ou non ? Vous savez très bien que les examinateurs de *Nature* ne se contenteront pas d'une nouvelle version de votre premier papier. Et d'abord, il faudra commencer par me convaincre moi !

Ralph se tassa sur son siège, vaguement mal à l'aise. Son ancien patron de thèse l'avait toujours impressionné. Il savait très bien que le physicien russe s'était directement inspiré de ses idées sur le début de l'Univers : en tant que directeur de thèse, George Gamow avait eu tout loisir d'en repérer les meilleures hypothèses, de les peaufiner, de les parfaire jusqu'à les rendre publiables. Ralph hésita encore avant de répondre :

— Heu… je crois avoir trouvé des arguments sérieux.

L'autre abattit sa large main sur le bureau.

— Mais qu'est-ce que vous fabriquez, Ralph ? On ne vous demande pas de croire. Nous ne sommes pas à l'église, ici !

Ralph savait que son patron de thèse était colérique. Il fallait laisser passer l'orage. Surtout éviter qu'il le prenne en grippe.

— ...Vous savez parfaitement que la seule question qui compte c'est de prédire une température correcte pour ce fameux rayonnement !

Ralph sortit son mouchoir, fit semblant de se moucher, et regarda vers la fenêtre.

— Ce n'est pas si simple, répondit-il. Et vous le savez bien. Depuis quinze jours, avec Herman, on y travaille sans relâche.

Gamow eut un geste d'agacement.

— Épargnez-moi vos jérémiades, voulez-vous ? Vous avez eu tout le temps nécessaire à la rédaction de votre article. Quand m'apportez-vous ce fichu papier ?

Ralph ne répondit rien. Il ne voulait pas avouer que ce qu'il craignait le plus, c'est que son ancien patron lui dérobe à nouveau, sans le citer, ses meilleures idées. Lentement, il se leva sans faire de bruit. Au moment où il allait sortir, Gamow lança :

— Ne le prenez pas mal mais... je risque fort de publier mon papier avant le vôtre. Je ne peux pas attendre plus longtemps.

Ralph eu un mouvement de recul. Il inclina légèrement la tête, hésita un instant, puis referma la porte derrière lui.

Cette scène se passe au mois de juin 1948. Elle réunit deux physiciens dont les noms ont été associés à la publication d'un des articles les plus célèbres en cosmologie : l'article « Alpha, Bêta, Gamma », nommé ainsi parce que les noms des trois auteurs, Alpher, Bethe et Gamow ressemblaient aux trois lettres de l'alphabet grec. En réalité, Ralph Alpher était le seul auteur véritable de cet article. La plupart des idées originales concernant le phénomène de la nucléosynthèse primordiale, c'est-à-dire la création de certains noyaux atomiques lors de la naissance de l'Univers, se trouvaient déjà dans sa thèse dirigée par Gamow. Les deux hommes se connaissaient depuis le début des années 1940 et avaient travaillé sur ce problème pendant des années. Évidemment, ce n'était pas un hasard si George Gamow s'intéressait lui aussi de si près à cette question de l'origine de l'Univers. Car on s'en souvient, son directeur de thèse à Saint-Pétersbourg n'était autre que le génial Alexander Friedmann, le père incontesté de la théorie du Big-Bang. En réalité, Gamow s'était inspiré aussi bien de son patron que de son élève : presque tout le monde s'accorde à reconnaître aujourd'hui que ses travaux doivent autant à ceux de Friedmann qu'à ceux d'Alpher. Et en 1948, comprenant tout le parti qu'il pourrait tirer des idées de son élève, il lui avait semblé très « amusant » d'ajouter les noms de Bethe et le sien à celui d'Alpher afin de créer la fameuse suite Alpha Bêta Gamma de l'alphabet grec : « Comme ça, tout le monde se souviendra de cet article ! » avait-il déclaré à l'époque. Il n'avait pas tort. Mais Alpher vécut très mal cette « plaisanterie » : tout le crédit allait en effet se porter sur les deux scientifiques

Gamow et son élève Alpher au café « Chez Hansi ».

déjà célèbres et on ne tarderait pas à oublier le rôle capital joué par Alpher dans cet article qui décrivait pour la première fois dans le détail les mécanismes de la formation des éléments lors la phase chaude de l'histoire de l'Univers. Mais il y avait encore autre chose. Parallèlement à cette découverte de la nucléosynthèse primordiale, Ralph Alpher a été le premier à avoir l'intuition de la « première lumière » : selon lui, si l'Univers avait connu, au moment de sa création, une phase très dense et très chaude, alors ce début très violent avait bien dû laisser une trace quelque part. Cette idée sera publiée le 13 novembre 1948 dans la revue *Nature* sous le titre « Évolution de l'Univers ». Symbole ironique des rapports quelque peu houleux qu'il entretenait avec son ancien patron : quinze jours plus tôt, le 30 octobre 1948, George Gamow publiera en catimini dans la même revue *Nature* un article dont le titre (« L'évolution de l'Univers ») et le contenu étaient, à très peu de choses près, identiques à celui d'Alpher. Très inspiré par les intuitions et les travaux de son ancien élève, Gamow allait ainsi se voir attribuer peu à peu, irrésistiblement, la paternité de l'idée selon laquelle l'Univers avait dû connaître une période très chaude à ses débuts, période associée à un « rayonnement primordial » dont la température avait fortement diminué et qu'on pourrait un jour mettre en évidence. Quant à Alpher, malheureusement, peu de gens se souviennent désormais du rôle décisif qu'il a pourtant joué dans la découverte du rayonnement fossile.

Aujourd'hui, plus de 70 ans après les travaux d'Alpher et de Gamow, on sait que ce rayonnement primordial a bel et bien été découvert. Ceci a même valu le prix Nobel à ceux qui sont parvenus à un tel résultat. Car cette fameuse lumière est loin d'être aussi simple à détecter que celle qui vient des étoiles. Pour en avoir le cœur net, partons en promenade sous le ciel nocturne. C'est l'été. La nuit est partout. Vous vous promenez sur un petit chemin de campagne et levez régulièrement les yeux vers le ciel pour contempler le magnifique spectacle tendu, d'un horizon à l'autre, par la nuit et les étoiles. Or, cette lumière sombre qui « tombe du ciel » se décompose en infimes « grains lumineux » qu'on appelle des photons. Grâce à eux, il vous est possible de vous repérer sur le petit sentier bordé d'ombres et d'herbes sauvages. Certes, la grande ville dont vous apercevez le halo faiblement lumineux derrière la colline guide vos pas, mais la plupart des photons qui éclairent votre promenade et que vous voyez à l'œil nu proviennent du cœur des étoiles qui brillent là-haut, très loin dans le ciel. Il s'agit des photons créés dans les profondeurs de ces milliers d'astres par la fusion nucléaire : ils voyagent d'abord vers la surface de ces étoiles avant de la quitter pour toujours et de traverser les immenses espaces glacés pour parvenir jusqu'à vous. Or, ces « photons d'étoiles » ne représentent qu'une très petite fraction du nombre total de photons qui voyagent dans l'Univers : la plupart d'entre eux viennent de beaucoup plus loin que les étoiles ou les galaxies : véritables « témoins de la création », ils sont issus du fond de rayonnement cosmologique et ont voyagé pendant plus de 13 milliards et 820 millions d'années avant d'atteindre le petit chemin de terre sur lequel vous vous trouvez. Seulement voilà : vous aurez beau chercher à les voir, vous ne pourrez jamais apercevoir le moindre « photon cosmologique » survivant de la création et du début des temps : comme épuisés par leur voyage inimaginable, ils sont désormais devenus totalement invisibles.

*

Pour bien comprendre pourquoi le rayonnement fossile est aujourd'hui invisible à l'œil nu, il faut se souvenir que depuis son apparition, il y a un peu plus de 13 milliards d'années, l'Univers est en expansion : le rayonnement primordial s'est donc peu à peu refroidi jusqu'à atteindre la température de 2,7 degrés kelvin que l'on observe de nos jours. Au cours de cette très longue histoire, la fréquence du rayonnement primordial a progressivement diminué tandis que sa longueur d'onde deviendra de plus en plus grande : apparu à très hautes énergies et associé aux longueurs d'onde très courtes des émissions gamma, ce rayonnement primordial a progressivement perdu son énergie pour traverser le domaine du rayonnement X, celui du rayonnement ultraviolet et, enfin celui, de la lumière visible. Mais comme son énergie continuait de diminuer, ce rayonnement primordial est ensuite tombé dans l'infrarouge, avant d'atteindre le domaine des micro-ondes où il est devenu totalement invisible. On sait depuis COBE que le pic de ce rayonnement fossile se situe à une fréquence de 100 GHz, soit 3 mm : les photons primordiaux, survivants de la création de l'Univers et du début des temps, sont partout, baignant chaque recoin de l'espace dans lequel vous vous trouvez, mais vous ne les verrez jamais directement.

Ainsi, ce qu'on appelle le « fond de rayonnement cosmologique » représente donc la lumière la plus ancienne qu'il est aujourd'hui possible d'observer. Il s'agit bien de ce qu'on a depuis des décennies l'habitude d'appeler « l'écho du Big-Bang ». En fait, bien plus qu'un simple « écho », ce rayonnement de fond représente réellement, comme l'avait prédit Ralph Alpher, la toute première lumière qui s'est échappée du magma obscur que formait l'Univers il y a 13,8 milliards d'années, juste après sa naissance. Dans ce passé très lointain, cette étrange configuration qui n'avait pas du tout le visage de l'Univers tel qu'il nous apparaît de nos jours, était si énergique que toute la lumière émise sous forme de photons était, en quelque sorte, « engluée » dans la matière primordiale. Les photons étaient « déjà là », mais ils étaient prisonniers des particules de la matière

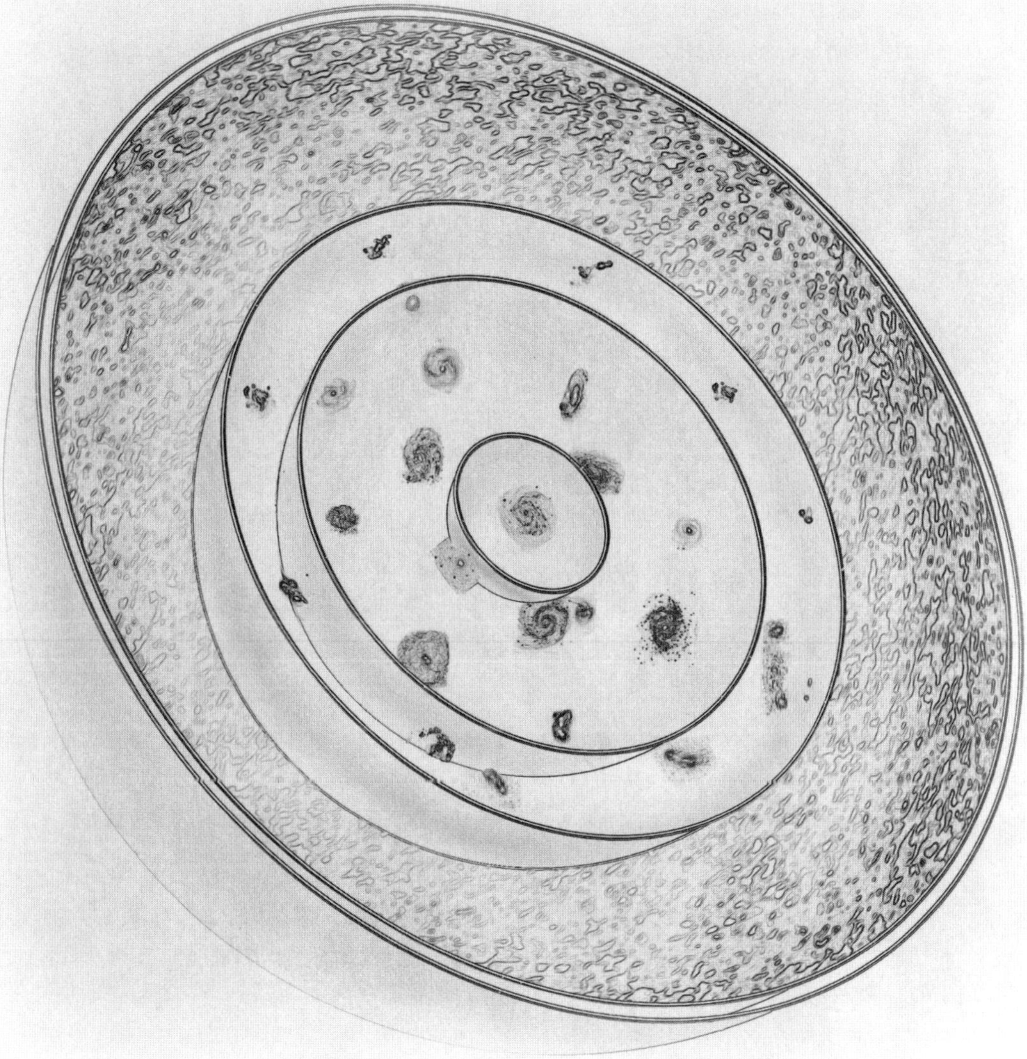

Le « fond de rayonnement cosmologique » représente la lumière la plus ancienne qu'il est aujourd'hui possible d'observer…

naissante. Chaque fois que l'un d'eux s'échappait, il était presque immédiatement rattrapé par la matière. Les fugues de ces photons primordiaux se comptaient par milliards, mais elles ne duraient que quelques fractions de seconde. Il faudra attendre 380 000 ans après le Big-Bang pour que la température chute à 3 000 degrés et que la lumière, enfin libérée de la matière, puisse commencer son très long voyage. C'est le « fossile » de la première lumière (d'où le nom qu'on donne à ce rayonnement des premiers âges) qui nous parvient aujourd'hui sous forme de micro-ondes baignant tout l'Univers et dont la température n'est plus que de 2,7 °K. Cette « relique cosmologique » est beaucoup plus ancienne que les plus vieilles étoiles ou galaxies : il s'agit bien, selon la belle expression de l'astrophysicien Joseph Silk du « souffle même de la création ».

C'est ce « souffle primordial » prédit dès 1948 par George Gamow, Ralph Alpher et, plus tard dans les années 1960, par Robert Dicke et James Peebles, qui sera enfin observé par Arno Penzias et Robert Wilson en 1964.

Fred Hoyle, dans les studios de la BBC le 28 mars 1949.
C'est ce jour-là qu'il a inventé par dérision le mot Big-Bang.

9

VERS LE BIG-BANG

En cette année 1948, l'idée d'un Big-Bang est donc bel et bien née. C'est d'ailleurs tout juste un an plus tard, le 28 mars 1949, qu'apparaît le mot lui-même, durant une émission de radio sur les ondes de la BBC. Ce jour-là, l'invité principal n'est autre qu'un certain Fred Hoyle, l'un des astronomes les plus célèbres d'Angleterre. C'est lui qui, en se moquant ouvertement de la théorie de Gamow, lâche dans le feu de la discussion une trouvaille qui fait mouche : « Big-Bang. » En quelques heures à peine, le mot frappe toute l'Angleterre et, de proche en proche, gagne rapidement le monde entier. D'ailleurs, mi-agacé mi-amusé par Gamow, il répète à qui veut l'entendre que l'auteur du Big-Bang chaud explique sa théorie de la nucléosynthèse primordiale avec cette formule : « Les éléments ont été préparés en moins de temps que vous ne pourriez cuisiner un plat de canard et de pommes de terre rôties. »

Quoi qu'il en soit, et en dépit des railleries plus ou moins bon enfant de Hoyle, la théorie de Gamow et Alpher commence à prendre. On en parle un peu partout, non seulement dans les universités, mais aussi dans les foyers et jusque dans les cafés. À partir de là, comment ne pas avoir la tentation de scruter le ciel nocturne pour deviner, dans le sillage des galaxies, le visage de Dieu ? C'est ce pas que franchit avec allégresse, trois ans plus tard, le pape Pie XII en ouverture d'une conférence réunissant en 1951 prélats et cardinaux à l'Académie pontificale du Vatican : « Il semble en vérité que la science d'aujourd'hui, remontant d'un trait des millions de siècles, ait réussi à se faire le témoin de ce *Fiat lux* initial, de cet instant où surgit du néant avec la matière un océan de lumière et de radiations, tandis que les particules des éléments chimiques se séparaient et s'assemblaient en millions de galaxies… Ainsi, la création a eu lieu dans le temps : donc il y a un Créateur, donc Dieu existe ! »

En tout cas, c'est bien là, au cœur de cet « océan de lumière » que le chef de l'Église chrétienne croit deviner – il est le premier à le dire tout haut – le visage de Dieu.

*

Mais les choses ne sont pas aussi simples. Signe avant-coureur du feu qui couve, passé le premier moment d'emballement créé par les journaux populaires, les articles scientifiques de Gamow et ses élèves (contrairement à ce qu'on pourrait croire) n'ont qu'un faible retentissement. Les preuves du Big-Bang manquent à l'appel et de plus en plus nombreux sont les adversaires qui, en face, fourbissent

L'astronome Fred Hoyle a inventé le mot « Big-Bang » en 1949 alors qu'il était un adversaire farouche de cette théorie.

leurs armes, Hoyle le premier. Et plus que jamais, ils sont décidés à en finir avec cette « sinistre farce » qu'est la création de l'Univers. Dans les écoles et les cercles soviétiques (mais aussi partout où s'est imposé l'enseignement communiste), on martèle que la matière est le fondement de la réalité, qu'elle est infinie et, bien sûr, éternelle. Un exemple ? Poussant le rejet du commencement jusqu'à la caricature, pour le physicien marxiste David Bohm, les partisans du Big-Bang sont « des traîtres à la science qui rejettent la vérité scientifique pour parvenir à des conclusions en accord avec l'Église catholique ». Tout aussi virulent, sir Arthur Eddington lui-même (l'un des plus grands astronomes de la première moitié du XXe siècle) sortait littéralement de ses gonds lorsqu'il entendait le mot Big-Bang : « La notion d'un commencement me semble répugnante… Je ne crois tout simplement pas que l'ordre actuel des choses ait pu naître d'un Big-Bang. L'Univers en expansion est absurde, incroyable. »

*

Ici marquons une dernière pause : si les avis sur l'origine de l'Univers sont à ce point tranchés, c'est avant tout parce qu'il est très difficile (même lorsque l'on est scientifique) d'admettre que le cosmos tout entier avec tout ce qu'il peut contenir – la Terre, votre maison, les rues et immeubles du voisinage, la campagne alentour puis plus loin, le soleil, Mars, Jupiter et plus loin encore les étoiles et les galaxies par milliards –, tout cela donc était tassé, compressé et finalement réduit à un point. Un simple point perdu dans le néant. Comment concevoir une chose pareille ? Certains s'y refusent tout net.

On l'a vu, le plus farouche de ces résistants est l'astronome anglais sir Fred Hoyle. Depuis son puissant bastion de Cambridge, il martèle que l'Univers est infini et éternel. Qu'il n'a jamais eu de commencement et ne sera donc jamais détruit. Selon cette approche, les galaxies sont bien en fuite, mais en réalité, il y a continuellement création de

L'idée d'un Univers en expansion semble absurde
pour nombre de savants des années 1950…

matière. Et au total, le cosmos est donc stationnaire (Hoyle était très fier de ce mot, sa trouvaille).

On en est là au début des années 1960. L'Univers est-il fixe ou, au contraire, en expansion ? Existe-t-il depuis toujours ou bien a-t-il commencé dans cette explosion primordiale qu'on appelle le Big-Bang ?

Dans le chapitre qui suit, nous allons chercher la réponse. Sur une colline perdue quelque part en Amérique. Préparez-vous à y vivre la plus folle de toutes les aventures.

Arno Penzias et Robert Wilson, devant l'antenne astronomique qui leur a permis de découvrir en 1964 l'écho du Big-Bang.

10

À LA DÉCOUVERTE DE LA PREMIÈRE LUMIÈRE

Tout a commencé par un beau jour d'été 1964 à Holmdel, dans le New Jersey. Pour les uns, une petite ville charmante, avec sa grand-place joliment fleurie, pour d'autres un trou de province à jamais perdu. Depuis quelques mois, deux jeunes ingénieurs américains se retrouvent tous les matins à Crawford Hill, un terrain vague hérissé d'arbres poussiéreux. Ils sont loin de tout. Et surtout loin de se douter (ni eux ni personne) que c'est là, au fond de nulle part, qu'ils vont faire ce que beaucoup considèrent comme la découverte la plus importante de tous les temps. Une découverte qui va changer à tout jamais notre vision du monde. Comment l'Univers tout entier, avec son origine, pourrait-il s'échouer au fond de cette prairie du New Jersey ?

Après avoir soigneusement étalé leurs outils sur une bâche, ils se mettent au travail, comme tous les jours. Sur le coin de la toile, un poste à transistor crachote en boucle des vieilles chansons de Hank Williams. Les notes tranquilles, portées par le grincement du violon de saloon, se perdent dans l'air bleu. Ils travaillent vite. Ils ne veulent surtout pas être en retard à la soirée que les deux plus jolies filles du coin ont organisée pour eux. Mais pour le moment, ce qui occupe nos deux jeunes gens est un engin pour le moins bizarre, sorte de corne géante prolongée par une cabane en bois, qui les surplombe d'une petite dizaine de mètres. La « chose » est faite d'une masse métallique que les deux ingénieurs, en s'arc-boutant à deux, peuvent faire pivoter à l'aide d'une énorme roue. Malgré les rasades d'huile englouties chaque semaine, les rouages restent raides et s'obstinent à grincer. Et ce matin plus que jamais, la machine – en fait, une antenne géante construite en 1959 – leur réserve une mauvaise surprise.

En 1963, Penzias et Wilson
travaillaient souvent en plein air.

*

Les deux jeunes gens s'étaient rencontrés par hasard trois ans plus tôt à Crawford Hill, dans l'un des laboratoires de la célèbre compagnie de téléphone Bell. Le plus jeune des deux a 28 ans et s'appelle Robert Wilson. Il descend d'une famille de fermiers texans, du côté de Dallas. Ses camarades de jeunesse se souviennent qu'il prenait plaisir à massacrer leurs oreilles à l'aide d'un colossal trombone à coulisse. Ses vacances d'été ? Il les passe dans la ferme de son oncle, au fond du Texas. Appuyé sur un tronc d'arbre, il reste parfois toute la nuit à compter les étoiles. Son père est ingénieur chimiste dans une compagnie pétrolière et souvent il l'accompagne le samedi matin, déambulant parmi les machines et tout un tas d'appareils plus ou moins bizarres qui le fascinent. Il y prend goût et devient très vite un as du bricolage électronique. Les voisins le savent et après le collège, il passe le plus clair de son temps à réparer les vieux postes de radio ou de télévision qui s'entassent dans sa chambre. De quoi arrondir son argent de poche.

Admis, comme il le précise, « de justesse » à l'université Rice, ses dons pour l'électronique de pointe ne cessent de se renforcer. Il finit par décrocher en 1962 un doctorat de physique à Caltech, avec pour spécialité la radioastronomie, domaine encore balbutiant à l'époque. Et dès l'année suivante, le voilà engagé par les laboratoires Bell, dans le département de recherche radio. Sa destination ? Holmdel. Une bourgade perdue dans le New Jersey. C'est là qu'il rencontre le seul autre radioastronome du coin : il s'appelle Arno Penzias.

*

Issu d'une famille juive, celui-ci est né au mauvais moment (le 26 avril 1933, le jour même où a été fondée la Gestapo) et au mauvais endroit (à Munich, en Bavière). Et un soir de 1938, c'est le drame : à coups de bottes cirées et de crosses, aboyant dans la maison jusqu'alors si calme, les nazis casqués, sanglés de cuir noir, arrêtent brutalement les Penzias. Le petit Arno, du haut de ses cinq ans, a le souffle coupé. Avec de longues files d'autres juifs, les voilà jetés dans une cellule puis entassés dans un train. Quelques heures plus tard, le sifflet mêlé de vapeur et de suie de la locomotive donne le signal de la déportation vers la Pologne. Mais incroyablement, par un de ces coups du sort inespéré qui ne survient qu'une fois dans une vie, l'accès à la frontière se referme soudain derrière les chiens et les barbelés, juste avant leur arrivée dans ce train lugubre qui devait les conduire à la mort. Noyé dans la vapeur et la fumée, le convoi de fer s'ébranle à nouveau en grinçant et repart lentement vers l'Allemagne, par un soir sinistre qu'Arno n'oubliera jamais : « Bien des années plus tard, j'ai appris que les gens qui étaient arrivés "à temps" avaient été parqués dans une cour à ciel ouvert et que la moitié d'entre eux étaient morts de froid[42]. »

Mais vient un deuxième miracle. En 1939, parvenant à se glisser entre les mailles d'une bureaucratie aussi aveugle que barbare, les Penzias et leurs enfants quittent séparément l'Allemagne. Au prix d'une longue série de coups de chance

---

42 Note biographique ; http://www.bell-labs.com/user/feature/archives/penzias/.

Arno Penzias n'a jamais oublié qu'il a échappé par miracle aux camps de concentration, là où la moitié des prisonniers qui avaient été arrêtés avec lui sont morts de froid.

et d'astuces, ils parviennent enfin à gagner sans plus d'encombre Londres puis New York.

La liberté sous le ciel !

Le petit Arno lève souvent son nez vers lui, depuis les rues du Bronx où la famille s'est installée. Il apprend l'anglais à toute vitesse, devient élève au City College de New York puis étudiant à Columbia, toujours avec une longueur d'avance. Une fois son doctorat en poche, le voilà lui aussi engagé en 1961 par la compagnie de téléphone Bell. Un job temporaire. « L'avantage ? Vous pouvez partir du jour au lendemain ! » lui avait lancé en riant le directeur du laboratoire. Bientôt, il partage un minuscule bureau et son poste de radioastronome avec Robert Wilson. Mais finalement, ils s'y sentent bien. Certes, ils sont loin de tout, mais à tout prendre, ils préfèrent ça aux couloirs académiques et trop bien cirés de l'université. Et la recherche ? Dans la compagnie Bell, impliquée jusqu'au cou dans le lancement des premiers satellites de communication, ce n'est pas vraiment la priorité.

*

Au départ, le but des deux post-doc est donc tout ce qu'il y a de plus modeste : remettre en état une antenne de liaison satellite désaffectée. Et la faire marcher sans trop de parasites, voilà tout. Ni l'un ni l'autre n'ont le moindre intérêt pour la cosmologie et ils n'ont jamais entendu parler de l'obscure théorie de « l'atome primitif » proposée, vingt-sept ans plus tôt, par l'abbé Lemaître. Ils ne

À Holmdel, la grande antenne de la compagnie Bell
n'était pas destinée à découvrir l'écho du Big-Bang…

connaissent pas davantage les idées du mathématicien russe Alexander Friedmann sur l'expansion cosmique, ou celles de son élève George Gamow sur une ère brûlante qui aurait marqué les débuts de notre espace-temps. Du reste, dans les années 1960, il ne vient à personne l'idée farfelue que l'Univers ait pu avoir un commencement. Ou pire encore, qu'il ait pu naître d'une sorte d'explosion gigantesque. D'ailleurs, l'un de nos deux compères, Robert Wilson, a été l'élève du bouillant Fred Hoyle. Ce dernier a beau avoir inventé (en réalité par pure dérision) le mot « Big-Bang » en 1950 lors d'une émission à la BBC, il n'en reste pas moins son adversaire le plus féroce. Pour lui, l'Univers est éternel, n'a ni commencement ni fin ! Et en bon élève, Wilson pense plus ou moins la même chose.

Pragmatiques, les deux jeunes chercheurs se contentent donc de faire le nécessaire pour que leur antenne puisse relayer des signaux vers les satellites sous contrat avec Bell. Malgré tout, ils vont un peu plus loin : pourquoi ne pas bricoler l'antenne et l'utiliser comme radiotélescope ? Au prix de quelques astuces, la transformation est réussie. Bientôt, à leurs heures perdues (après avoir demandé l'autorisation à la Compagnie Bell) Penzias et Wilson exploitent l'extraordinaire sensibilité du détecteur pour mesurer le halo d'émission de notre galaxie. Wilson en profite pour tester ses idées, exposées dans sa thèse de doctorat. Quant à Penzias, lui, il s'escrime à dépister la présence d'hydrogène dans les nébuleuses proches.

*

Par ce beau matin d'août 1964, on décide donc une fois de plus de pointer l'antenne vers le ciel, en direction de la Voie lactée. De même que pour écouter une station à la radio il faut se caler sur une fréquence, Penzias et Wilson ont choisi d'écouter la Voie lactée sur la longueur d'onde de 7,5 centimètres. Comme la veille, leur mission, c'est de localiser les parasites qui brouillent obstinément les émissions du satellite *Echo*. Pour enfin s'en débarrasser ! Mais bien vite, les deux ingénieurs écrasent un juron de mauvaise humeur. Rien à faire. Ce satané bruit est toujours là ! Comme tous les jours depuis des semaines, leur appareil ramasse ce parasite très bizarre, toujours le même, dans toutes les régions de la voûte. Et ce qu'ils entendent est cent fois plus puissant que tout ce à quoi ils pouvaient s'attendre ! Ils ont eu beau répéter l'expérience jour et nuit, en modifiant mille fois l'orientation de l'antenne : impossible de nettoyer ce bruit de fond qui traîne ! Un peu comme ce souffle électrique qui envahit votre radio lorsqu'elle est mal réglée. Ce qui étonne Penzias et Wilson, c'est que ce signal ne ressemble à rien de connu. D'une régularité déconcertante (en fait, il ne se modifie jamais de plus de 1 sur 10 000), cet étrange « écho cosmique » a toutes les caractéristiques d'une « température » d'environ trois degrés au-dessus du zéro absolu.

D'où vient-il ?

Ils vont passer plus de neuf mois à chercher la réponse. Nettoyer l'antenne, la débarrasser d'un nid de pigeons logé à l'intérieur, remplacer les rivets défectueux et les recouvrir d'une feuille d'aluminium. Refaire tous les calculs. En vain !

*

Un soir d'avril 1965, en voyage à Boston pour un congrès d'astronomie et toujours aussi perplexe face à ce bruit omniprésent, Penzias en parle machinalement à l'un de ses collègues, Bernie Burke, radioastronome comme lui. Ce dernier se souvient alors qu'à l'université voisine de Princeton (à peine à une cinquantaine de kilomètres de Crawford Hill) deux astrophysiciens, Robert Dicke et James Peebles (qui se fait le plus souvent appeler Jim) auraient fabriqué un appareil ultrasensible aux micro-ondes (un radiomètre, disent-ils) qu'ils s'apprêteraient à mettre en service d'un jour à l'autre. Pour quoi faire ? Pour capter une radiation bizarre, dont ils parlent à mots couverts. Elle aurait environ 10 degrés de température et serait une sorte de fossile d'une lointaine époque enfouie dans le passé. Car d'après ce qu'on raconte, Dicke et ses collègues étaient persuadés qu'il y a des milliards d'années, l'Univers était brûlant, comme un bloc de métal chauffé à blanc. Pour eux, une telle fournaise a forcément laissé des traces !

Penzias hausse les épaules. Il n'imagine pas un seul instant que l'Univers ait pu, dans un passé lointain, être bien plus chaud que le Soleil. Mais malgré tout, il veut en avoir le cœur net. Il entre donc en contact avec Dicke par téléphone. Et la réponse tombe en moins d'une heure. Un véritable coup de tonnerre. « Les gars, on s'est fait coiffer sur le fil ! » lâche laconiquement Dicke à ses collègues. Car il comprend en un clin d'œil : les deux chercheurs de la Compagnie Bell viennent, par le plus grand des hasards, de confirmer l'existence, prédite par Gamow en 1948,

Robert Wilson reçoit le prix Nobel de physique 1978.

du « rayonnement fossile ». Leur antenne a détecté une lumière venant de la création de l'Univers ! Une sorte de souffle thermique absolument uniforme, écho lointain de la phénoménale « explosion » qui, il y a plus de treize milliards d'années, a donné naissance à notre espace-temps. Cette immense tempête de photons, d'une puissance inimaginable, s'est levée 380 000 ans après le Big-Bang. À cette époque inconcevable, l'Univers était quarante mille fois plus jeune qu'aujourd'hui. Mille fois plus petit. Et un milliard de fois plus dense. Aujourd'hui, nous ressentons encore le souffle de cette tempête qui s'est levée au fond de l'Univers, à l'aube des temps.

En 1978, Penzias et Wilson obtiennent le prix Nobel pour leur incroyable découverte. De toute façon, Nobel ou pas, celle-ci a changé le monde du jour au lendemain. Mais également Penzias et Wilson eux-mêmes. Car presque trente ans avant Smoot, eux aussi ont vu « quelque chose » dans la radiation venue du fond des temps. Comme un reflet du feu éblouissant de la création.

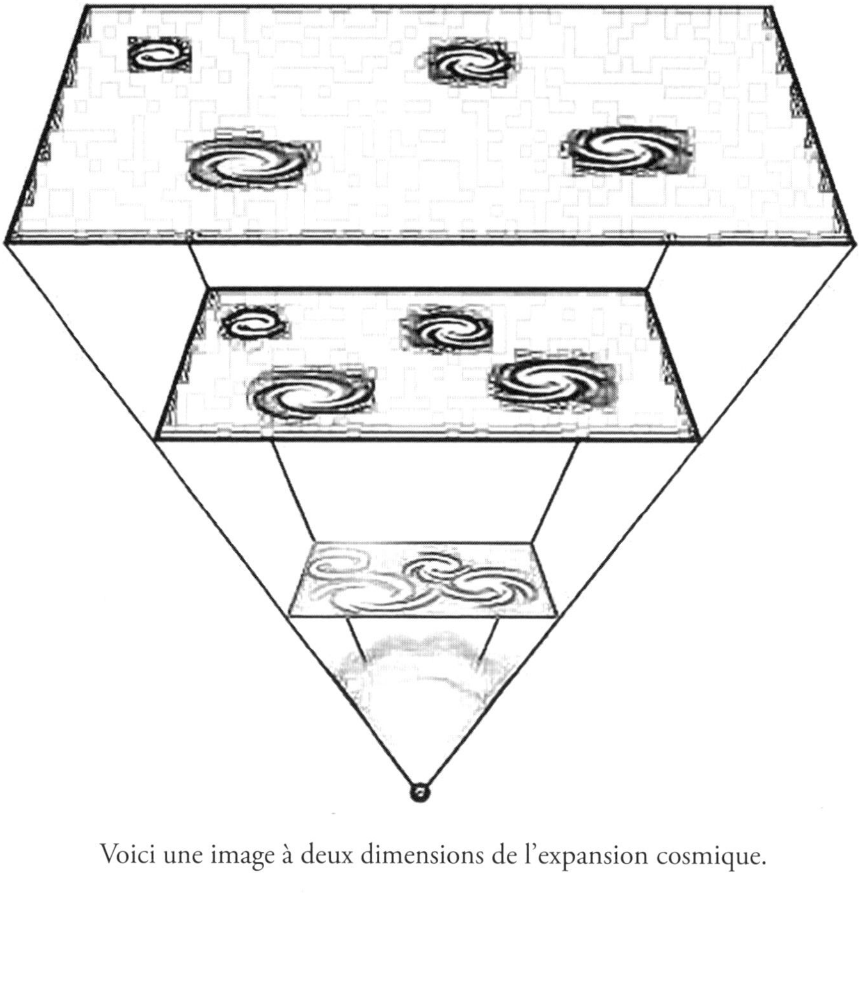

Voici une image à deux dimensions de l'expansion cosmique.

11

LE FEU DE LA CRÉATION

En cette année 1965, pour les deux découvreurs du rayonnement fossile, le choc est immense. Tout comme pour George Smoot, la contemplation de la première lumière de l'Univers va les changer à tout jamais. Et transformer irrésistiblement leur façon de voir le monde. Dans les deux cas, ce qui a fait basculer nos deux chercheurs vers ce que Smoot appelle le visage de Dieu, c'est l'idée (inévitable dans la théorie du Big-Bang) de « création à partir de rien ».

Pourtant, on part de loin. Avant de débarquer dans le New Jersey et d'y passer d'innombrables nuits blanches au pied de son antenne, Robert Wilson haussait les épaules lorsqu'on lui parlait de création de l'Univers. On s'en souvient, étudiant à Caltech, il suivait les cours de Fred Hoyle, l'un des astronomes les plus en vue à cette époque. Celui-ci exerçait une véritable fascination sur ses élèves. Inventif et toujours à l'affût d'un bon mot, il n'avait pas son pareil pour trouver la bonne image, celle qui fait comprendre d'un seul coup plusieurs choses à la fois. Un exemple ? Cette façon bien à lui qu'il avait de décrire la distance qui nous sépare de l'espace interstellaire : « L'espace n'est pas loin du tout ! À peine à une heure d'ici, à condition que votre voiture avance à la verticale… » Plus sérieusement, au moment où le jeune Wilson suit ses cours, Hoyle est connu dans le monde entier pour avoir inventé ce que l'on appelait alors la « théorie de l'espace stationnaire ». Pour lui – et à vrai dire pour presque tout le monde à l'époque –, l'Univers n'avait jamais connu de commencement, ni dans une explosion ni autrement. Il était là depuis toujours, voilà tout ! Hoyle n'avait eu aucun mal à convaincre Wilson.

21 mai 1965. Ce jour-là, des millions d'Américains médusés peuvent lire en gros titres à la une du *New York Times* : « Des signaux confirment que l'Univers est né d'un Big-Bang ». C'était la toute première preuve, décisive, que l'Univers n'était pas éternel. La nouvelle est incroyable et elle se répand comme une traînée de poudre dans le monde entier. Cette fois c'est sûr et certain : le cosmos gonfle, grandit à chaque instant. Le chiffre est d'ailleurs hallucinant : toutes les cinq secondes, notre Univers s'accroît d'un volume égal à celui de notre galaxie ! Et à partir de là, tout va basculer pour Wilson. Après avoir déclaré à plusieurs reprises qu'il était difficile de nier l'évidence, le radioastronome va s'empresser d'abandonner le modèle d'Univers éternel. Désormais, il est devenu un porte-parole convaincu de ce que Penzias appelle une « création ». Avec une référence marquée à l'idée d'un plan conçu par une force extérieure : « Il y a certainement eu quelque chose qui a réglé le tout. À coup sûr, si vous êtes religieux, je ne vois

pas de meilleure théorie de l'origine cosmique susceptible de correspondre à la Genèse[43]. »

"All the News That's Fit to Print"

The New York Times

LATE CITY

VOL. CXIV..No. 39,199. NEW YORK, FRIDAY, MAY 21, 1965.

LINDSAY PROPOSES ADDING CIVILIANS TO POLICE BOARD

4 Would Supplement 3 From Department Now on Panel to Review Complaints

ONE PATROLMAN URGED

Citizen Members Preferred With Judicial Training—Rights Groups Critical

Signals Imply a 'Big Bang' Universe

Horn antenna, used in space exploration, at the Bell Laboratories in Holmdel, N. J.

By WALTER SULLIVAN

BEAME'S DEMAND FOR AUDIT AT FAIR UPHELD BY COURT

Appeals Bench Unanimously Backs City Controller—Pickets Win Case

By R. W. APPLE Jr.

ALBANY, May 20—The right of City Controller Abraham D. Beame to look into the financial records of the World's Fair was unanimously affirmed today by the Court of Appeals.

VISITS TROOPS IN SANTO DOMINGO: Deputy Secretary of Defense Cyrus R. Vance is flanked by Lieut. Gen. Bruce Palmer Jr., commander of U.S. forces in Dominican Republic, and Lieut. Al Fiers of the Marine Corps.

U.S. SAID NOT TO IN SANTO

COALITION

La « Une » du *New York Times* du 21 Mai 1965 sur la découverte du Big-Bang.

Et Penzias ? Jusqu'en 1965, il était plutôt indécis. Mais devant la déflagration engendrée par sa propre découverte, comment ne pas admettre que l'Univers a bien eu un commencement ? À son tour, tout comme Smoot et Wilson, il finit par voir au cœur du rayonnement fossile « quelque chose » : « L'astronomie nous conduit vers un événement unique, un Univers créé à

43 Evidence for Christianity (1997) *in* http://www.evidenceforchristianity.org.

partir de rien, avec juste le délicat équilibre nécessaire à l'apparition de la vie, un Univers qui obéit à un plan sous-jacent (on pourrait presque dire, un plan "surnaturel")[44]. » Face à ses collègues figés de stupeur et nombre d'étudiants réunis un jour à l'université de l'Illinois, il a même enfoncé le clou, n'hésitant pas à affirmer que le Big-Bang correspond – comme dans la Genèse – à la création de tout à partir de rien : « Pour être cohérents avec nos observations, nous devons comprendre que non seulement il y a création de la matière, mais aussi création de l'espace et du temps. Les meilleures données dont nous disposons sont exactement ce que j'aurais pu prédire si je n'avais rien lu d'autre que les cinq livres de Moïse, les Psaumes et la Bible. Le Big-Bang a été un instant de brusque création à partir de rien[45]. »

*

Un instant de création à partir de rien ! C'en est trop. En entendant Penzias et Wilson parler comme si de rien n'était de la Bible et de Moïse, plusieurs des scientifiques présents dans l'amphithéâtre de l'université de l'Illinois se lèvent et quittent la salle. Et puis, il y a cette idée saugrenue de « singularité initiale », ce prétendu point à l'origine de l'Univers ! Pour beaucoup – à la fin des années 1960, ils sont encore nombreux –, tout cela ne tient pas debout. L'astronome américain Allan Sandage, l'un des plus grands de la deuxième moitié du XXe siècle, est un exemple typique de cette

---

44 *Cosmos, Bios and Theos*, Open Court, 1992.
45 Conférence à l'université de l'Illinois. Cité par Chuck Colson dans *Break Point, Big-Bang versus Atheists*, 28 septembre 2006.

difficulté à penser l'origine de l'Univers sous la forme d'un point. D'origine juive, il se convertit au christianisme à l'âge de 60 ans. Et lorsqu'on lui demande si on peut être à la fois scientifique et chrétien, il n'hésite pas à répondre haut et fort : « Oui ! Comme je l'ai déjà dit, le monde est trop complexe dans toutes ses composantes et ses interconnexions pour être uniquement le fruit du hasard[46]. » Pourtant, face à la singularité initiale, il recule : « C'est tellement étrange... Cela ne peut pas être vrai ![47] » lance-t-il. En écho, Philip Morrison, du MIT, se révolte : « Il m'est difficile d'accepter la théorie du Big-Bang. J'aimerais pouvoir la rejeter ![48] »

Où en sommes-nous aujourd'hui ? Étrangement, les résistances restent encore fortes. « Il n'y a jamais eu de singularité initiale ! » tranche sèchement Lee Smolin, du Perimeter Institute au Canada, l'un des jeunes physiciens les plus en vue du moment. Mais parfois, l'on n'en reste pas là et certaines réactions frisent la démesure : « Un monstre tapi quelque part dans le ciel ! » lance l'astrophysicien Christian Magnan, du Collège de France. « Répugnant ! » gronde en écho Derek Raine, astrophysicien à l'université de Leicester.

Pourtant, la singularité initiale résulte d'une démonstration mathématique des plus sérieuses, effectuée cinq ans après la découverte du rayonnement fossile. Les auteurs de ce qui allait devenir les fameux « théorèmes de singularité » sont deux jeunes théoriciens anglais, Stephen Hawking, de Cambridge,

---

46 Allan Sandage : http://www.leaderu.com/truth/1truth15.html.
47 Cité par Robert Jastrow *in The Week In Review*, « Evidence for Biblical View », 17 juillet 1978.
48 *Ibid.*

et Roger Penrose, d'Oxford. Leur démonstration est sans faille : il existe une singularité – un point mathématique – à l'origine de notre Univers ! Mais alors, si la singularité à l'origine de l'Univers est à présent bien établie scientifiquement, pourquoi suscite-t-elle autant de passions – pour ne pas dire de rejets ? Sans doute parce qu'elle nous contraint à un choix impossible : entre un Univers sans cause d'un côté et, à l'autre extrémité, ce vers quoi Smoot a attiré l'attention de la communauté scientifique : le visage de Dieu.

Mais voyons maintenant de plus près la face cachée de ce fameux rayonnement fossile. Et en quoi il va nous mener jusqu'au plus grand secret de tout l'Univers.

Stephen Hawking, à l'époque où il établit
les grands théorèmes de singularité avec Roger Penrose.

Ce photon cosmologique a été émis au moment du Big-Bang. Il s'est libéré de la matière 380 000 ans après le Big-Bang. C'est un messager de la première lumière de l'Univers.

12

LE FANTÔME DU BIG-BANG

Qu'est-ce qu'ont donc vu Penzias et Wilson en ce bel été 1964 ? Pourquoi leur découverte s'est-elle retrouvée du jour au lendemain à la une du *New York Times* puis dans le monde entier ? Comme des milliers d'autres, Steven Weinberg, prix Nobel de physique en 1979, en est fermement convaincu : « La découverte du rayonnement fossile en 1965 fut l'une des plus importantes découvertes scientifiques du XXe siècle. » Emporté par son enthousiasme, Edward Purcell, physicien à Harvard, lance même : « Cela pourrait juste être la chose la plus importante que l'on ait jamais vue ! »

Peut-être bien. Mais pour quelle raison ?

Reprenons le fil des événements. Les deux employés de Bell ont débusqué ce qu'on appelle le rayonnement fossile, ou encore le fond diffus cosmologique. Il s'agit d'une onde froide. Et même très froide : à peine 2 degrés 7 au-dessus du zéro absolu. Dans cette glaciation inimaginable, les molécules et les atomes eux-mêmes sont presque immobiles parce que gelés. Pourtant, il y a bien longtemps, cette lumière originelle, éclairée par les feux du Big-Bang, était chaude et même brûlante : plus de 3 000 degrés ! Mais une fois lancé en trombe dans le vide, dilué par l'expansion irrésistible de l'Univers, ce mystérieux rayonnement s'est refroidi au fil des milliards d'années.

D'où vient-il ? Du fin fond de l'espace. De la frontière ultime de l'Univers visible. Ce qui veut donc dire que cette lueur fossile (qui se rue vers nous dans le vide et franchit la distance effarante de 300 000 km à chaque seconde) nous parvient d'un passé très lointain. D'un âge révolu, où l'Univers était encore dans sa première enfance, il y a plus de 13 milliards d'années.

Il est émouvant de penser que, comme nous tous, l'Univers visible a eu lui aussi une enfance. Et qu'il a grandi. Comment ne pas être ébloui par ces chiffres rappelés sur le site de la NASA ? Quand l'Univers avait la moitié de sa taille actuelle, la densité de matière était huit fois plus élevée et il était deux fois plus chaud. Plus loin dans le passé, lorsque l'Univers visible était cent fois plus petit qu'aujourd'hui, le rayonnement fossile était cent fois plus chaud. Il faisait donc environ deux degrés Celsius au-dessus de zéro : un temps de neige d'un bout à l'autre du cosmos ! Bien plus tôt encore, il y a eu une époque où le cosmos entier jusqu'à l'horizon était cent millions de fois plus petit que de nos jours. Sa température était alors de 273 millions de degrés et la matière, de la même densité que l'air, n'était encore qu'un gaz tourbillonnant en flocons dans l'espace.

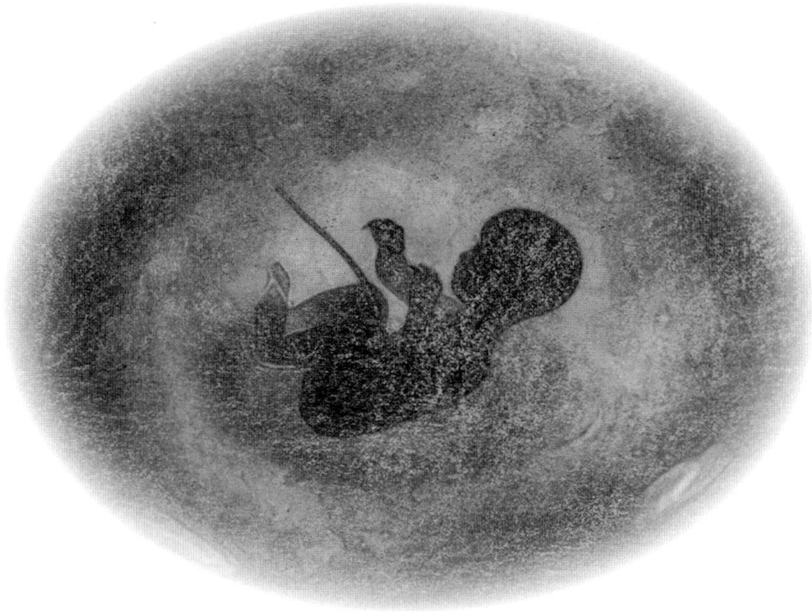

Le « bébé-Univers », 380 000 ans après sa naissance...

Bien sûr, tout ceci est déjà bouleversant. Mais il y a plus encore. Car cette première lumière, qui a jailli dans les ténèbres et a éclairé l'Univers tout juste 389 000 ans après le Big-Bang, cette lumière primordiale garde gravée dans ses profondeurs le souvenir de chacune de ces étapes. Dans chacun de ses photons, dans les nuées de particules élémentaires, il y a un fabuleux secret. Quelque chose de brûlant, dont Penzias et Wilson ont eu l'intuition. Mais quel secret ? De quoi peut-il donc bien s'agir ? Avant d'aller chercher la réponse, il nous faut en savoir un peu plus sur cette lumière unique. La plus ancienne de tout l'Univers.

*

De quoi est faite la lumière ? Pour prendre une image simple, de minuscules billes, qui ne pèsent rien, sur lesquels le temps ne passe pas, et qu'on appelle des « photons ». Le mot lui-même a été inventé en 1926, non par un physicien mais par un chimiste, Gilbert Lewis. Sa théorie – du reste assez insolite – a été balayée par l'histoire. Son nom oublié. Mais le mot *photon* (qui veut dire « lumière » en grec) a été tout de suite adopté par les physiciens.

Les photons sont dix milliards de fois plus nombreux que les particules de matière. Pendant la nuit, lorsque vous regardez le ciel, vous contemplez la lumière pâle des étoiles. La plupart des photons que vous apercevez proviennent du cœur des soleils lointains. Pourtant, ils ne représentent qu'une toute petite portion des photons existant dans l'Univers : à peine quatre pour cent ! Où sont les autres ? Tout simplement dans le fameux rayonnement fossile. Ce sont de loin les plus nombreux, mais vous ne pouvez pas les voir. Or, à la différence des photons ordinaires, nés dans le cœur des étoiles, les photons cosmologiques ont une histoire prodigieuse. Leur apparition date d'il y a longtemps. Bien plus longtemps que leurs jeunes frères stellaires. Car ils sont issus d'un événement très mystérieux et très ancien, qu'on appelle l'annihilation de la matière et de l'antimatière. Ce cataclysme dont le détail nous échappe s'est sans doute produit à partir de la toute première seconde après le Big-Bang. Il a duré quelques instants, jusqu'à la dixième seconde. Durant ce bref laps de temps, les particules de matière et d'antimatière se sont jetées les unes contre les

À chaque instant, des milliards de photons cosmologiques tombent en pluie invisible sur la terre.

autres. Des chocs indescriptibles, où par milliards, ces êtres élémentaires se sont anéantis. Or, à chaque annihilation d'une particule et d'une antiparticule, deux photons naissent. C'est donc un colossal océan de photons qui s'est formé durant les dix premières secondes de vie de notre Univers. Bourrés d'énergie, nos photons nouveau-nés sont à l'époque de puissants rayons gamma. Plus tard, vers l'an 380 000, ils se sont libérés des particules de matière et l'Univers s'est soudain illuminé. Puis, tout au long de leur immense voyage dans un cosmos en perpétuelle expansion, ils ont perdu leur énergie du départ, ce qui veut dire que leur longueur d'onde a augmenté, jusqu'au domaine des micro-ondes (celles de votre four ou de vos téléphones portables). Et ce sont ces photons primordiaux qui, en ce moment même, pleuvent sur vous en une brume invisible.

Ici surgit une première bizarrerie : le rayonnement fossile ne se trouve pas « loin dans le cosmos », inaccessible. Bien au contraire, la première lumière de l'Univers est partout. Dans votre jardin et à l'intérieur de votre voiture. Dans la pièce où vous vous trouvez en ce moment même. Et alors que vous lisez ces lignes, à chaque instant sans le savoir, vous êtes frôlé par le fantôme de la première lumière. Des milliards de photons invisibles, qui ont traversé tout l'Univers et qui, comme un souffle de vent, passent sur vos mains, votre visage, vos cheveux. Dans chaque centimètre cube d'espace, on trouve environ quatre cents photons de la première lumière. Cela veut dire qu'en ce moment même, à portée de vos mains, il y a autour de vous environ un milliard de photons cosmologiques qui zigzaguent dans tous les sens ! Si vous deviez les compter un par un, il vous faudrait plus de quatre-vingts ans. La première lumière éclipse sans mal la lumière des étoiles ou celle des galaxies. Difficile à croire ? Pas tellement, si c'est Penzias lui-même qui vous l'assure : « Si vous sortez ce soir et retirez votre chapeau, vous recueillerez un peu de chaleur du Big-Bang sur votre cuir chevelu. Et si vous avez un très bon récepteur FM, en vous promenant entre les stations, vous entendrez ce son[49]. »

Le son d'une lumière qui s'est allumée il y a treize milliards sept cents millions d'années ! Seulement voilà : de même que vous ne pouvez pas entendre « comme ça » ce son fabuleux, il est impossible de voir la lumière fossile à l'œil nu. Pourquoi ? Parce que les photons de la première heure ont fait un immense voyage. Ils ont traversé des milliards de milliards de kilomètres avant de franchir la fenêtre de votre salon et de vous rendre visite. Ces survivants de l'infini sont donc épuisés par leur voyage insensé. Leur longueur d'onde (au départ très courte, celle des rayons gamma) s'est allongée jusqu'aux micro-ondes. Résultat : le rayonnement fossile n'est pas plus visible que les rayons qui réchauffent votre potage dans un four à micro-ondes.

Mais n'y a-t-il vraiment aucun espoir d'apercevoir ces fabuleux flocons de la première lumière ? En réalité si ! Il vous suffit d'ouvrir votre téléviseur à un moment où il n'y a pas d'émission. À cet instant, l'écran sera donc noir et piqué d'innombrables points qui scintillent et font des zigzags frénétiques. Vous le savez, tout cela n'est autre que ce qu'on appelle la « neige » sur l'écran de votre téléviseur. Mais voici de quoi

---

49 *In Le Roman du Big-Bang*, Simon Singh, éd. JC Lattès, 2004.

vous émerveiller : environ un de ces flocons de lumière sur dix provient du rayonnement fossile. Autrement dit, c'est par milliards qu'à chaque seconde, vous pouvez « voir » les étincelles de la première lumière briller sur votre écran ! Un peu comme si votre téléviseur était une sorte de machine à filmer le passé, capable de vous faire voir une scène qui s'est produite il y a plus de treize milliards d'années.

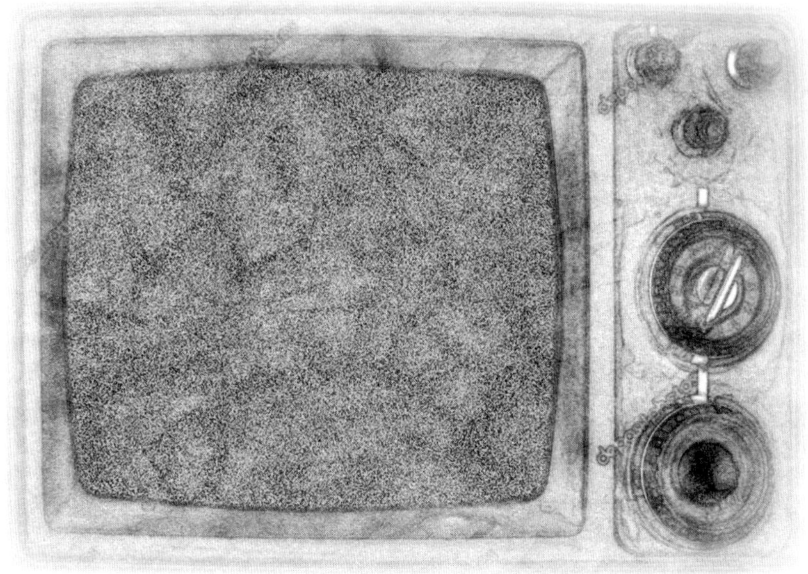

Des milliards de photons de la première lumière
brillent sur votre écran de télévision...

*

Est-ce tout ? Pas encore. Car la première lumière de l'Univers nous réserve une nouvelle surprise. En effet, comme toutes les lumières qui vous entourent (celle qui jaillit des phares de votre voiture, de votre lampe de poche ou de n'importe quoi d'autre), la lumière fossile est la chose la plus rapide de tout l'Univers : 300 000 km à chaque seconde. Un record fracassant ! Mais ici, ouvrez bien vos yeux sur ce que vous allez lire. Ce record de vitesse débouche sur quelque chose d'ahurissant, qu'Einstein a été le premier à découvrir et qui a donné le vertige à ses contemporains de la Belle Époque : pour la lumière, le temps n'existe pas. Ou plus exactement, il ne passe pas ! C'est l'une des premières conséquences de la fameuse théorie d'Einstein. Si celle-ci porte le nom de « relativité », c'est justement pour nous rappeler que le temps varie avec la vitesse : plus un objet va vite, moins le temps s'écoule pour lui. Et pour ces flocons de lumière que sont les photons, le temps ne s'écoule plus du tout ! Qu'est-ce que ça veut dire ? Tout simplement que pour les photons que vous voyez sur votre téléviseur, il ne s'est écoulé aucun temps – pas une minute, pas même une seule seconde – depuis qu'ils sont partis du nuage de particules primitives qui composaient l'Univers, 389 000 ans après le Big-Bang. Et même avant. Autrement dit, alors que pour nous, treize milliards sept cents millions d'années ont passé depuis que le cosmos s'est allumé, nos photons voyageurs, eux, n'ont pas vieilli d'une seule seconde ! Tout cela est déjà époustouflant. Mais le comble est sans doute que (toujours en raison de la fameuse relativité) l'espace lui-même, avec ses distances à franchir, ne signifie rien pour le photon. Absolument rien. Pour lui, l'étendue n'existe pas plus que la durée. Et ceci veut donc dire qu'au moment où il quitte le fond diffus (pourtant à l'autre bout de l'Univers), de son point de vue, le photon est déjà arrivé sur Terre, dans votre salon. Car pour lui, il n'existe aucune distance – même pas un millimètre – entre le fond de l'Univers et votre salon ! De même, entre l'an 389 000 – moment où la lumière se met en route pour chez vous, il y a treize milliards sept cents millions d'années – et aujourd'hui, il ne s'est même pas écoulé une seconde. En un certain sens, grâce à la première lumière, il est donc possible d'observer le Big-Bang « en direct », un peu comme si on y était !

*

Décidément, cette première lumière est riche de merveilles. Mais ici surgit une nouvelle question, que tous les spécialistes de l'Univers se sont posée un jour ou l'autre. Pourquoi cette mystérieuse lueur s'est-elle soudain allumée ? Pourquoi cette énergie titanesque, inconcevable, s'est-elle mise à déferler dans le néant ? Qui donc, selon la belle parole de Stephen Hawking, a mis le feu aux équations ?

Pour répondre, il va nous falloir descendre dans le feu intime de cette lumière des premiers temps. Qu'allons-nous y trouver ? Un nouveau secret. En 1965, ce qui a frappé Penzias, Wilson et après eux tous les astronomes qui ont observé le rayonnement fossile, c'est son extraordinaire uniformité, à la limite du surnaturel. Quelle que soit la région observée, la température mesurée semble partout la même. Exactement la même. On a beau mesurer la fameuse radiation à un dix millième, un vingt millième de degrés près, rien à faire : pas la moindre variation de température d'un point à un autre. Un peu comme si on avait étendu une immense nappe sur des milliards de kilomètres pour un pique-nique sans faire le plus infime faux pli !

Les premières observations du rayonnement fossile n'ont pas réussi à montrer que le fond diffus, apparemment homogène, présentait d'infimes différences de température.

Mais est-ce bien vrai ? N'y aurait-il pas, malgré tout, à des fractions de température encore bien plus petites, d'infimes différences – quelques fractions de fractions de degrés – d'une région à une autre de la première lumière ? Si on arrivait à observer ces minuscules écarts, alors on en saurait incroyablement plus sur les premiers instants de l'Univers. Mais existent-elles seulement ?

Pour répondre, hélas, les télescopes terrestres ne suffisent plus. Depuis notre monde, noyé dans un brouillard perpétuel de poussières et d'ondes en tous genres, il n'est pas possible de vraiment déceler les infimes détails indispensables à de nouvelles découvertes. Pour entrer dans les profondeurs de la première lumière, il va falloir observer de plus loin. Depuis l'espace. Mais avec quoi ? Aux États-Unis, deux chercheurs commencent à faire des plans. Ils imaginent un satellite capable de mesurer ces infimes différences de température. Quels fabuleux engins, aussi compliqués dans leur fonctionnement que mystérieux dans leurs buts, vont donc leur prêter main-forte ? Quelles sont ces prodigieuses « machines métaphysiques » que l'on projette d'envoyer dans l'espace pour dissiper le mystère qui rôde autour de l'origine ?

C'est ce que nous allons découvrir dans les pages qui suivent.

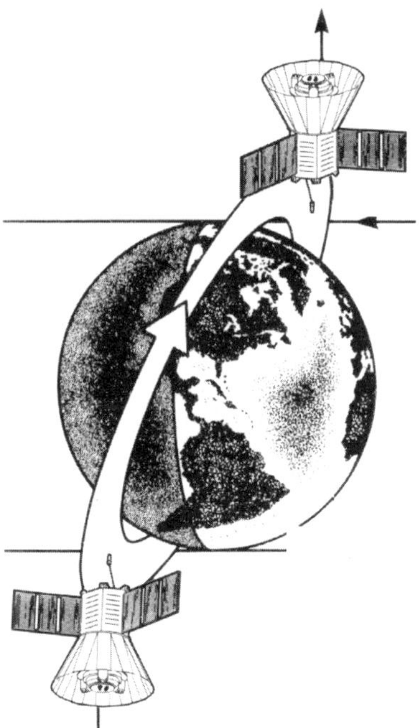

Le satellite COBE en orbite basse autour de la Terre.

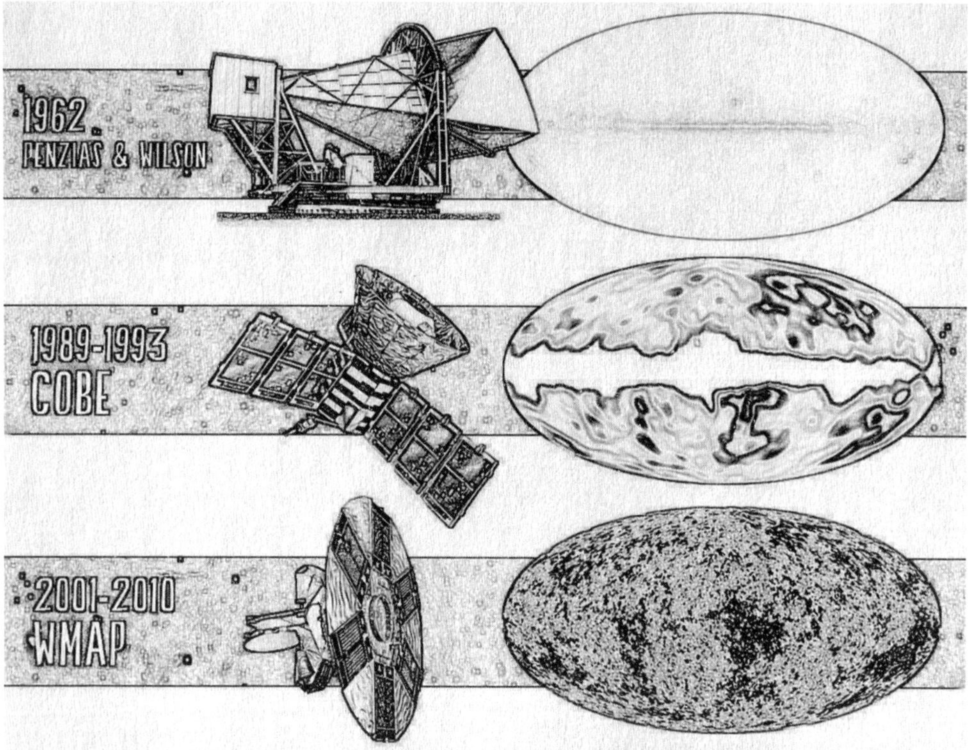

Les progrès de la connaissance du bébé-Univers grâce à nos instruments d'observation, depuis l'antenne de Holmdel en 1964 jusqu'au satellite Planck, aujourd'hui.

13

LES ASTRONOMES DE MÉTAL

Nous avons tous la chance de vivre une époque éblouissante, sans équivalent dans l'histoire du savoir. Car pour la première fois, il devient possible d'apporter des débuts de réponses (reposant sur de véritables preuves) face à des interrogations jusqu'ici insolubles : quelle est la forme de l'Univers ? A-t-il une limite ? Comment a-t-il commencé ? Aura-t-il une fin ? Y avait-il « quelque chose » avant le Big-Bang ?

Chacune de ces questions donne le vertige. Mais où donc trouver les réponses ? Pas du côté de la philosophie. Ni de la religion. En réalité, il faut nous tourner vers autre chose. Vers une discipline toute nouvelle, entourée d'un parfum de mystère, dont vous entendez parfois parler ici ou là : la « cosmologie ». Faire de la cosmologie, c'est étudier l'Univers dans l'espace et dans le temps, depuis son origine jusqu'à sa fin éventuelle. Et voici la magnifique nouvelle :

depuis la fin du XXe siècle, la cosmologie est entrée dans une ère expérimentale. Pour la première fois, il devient possible de vérifier la validité des idées touchant à la structure ou au destin ultime de notre Univers. Comment a-t-on pu franchir une telle étape ? En se dotant depuis quelques années de satellites observateurs, des astronomes de métal prodigieusement précis et puissants.

*

Depuis 1989, ils sont trois. Trois fantastiques engins célestes qui, au fil des années, fouillent méthodiquement les ténèbres cosmiques, pouce par pouce. Avec la même mission : photographier le fond le plus lointain de l'Univers. Au moment où vous lisez ces lignes, les trois ont achevé leur mission, réussi d'innombrables prises de vues, sous tous les angles possibles. Tels des photographes d'une infinie patience, ils ont pris de très longs temps de pause, pour capter (presque un par un) les précieux photons qui viennent du fond de l'Univers. De la première lumière. Grâce à eux existe aujourd'hui une carte incroyablement précise – la toute première – de ce qu'était l'Univers dans son enfance, au moment où il s'est éclairé. Et toujours grâce à eux, il devient enfin possible d'observer des phénomènes qui, par des voies indirectes, nous permettent – toujours pour la première fois – de toucher au miracle : remonter jusqu'au Big-Bang lui-même.

Nous avons eu la chance d'avoir des discussions et des échanges avec les chefs de file de ces trois satellites, ceux qui les ont initiés et réalisés jour après jour, pendant des années : George Smoot et John Mather pour COBE (1989), Charles L. Bennett pour WMAP (2001) et enfin Jean-Loup Puget et Jean-Michel Lamarre pour *Planck Surveyor* (2009).

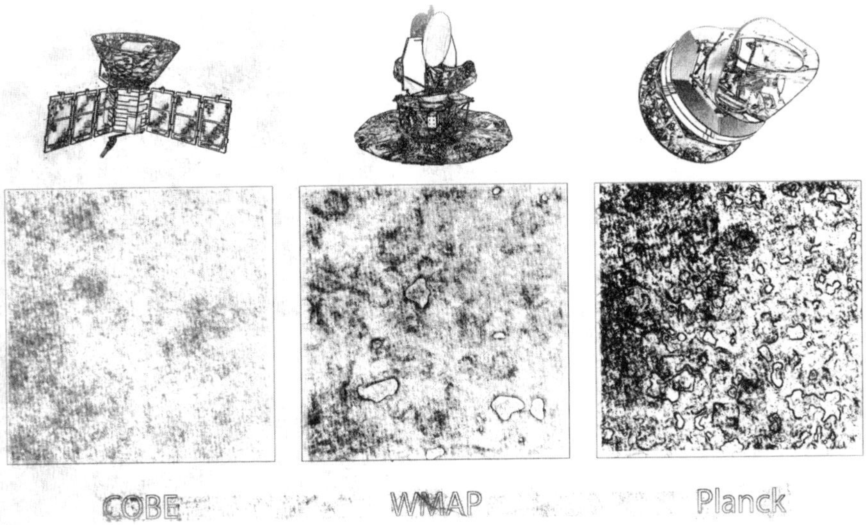

Le pouvoir de résolution du satellite Plank est mille fois supérieur à celui du satellite COBE.

Impossible de ne pas être saisi d'une indicible émotion face à ce tout premier rayon de lumière déchirant les ténèbres, inondant brusquement la nuit cosmique. Et le miracle, c'est qu'il vous est aujourd'hui possible de contempler chez vous, dans votre salon, l'image de cette lueur disparue depuis des milliards d'années, cette lumière de l'enfance. Bourrés d'incroyables trésors techniques, ces trois explorateurs de l'infini vont donc vous indiquer où trouver, peut-être, ce fameux visage de Dieu dont parle George Smoot.

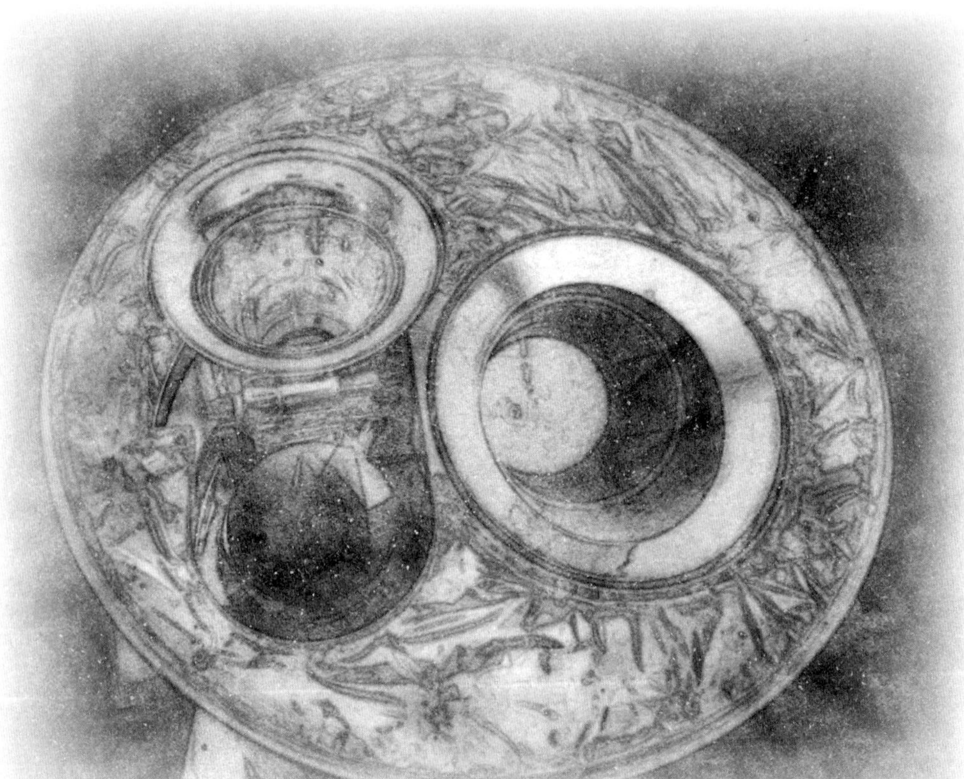

L'« œil » d'une très grande précision du satellite Cobe,
le premier à avoir photographié la première lumière.

14.

PHOTOGRAPHIER « LE VISAGE DE DIEU »

Le premier de nos trois héros de métal s'appelle donc COBE (ce qui veut dire « explorateur du fond cosmologique »). Vous le savez, c'est lui qui a rapporté le prix Nobel à son « père » George Smoot et à son collègue John Mather en 2006. Et qui, du même coup, est le vrai responsable de la fameuse formule « le visage de Dieu ».

L'aventure a commencé dans les années 1970. Il aura fallu dix longues années pour construire et mettre au point, après mille tâtonnements et retours en arrière l'unique exemplaire de cet appareil devenu aujourd'hui mythique. Finalement, le 18 novembre 1989 arrive le jour du lancement. Smoot a raconté son inquiétude lorsqu'il a découvert le lanceur *Delta* qui, après la dramatique explosion de la navette *Challenger* en 1986, avait pour mission de placer le précieux satellite en orbite : « J'avais vu la fusée de près lors d'un voyage précédent et j'avais été consterné en voyant à quel point elle semblait décrépite : taches de rouille, réparations par-ci par-là, petites soudures au Glyptal. Le travail de toute notre vie professionnelle était au sommet de cette chose[50]. »

Puis le compte à rebours. Et la mise à feu. Soudain envahi par les flammes, le pas de tir s'illumine et dans un silence irréel, les tonnes de métal s'arrachent lentement à la Terre. Trois secondes passent. Tout à coup le rugissement chimique, catapulté par l'onde de choc, déchire l'air et gronde dans les poitrines. Tandis que le monstre d'acier s'élève lourdement, on déverse des millions de litres d'eau sous les buses vomissant les flammes, pour atténuer la puissance des ondes sonores.

Trente secondes après la mise à feu. La fusée dépasse maintenant le mur de son et grimpe de plus en plus vite. Deux minutes après le lancement. Elle est déjà à 40 kilomètres d'altitude et vole presque à 2 000 mètres par seconde. 240 secondes. Le deuxième étage s'allume tandis que le culot de l'engin, tout à coup largué, entame lentement sa longue chute vers le sol. 245 secondes, 112 kilomètres de hauteur. Les lourds carénages sont éjectés à leur tour et COBE se rue maintenant dans le vide à plus de 5 000 mètres par seconde. Dix minutes après le lancement. Le flux désormais inaudible des moteurs du deuxième étage s'interrompt, immédiatement relayé par l'allumage du dernier étage. C'est lui qui, à plus de dix kilomètres par seconde, va grimper jusqu'à 900 kilomètres d'altitude.

50 G. Smoot, *Les Rides du temps*, *op. cit.*

Le 18 novembre 1989, la fusée Proton lance le satellite astronomique COBE
à la recherche de la première lumière de l'Univers.

Encore une poignée de minutes et COBE atteint enfin son orbite de croisière. À présent, il flotte seul dans l'immensité glacée, à 900 000 mètres de la Terre.

Bientôt, il entame sa valse lente, un peu moins d'un tour sur lui-même par minute. Très vite, le premier détecteur, un spectromètre à infrarouge appelé FIRAS, est mis en service et livre avec une étonnante rapidité son verdict. Et quelques semaines plus tard, la première nouvelle se répand comme une traînée de poudre : le rayonnement fossile possède ce qu'on appelle un « spectre de corps noir » presque parfait, selon le communiqué de la NASA sur son site. Qu'est-ce que cela veut dire ? En premier, que le fond primordial se réduit à une seule chose en tout et pour tout : sa température. Vraiment très basse, celle-ci est exactement de 2,725 degrés au-dessus du zéro absolu. Presque toute l'énergie de l'Univers naissant a donc été libérée dans la première année qui a suivi le Big-Bang.

Mais il y a plus. « Corps noir » veut également dire que l'Univers (un peu à la manière d'un four isolé) se comporte comme un système clos et que la première lumière est, par définition, dans un état d'équilibre thermique presque parfait. Tout réside ici dans le « presque ». Car (du moins c'est ce que nous pensons) ceci a pour conséquence que le véritable équilibre ne peut être atteint que beaucoup plus tôt, juste au moment du Big-Bang. Si c'est bien le cas, ce serait un début de confirmation expérimentale d'un modèle – le nôtre – qui mettrait fin au débat souvent stérile concernant ce qui a pu se passer avant le Big-Bang. Nous reviendrons bien sûr en détail sur ce point vraiment essentiel.

Lorsqu'en 1990, John Mather a fait l'annonce de ces premiers résultats dans une salle pleine à craquer, un long silence est d'abord tombé. Puis l'assistance s'est levée en bloc et a applaudi à tout rompre durant de longues minutes.

Le satellite COBE à 800 km d'altitude capte ses premiers photons cosmologiques venus de l'aube des temps.

*

Voyons à présent la deuxième grande découverte de COBE, dévoilée à une assistance soulevée d'émotion le 23 avril 1992. Les stupéfiantes photos de la toute première lumière de l'Univers ont fait la une du *New York Times* et de plusieurs centaines de journaux à travers le monde. Partout elles ont déclenché des réactions passionnées. Des passions qui, dans la salle de presse, chauffent soudain à blanc lorsque Smoot lance : « Si l'on est religieux, c'est comme voir le visage de Dieu ! »

Pour mieux comprendre pourquoi celui qui, quatorze ans plus tard, allait devenir prix Nobel de physique, a dit cela, reportons-nous un instant à la fameuse photo que vous avez sûrement vue, au moins une fois. De quoi s'agit-il ? De la toute première série de clichés jamais pris de l'Univers enfant. « L'appareil photo » s'appelle DMR : trois radiomètres à micro-ondes, destinés à capter les infimes différences de température du fond cosmologique. Et la réussite est totale ! Que voit-on sur cette image si étrange, cette sorte de sphère aplatie aux pôles ? D'abord, un bain de couleur bleu sombre, comme un océan profond qui couvre tout le globe, de l'hémisphère Nord à l'hémisphère Sud. Puis, distribuées çà et là, des taches. Elles s'étirent comme des continents et des îles de différentes couleurs allant du bleu ciel au rouge en passant par le violet. Et immédiatement, nous voici précipités au cœur du mystère : de quoi s'agit-il ? En fait, de minuscules différences de température au sein de la première lumière. Et tout, absolument tout de cette fascinante révolution est là : l'exploit de Smoot et de son équipe, c'est d'avoir montré, pour la première fois depuis 1965, que le fond diffus n'est pas partout exactement de la même température. Grâce au détecteur d'une précision presque irréelle conçu par Smoot, COBE peut mesurer des écarts dont la petitesse est à couper le souffle : à peine 10 millionièmes de degré. Dix parts sur un million ! Un exploit sidérant, qui revient à repérer instantanément la seule personne dépassant un mètre quatre-vingt-dix parmi les 100 000 habitants d'une ville ! Au fil des mois s'est

Le satellite COBE aurait été capable de déceler la seule personne marchand pieds nus au milieu d'une foule de 100 000 personnes.

donc imposée la fantastique découverte : il existe d'infimes écarts, de toutes petites différences de température au sein du rayonnement cosmologique : certaines régions (en rouge) sont légèrement plus chaudes, d'autres (en bleu) un peu plus froides. Et les astronomes l'affirment : c'est là que se cache le secret de l'origine ! Dans ces taches de couleur dont certaines, légèrement plus « chaudes », sont peut-être les lointains ancêtres de nos galaxies !

Mais il y a plus encore. Déjà, nombreux sont les cosmologistes qui avouent leur perplexité, voire leur embarras : les fameuses rides ne sont détectables qu'à partir d'écarts tellement petits qu'ils en paraissent insignifiants : un cent millième de degré ! Et pourtant, les simulations ne trompent pas les experts : si cet écart avait été légèrement plus grand, notre Univers se serait transformé en un gigantesque champ de trous noirs. Si au contraire il avait été un peu plus réduit, à la place de la Terre, des planètes et des étoiles, n'existerait qu'un morne nuage de gaz !

*

Et finalement pourquoi ? Pourquoi donc Smoot voit-il dans ces stries et ces taches, ces différences de couleurs, le Graal de la physique ? Parce que selon lui, le Big-Bang qui s'est déchaîné il y a près de quatorze milliards d'années a laissé des traces, gravées pour toujours. Des vestiges qui peuvent nous en apprendre beaucoup sur ce qui s'est passé et qui fait que nous sommes là. Il en est convaincu dès les années 1970 : « Des traces de la formation des structures actuelles devraient apparaître dans les plus anciens restes de la fureur de la création. » Et à partir de là tout s'éclaire : c'est dans le rayonnement cosmologique qu'il faut chercher ces traces. Et ceci nous simplifie la tâche. Rappelez-vous : deux ans avant la présentation publique de Smoot, son collègue John Mather (qui partage avec lui le prix Nobel) a montré que le rayonnement cosmologique se comporte comme un corps noir presque parfait. Et la boucle est bouclée : ces différences de températures mesurées par COBE, ce sont justement les stries, les plis que l'on cherche dans la lumière du début. Dans les régions bleues, plus froides, la matière naissante est moins dense ; au contraire, dans les régions rouges, la concentration est plus élevée. C'est là, dans ces régions de plus forte densité que bien plus tard, se formeront les premières galaxies et amas de galaxies.

Naturellement, la grande question qui se pose à ce stade, c'est celle qu'a risquée Smoot à la fin de son livre à propos des fameuses rides : d'où viennent-elles ?

En effet : pourquoi et comment ces fameuses irrégularités sont elles apparues dans le rayonnement primordial ? À l'heure actuelle, le mystère est encore total. Toutefois, dans la suite de ce petit livre, nous proposerons une réponse possible, dont le bien-fondé pourrait être renforcé par les observations et mesures qui, à partir de 2009, ont été effectuées par le satellite *Planck*. Nous y reviendrons donc.

En attendant, plusieurs autres questions (qui vous passionnent certainement) restent encore sans réponse. En particulier, quelle est la forme de l'Univers ? A-t-il oui ou non une limite ? Qu'est-ce donc que cette chose étrange dans l'Univers qu'on appelle l'énergie sombre ?

Curieusement, de la réponse à ces « grandes questions », dépend la solution de la plus grande énigme à laquelle nous sommes confrontés aujourd'hui : d'où vient le Big-Bang ?

Comme nous allons le voir, pour avancer vers ce mystère, le flambeau va devoir passer à une nouvelle génération. Un satellite beaucoup plus puissant et bien plus fin que COBE. Et c'est là que le célèbre WMAP va entrer en scène, par un beau jour de l'été 2001…

Le physicien Todd Wilkinson, un des pionniers de la théorie du Big-Bang.
Il a donné son nom au satellite astronomique WMAP.

15

WMAP : VOIR L'UNIVERS BÉBÉ

WMAP : vous avez tous entendu ou vu ce nom au moins une fois, à la radio ou dans les journaux. C'est le deuxième astronome mécanique de l'histoire, celui qui a succédé à COBE. Jusqu'en 2002, il s'appelait seulement MAP (comme « carte »). Et le W ? C'est l'initiale de David Todd Wilkinson, ajoutée pour saluer sa mémoire. En effet, trente ans plus tôt, il a prédit avec Robert Dicke, James Peebles et Peter Roll (la fameuse *dream team* de l'université de Princeton) l'existence du fameux rayonnement fossile, tout juste quelques mois avant sa découverte par Penzias et Wilson.

À quoi ressemble l'engin spatial ? Deux disques servant d'antennes, un grand bouclier pour se protéger du Soleil, le tout sur quelques mètres d'un bout à l'autre pour un poids d'environ 800 kg. Il a été lancé le 30 juin 2001. Mais contrairement à son célèbre prédécesseur, il s'est immédiatement engagé dans une colossale traversée : mille cinq cents fois plus loin que COBE. Une distance à couvrir pour élaborer une nouvelle carte du fond de l'Univers, plus riche et plus précise que la précédente. Et même franchir en arrière le « mur de la première lumière » (en l'an 389 000) pour remonter (en suivant des voies indirectes) encore bien plus tôt. Jusqu'à une infime fraction de seconde après l'explosion originelle : un milliardième de milliardième de milliardième de milliardième de seconde après le Big-Bang !

Afin de mettre toutes les chances de son côté, la NASA n'a pas lésiné sur les moyens : la sensibilité des capteurs de WMAP est environ trente fois plus grande que pour COBE. Résultat : les clichés du « bébé-Univers », largement publiés à partir de 2003, sont tout simplement éblouissants et enthousiasment le monde entier (vous y compris, sans doute). Aujourd'hui, plus de dix-huit ans après son lancement, WMAP est encore au travail. Le 26 janvier 2010 a été publié le résultat de sept ans d'observations. Et comme pour les années précédentes, les articles publiés par l'équipe de WMAP restent aujourd'hui – et de loin – les articles scientifiques les plus lus et cités de toutes les publications scientifiques depuis que la science existe !

*

Début février 2010, juste après la publication du résultat des sept années d'observation, nous avons eu un assez long entretien téléphonique avec Charles Bennett, le chef du projet. « Si vous devez retenir cinq grandes choses apportées par WMAP, les voici ! » nous a-t-il annoncé d'une voix calme. De quoi s'agit-il ?

Juin 2001, dans le fracas des réacteurs, le satellite WMAP
s'élance à la conquête du reflet du Big-Bang.

D'abord de la carte du rayonnement fossile. C'est la plus fine, la plus détaillée existant au monde aujourd'hui. Là où COBE ne voyait que des taches plus ou moins grossières (et le plus souvent très floues), WMAP, lui, a perçu et photographié des détails d'une magnifique précision. La conséquence de cette prouesse, c'est que notre robot-astronome est capable de déceler les plus infimes variations de température : les taches jaunes et rouges sont un cent millième de degré plus chaudes, les taches vertes et bleues deux cents millièmes de degrés plus froides. Tel est l'écart inconcevablement faible que WMAP parvient à déceler : un cent millième de degré !

Ensuite, il y a l'âge de l'Univers. Le chiffre est désormais calculé avec une exactitude encore plus grande que ce qu'on connaissait jusqu'ici : ce n'est plus 13 milliards 700 millions d'années mais 13 milliards 750 millions d'années (à 120 millions d'années près). Ce chiffre figure d'ailleurs maintenant dans le *Livre des records* au titre du record de longévité !

Troisième grand résultat de WMAP : notre espace (l'espace à trois dimensions dans lequel nous vivons) est, à première approximation, plat. Cependant, les données fournies sont également compatibles avec un espace très légèrement courbé positivement (ce qui signifie, dans le cas le plus simple, qu'il devrait avoir la forme d'une sphère). Nous reviendrons plus loin sur cette question passionnante pour laquelle nous proposons une réponse qui, pensons-nous, exploite au mieux les dernières mesures fournies par WMAP.

Mais à présent, place au quatrième fruit des observations de WMAP. Ce fruit, c'est l'énergie noire. Un mot plutôt insolite, qui peut faire frémir. De quoi s'agit-il ? D'une énergie à ce jour totalement inconnue. Elle aurait cependant un effet spectaculaire : elle pourrait accélérer l'expansion de l'Univers. À chaque seconde, comme on l'a déjà observé, le cosmos se précipiterait de plus en plus vite vers l'infini. Or, le verdict de WMAP est tombé : le contenu en matière de l'Univers serait fait de seulement quatre pour cent de la bonne vieille matière de tous les jours, faite à partir d'atomes. Et le reste ? Un peu moins du quart serait composé de ce qu'on appelle la matière noire (une matière dont Einstein et Willem de Sitter avaient supposé l'existence dans les années 1930 et qui ne serait pas faite d'atomes) tandis que les trois quarts restant seraient tout simplement de l'énergie noire. Peut-être bien. Le gros problème, c'est que personne (vraiment personne) n'a la plus petite idée de ce qu'est vraiment l'énergie noire. D'où vient-elle ? Le mystère reste total.

Or, sur ce point encore, nous risquons une explication. Nous pensons en effet que l'origine de la célèbre énergie noire n'existe pas ici, dans notre Univers, mais ailleurs. En réalité non pas après mais bien avant le Big-Bang. Nous reviendrons bien sûr en détail sur ce phénomène. En attendant, le seul fait qu'il soit observé expérimentalement est déjà en soi fantastique.

Enfin, dernière conquête : selon le site officiel de la NASA, le fameux satellite astronomique commence à extraire ce qui a pu se passer un milliardième de milliardième de seconde après le Big-Bang. En somme, tout près de ce qu'on pourrait appeler la création. Une nouvelle fois, notre point de vue est que les phénomènes observés après le Big-Bang ne peuvent être correctement compris que si leur source est située avant le Big-Bang. Nous y revenons donc plus loin.

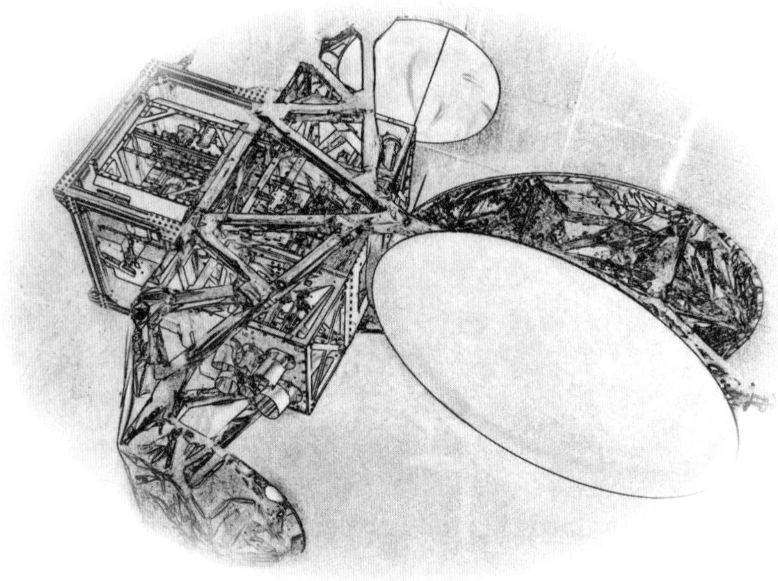

Les premiers résultats de WMAP, en 2006,
indiquent que l'Univers n'est pas tout à fait plat.

*

En attendant, WMAP nous a permis de faire un pas de géant. Avec, dans la foulée, encore tout un tas de choses plus intrigantes les unes que les autres. Par exemple, ce très mystérieux « courant noir » repéré depuis quelques mois par une équipe d'astronomes américains du Godard Space Flight Center. Selon les observations réalisées avec le concours de WMAP, un (ou plusieurs) amas de galaxies, situé à près de trois milliards d'années-lumière de chez nous, semble se ruer à environ trois millions de kilomètres à l'heure vers une région déterminée de l'Univers. Pourquoi ? On se risque à penser qu'il pourrait s'agir d'une source gravitationnelle invisible, peut-être située au-delà de notre horizon. Ou peut-être de tout autre chose.

Mais une foule de questions plus solides continuent de se dresser sur notre chemin. En particulier, d'où viennent ces fameuses « rides du temps » dont nous vous parlons de long en large ? Qu'est-ce qui peut expliquer ces infimes différences de température que l'on observe dans les profondeurs de la première lumière de l'Univers ? Qu'est-ce que la mystérieuse énergie noire ? Quelle est la forme de l'Univers ? D'où vient le Big-Bang ?

Sans faire d'annonces fracassantes, nous proposons dans la suite de ce petit livre d'apporter – le plus modestement possible – des débuts de réponse à ces questions (qui, dans notre approche, sont d'ailleurs reliées les unes aux autres). Toutefois, ces directions à suivre – ces fragiles hypothèses – n'ont de valeur que si elles sont confirmées par ce que l'on peut observer. C'est pourquoi encore aujourd'hui, nous attendons beaucoup de WMAP (en particulier des conclusions des sept ans d'observations et du tout dernier rapport). Et pour finir, une bonne nouvelle : plusieurs des zones d'ombre évoquées plus haut sur lesquelles butent les experts pourraient bien être spectaculairement éclairées par les résultat du satellite *Planck*. C'est le troisième astronome mécanique du fond diffus de l'Univers. Une machine éblouissante, avec laquelle nous allons faire connaissance dans le chapitre qui suit.

Voici la grande cuve cryogénique du centre spatial de Liège. C'est là que les instruments du satellite Planck ont été refroidis à tout juste 1/10e de degré au-dessus du zéro absolu. C'est grâce à ce fantastique refroidissement que Planck a été capable de photographier des détails encore jamais observés.

16

« VOIR » LE MUR DE PLANCK

En 2013, Planck a achevé son immense travail d'analyse et d'interprétation de la plus fantastique expérience cosmologique de tous les temps. Une exploration de notre Univers qui va encore bien plus loin que celles de COBE et WMAP. L'enjeu ? Il suffit de se reporter au site conjoint ouvert par la NASA, le Jet Propulsion Laboratory et le Caltech pour en saisir la fantastique portée : « La mission, qui est dirigée par l'Agence spatiale européenne avec une participation importante de la NASA, nous aidera à répondre à la plus fondamentale de toutes les questions : comment l'espace a-t-il tout à coup commencé à exister et s'est-il étendu pour devenir l'Univers dans lequel nous vivons aujourd'hui ?[51] » Nous sommes tous en attente de la réponse. Préparez-vous :

---

51 *In* http://planck.caltech.edu/news20090813.html.

celle-ci pourrait changer de fond en comble, votre vision du monde.

*

Imaginez…

À un million et demi de kilomètres de chez vous commence un « paysage » effroyablement autre. Il y fait noir. Et fantastiquement froid. Moins de trois degrés au-dessus du froid ultime, qu'on appelle le zéro absolu. Ou encore, plus de 270 degrés au-dessous de zéro. Dans toutes les directions, c'est le vide, un gouffre immense, sans autres limites que le Soleil et, bien plus loin, perdues à l'infini, les étoiles, ces soleils étrangers qui brillent en silence, par milliards. Or, au cœur de cet abîme solitaire et glacé, il y a quelque chose. Une masse de métal cylindrique d'environ deux tonnes, mesurant un peu plus de quatre mètres de diamètre. En somme, la taille et le poids de votre voiture ! L'engin file en silence dans les ténèbres à plusieurs dizaines de milliers de kilomètres à l'heure. Et il fait en gros un tour sur lui-même à chaque minute.

*

Ce minuscule îlot de civilisation perdu dans l'immensité qui fait rage autour de lui n'est autre que le célèbre satellite astronomique dont nous vous avons déjà parlé : *Planck Surveyor*. Il a été lancé le 14 mai 2009. À la différence de ses deux prédécesseurs, *Planck* est européen. Pourquoi ce nom de *Planck* ? Sans doute pour deux raisons : la première est que, du moins indirectement, ce fantastique satellite cosmologique nous permettra de nous rapprocher de la frontière ultime de la réalité, là où tout commence par le Big-Bang : le mur de Planck. Pour la première fois, le défi – immense – consiste à « voir » le mur de Planck. Une utopie ? Non. Un défi. La deuxième raison, c'est que le rayonnement fossile possède, on l'a vu, un spectre de corps noir. Or, ce spectre obéit à une fonction qu'on appelle la « fonction de Planck ».

L'idée lointaine est apparue il y a environ vingt-sept ans en France, au sein d'une grande institution de recherche : l'Institut d'astrophysique spatiale. À cette époque, un petit groupe d'homme travaillait sur un satellite. Son nom ? *Herschel*. Son objectif ? Mieux comprendre comment les galaxies se sont formées, tout au début de l'Univers. Et comment, à leur tour, les étoiles naissent au sein des galaxies. Or, en cette année 1993, l'un des scientifiques du « groupe Herschel » a eu une idée : pourquoi ne pas utiliser certaines des techniques mises au point pour *Herschel* sur un autre satellite ? Un satellite « cosmologique » qui, comme COBE, aurait pour mission de sonder la première lumière, mais avec une sensibilité mille fois plus grande ?

Mille fois plus grande !

La proposition fait mouche et à l'Institut d'astrophysique spatiale, tout le monde est enthousiasmé. L'homme qui a eu cette formidable idée est un astrophysicien, Jean-Michel Lamarre. Très vite, un petit groupe se forme autour du fantastique défi avec à leur tête Jean-Loup Puget, de l'Académie des sciences. Et bientôt commence la prodigieuse aventure. Le responsable scientifique du projet sera Jean-Loup Puget. Quant à Jean-Michel Lamarre, il devient responsable scientifique de l'instrument. Ainsi s'est formé avec quelques autres il y a longtemps déjà, le tout petit groupe des « planckiens » (c'est le surnom qu'ils se sont donnés).

*

La mission du satellite *Planck* a duré exactement 1 604 jours. Et la réussite a été totale ! Des résultats inouïs, dont beaucoup sont encore inconnus et nous entraînent au bord du mystère. La dernière récolte a été publiée en juillet 2018 sous la forme d'articles scientifiques passionnants (mais nécessitant tout de même une petite mise en jambes). Nous allons donc partager ce fabuleux retour de mission avec vous. Pour ce faire, nous vous proposons de recomposer pas à pas – depuis le début – le déroulement de cette expérience cosmologique hors du commun.

2005. Dès le premier jour, tous le savent : pour faire mieux que WMAP, pour remonter encore plus loin vers l'origine, la route sera longue et difficile. Pour réussir, il faudra un détecteur d'une sensibilité à peine imaginable, bien plus grande que tout ce qui existe jusque-là. Où le trouver ? Pragmatique et toujours en avance d'une réponse, Jean-Michel Lamarre propose alors sa solution : adapter au futur satellite cosmologique le détecteur ultrafroid de *Herschel* (qu'il connaît sur le bout des doigts). Ainsi est né le fameux HFI (instrument à haute fréquence). C'est lui le cœur de *Planck* : un détecteur qui, pour marcher, devra atteindre la température la plus basse de tout l'Univers : un dixième de degré au-dessus du zéro absolu ! Jean-Michel Lamarre a soigneusement conservé le carnet sur lequel, voici vingt-sept ans, il a griffonné les tout premiers croquis de *Planck* et de son prodigieux détecteur à haute fréquence. Des images venues de loin qui, par un détour étonnant, illustrent aujourd'hui le centième anniversaire de la Royal Society of London !

*

2010. *Planck* s'est donc envolé avec son cousin *Herschel* à bord de la puissante *Ariane 5*. On a réussi sur lui la sidérante manipulation évoquée plus haut : abaisser au-delà de l'imaginable la température de ses détecteurs. Nous nous sommes rendus durant l'été 2010 sur le site du Centre spatial de Liège (le fameux CSL). Notre émotion a été grande lorsque, après avoir revêtu des combinaisons spéciales, nous avons pénétré avec précaution dans la cuve de refroidissement du centre. C'est là que le satellite a été lentement refroidi, afin de tester ses réactions à des températures aussi basses et de permettre à ses instruments de cartographier le rayonnement de fond cosmologique avec une précision supérieure à celles de ses deux prédécesseurs américains, les satellites COBE et WMAP. Les éléments extérieurs de *Planck* ont été refroidis à -220 °C. En revanche, ses instruments photographiques ont été abaissés à l'incroyable température de -273,05 °C, soit un dixième de degré à peine au-dessus du zéro absolu. Cette phénoménale glaciation, que nous avons eu peine à imaginer assis au cœur de la cuve, a été atteinte pendant deux semaines.

Durant ces quinze jours glaciaires, *Planck* est bel et bien devenu l'objet le plus froid de tout l'Univers. Bien plus froid (presque 2,7 degrés de moins) que le vide spatial lui-même, là où pourtant la température frôle le zéro absolu ! Résultat : *Planck* a été le « thermomètre » le plus performant qui puisse exister. Ses capteurs (qu'on appelle, souvenez-vous du mot, des « bolomètres ») sont tellement sensibles qu'ils sont capables de mesurer des écarts de température causés par une « poignée » de photons et donc inimaginablement faibles : un million de fois plus petits que 1 degré ! En pratique, de 2 à 6 millionièmes de degrés ! Ce chiffre donne le vertige. Si l'on prenait une immense plage au bord de la mer remplie d'un million de baigneurs, en un instant, *Planck* pourrait nous dire si un couple est arrivé sur la plage. Ou si au contraire, il en est reparti. Ou encore, si dans une prairie avec un million de brins d'herbes, il en manque deux ou trois. Si l'on revient maintenant aux températures, sa précision signifie que notre fameux satellite peut déceler depuis la Terre la chaleur d'un chat assis sur la Lune ! Il est trente fois plus sensible (et donc plus précis) que WMAP et encore mille fois plus que COBE : pour prendre une photo vraiment nette du bébé-Univers, il lui suffit d'un temps de pause d'un an contre 450 ans pour WMAP ! C'est donc *Planck* qui, désormais, détient les clefs ultimes. Celles qui vont nous permettre d'entrouvrir peut-être la porte la plus secrète de tout l'Univers.

Mais que pourrait-il y avoir au bout de cette porte ? Qu'est-ce qu'on attend de *Planck* ? Voici ce que nous a confié Jean-Michel Lamarre, le directeur scientifique de l'instrument le 18 mars 2010, au lendemain de la publication

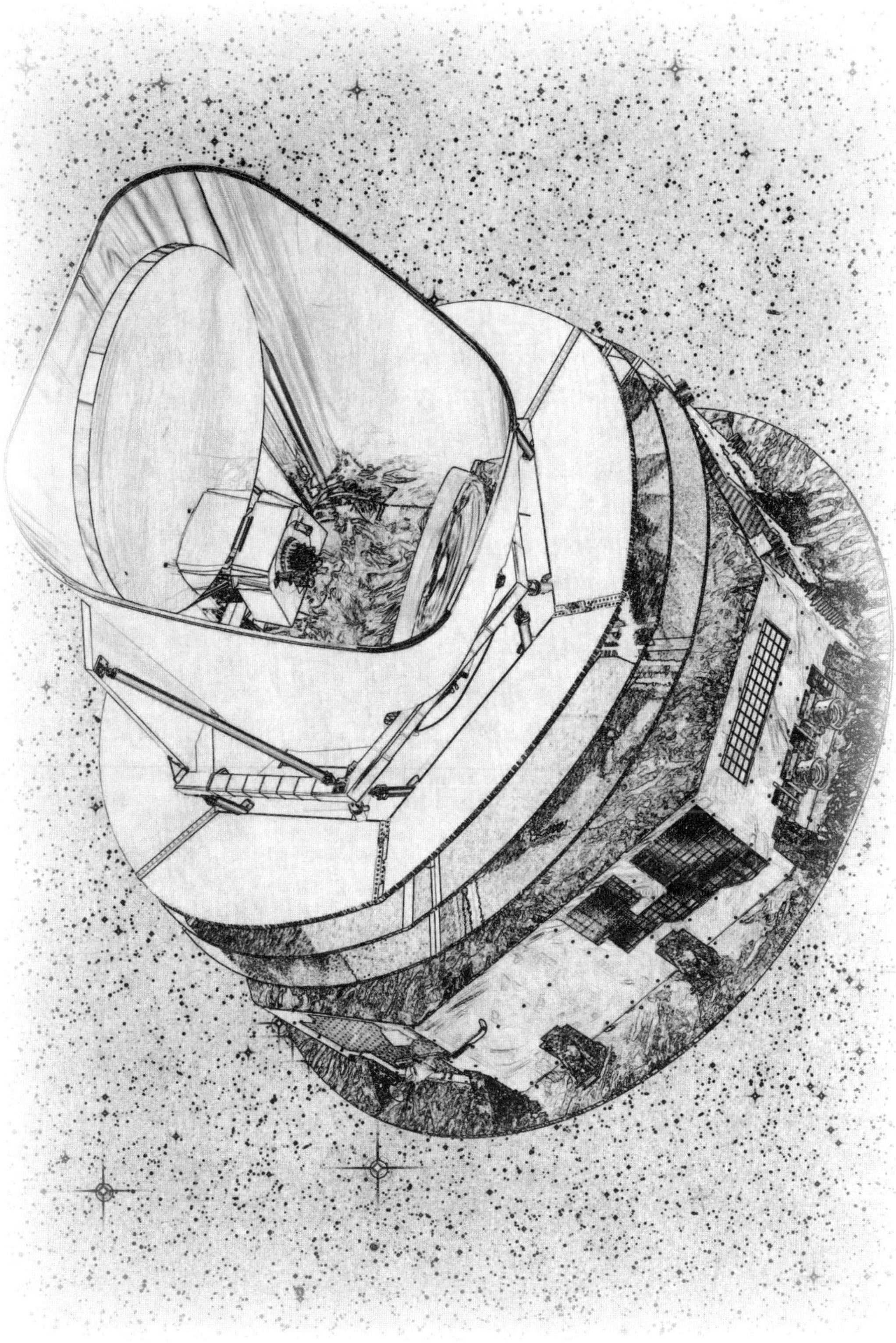

Les capteurs du satellite Planck étaient tellement sensibles,
qu'ils auraient pu détecter depuis la Terre la température d'un chat sur la Lune.

dans le monde des saisissantes images de la poussière froide prises par *Planck* : « *Planck*, avec son instrument hautes fréquences (HFI) constitue pour moi une avancée majeure en établissant des cartes du ciel nouvelles à tous points de vue et qui ouvrent deux domaines majeurs :

Ces cartes ont permis d'établir une image complète du fond diffus micro-ondes, c'est-à-dire une lumière émise juste après le Big-Bang, quand l'Univers n'avait que 0,003 % de son âge actuel. Mille fois plus sensible que COBE et trente fois plus que WMAP, *Planck* produit des cartes avec une bien meilleure résolution angulaire (dix fois plus de pixels) et avec moins de bruit (pour une photo, on dirait moins de grain). Cela nous permettra de mettre à l'épreuve les théories multiples qui subsistent dans le domaine de la formation et de l'évolution de l'Univers. Nous avons pris un soin particulier pour éviter les effets parasites qui pourraient perturber l'interprétation des données.

La première carte détaillée du ciel dans le domaine de longueurs d'onde comprises entre 0,3 mm et 3 mm nous donne accès à toute la matière froide de notre galaxie et des autres galaxies. La carte partielle qui vient d'être rendue publique met en évidence la structure des poussières froides du milieu interstellaire et des condensations où vont se former de nouvelles étoiles. Cette matière est à seulement une dizaine de degrés au-dessus du zéro absolu. Nous attendions cette mesure depuis trente-cinq ans ! Depuis les observations pionnières de Guy Serra (expérience AGLAE dans les années 1970).

Mes attentes sont donc immenses dans ces deux domaines et je trouve ces premiers résultats enthousiasmants. »

En effet, déjà, les premiers fruits (attendus depuis près de quarante ans) arrivent. Depuis le 17 mars 2010, vous avez pu découvrir sur le site de l'ESA des images éblouissantes, dont la signification est à couper le souffle. Que nous montrent-elles ? De la poussière froide (de 10 à 20 degrés au-dessus du zéro absolu). C'est l'un des tout premiers secrets de la formation des étoiles que nous avons sous les yeux.

Mais *Planck* va nous en dire beaucoup plus. Il a repris l'exploration là où WMAP s'est arrêté. Sa mission va durer jusqu'au 3 octobre 2013, date à laquelle l'instrument à haute fréquence HFI s'éteindra pour toujours. À ce stade, il nous faut retenir que les nouveaux résultats de *Planck*, publiés en 2018, nous ont permis d'ajuster bien des choses concernant notre connaissance de l'Univers, à commencer par sa composition. Désormais, nous savons que la matière ordinaire, celle de tous les jours autour de vous, ne représente que 4,9 % du total (c'est peu, mais c'est tout de même un peu plus que ce que l'on pensait jusqu'ici). Et le reste ? 25,9 % de matière noire et… 69,2 % d'énergie noire ! Mais le plus déconcertant, c'est que – toujours d'après les observations minutieuses effectuées par notre fidèle satellite astronomique – dans 10 milliards d'années, la matière ordinaire ne représentera plus que 1 % du total et la matière noire 5 %. Tout le reste, soit 94 %, sera dévoré par l'énergie noire ! Et dans 100 milliards d'années ? Selon les calculs, la matière ordinaire ne représentera plus que 0,1 % du total, tandis que la matière noire s'étendra sur

0,9 %. Quant à l'énergie noire, elle sera largement dominante, occupant 99 % du contenu de l'Univers dans ce futur lointain.

Le bébé-Univers photographié par le satellite Planck,
tel qu'il était il y a 13 milliards et 820 millions d'années.
Il était mille fois plus petit et mille fois plus chaud qu'aujourd'hui.
Les parties sombres annoncent la naissance des futures galaxies et amas de galaxies.

Paradoxalement (et sans doute contre votre intuition) ceci représente une excellente nouvelle. Pourquoi ? Le secret se trouve dans un très intéressant théorème découvert en 1890 par Poincaré et explicité dans son célèbre mémoire sur la théorie des trois corps (le livret correspondant a été primé par le roi Oscar de Suède, féru de mathématiques). Que nous dit ce fameux théorème ? Tout simplement que pour presque toutes les « conditions initiales », un système dynamique conservatif fini va repasser au cours du temps aussi près que l'on veut de sa condition initiale, et ce de façon répétée. Maintenant, en quoi est-ce que ce théorème concerne l'Univers ? Son application débouche, nous allons le voir un peu plus loin, sur une propriété qui a quelque chose de vraiment fascinant.

En attendant, revenons aux nombreux trésors que le satellite *Planck* a découverts. Par quoi allons-nous commencer ? Par cette question presque naïve, pour laquelle, jusqu'ici, il n'y avait pas de réponse : pourquoi l'Univers est-il si bien réglé ?

Selon certains physiciens, le réglage de l'Univers au moment du Big-Bang peut être comparé à la précision qu'aurait un joueur de golf capable de lancer sa balle depuis la terre et d'atteindre son objectif à l'autre bout de l'univers à 13,8 milliards d'années lumière de chez nous.

17

POURQUOI L'UNIVERS EST-IL SI BIEN RÉGLÉ ?

Un soir de juin 1990, à l'Académie française, en compagnie du mathématicien André Lichnerowicz, l'un des grands physiciens mathématiciens du XXe siècle. Nous étions à l'Institut pour discuter du livre que les deux académiciens venaient d'écrire ensemble sous le titre : *Chaos and Determinism*[52]. Rêvant à ses lointains souvenirs d'enfance, Jean Guitton se préparait à approfondir l'une des nombreuses questions soulevées au passage de nos discussions sur Dieu et la science. D'une voix brève, un peu assoupie sous le chapeau en feutre qu'il portait dès qu'il sortait de chez lui, il parlait en passant presque sans bruit d'un mot à l'autre : « Il y a bien longtemps, en 1905, l'année même où

52 A. Favre, H. Guitton, J. Guitton, A. Lichnerowicz & E. Wolff, *Chaos and Determinism*, Johns Hopkins Press, 1995.

Einstein découvrait la relativité restreinte, je me promenais à petits pas sur une plage déserte, une plage sans nom, un de ces lieux que la mémoire d'enfance emporte très loin au-dessus de la géographie des pays et des hommes. Dans mon souvenir, cette plage roulée de vagues, diffusée au vent et au soleil, me paraissait sans limite. Aussi loin que portaient mes yeux, rien ne faisait obstacle au sable. Il était partout. Sur les dunes, sous la mer, comme une sorte d'être universel. Je le faisais couler entre mes doigts en pluie fine toujours recommencée, égale, éternelle.

C'est alors que m'est venue une de ces pensées qui, souvent de manière inattendue, traversent l'esprit des petits enfants, une pensée toute simple : est-ce qu'il y avait autant de grains de sable sur cette plage que d'étoiles dans le ciel ? Longtemps j'ai pensé à cette question, sans pouvoir me décider pour une réponse. Et lorsque j'ai quitté ce bord de mer sans bord, je me souviens avoir emporté avec moi une de mes premières interrogations de philosophe.

Presque un siècle plus tard, je retrouve intacte l'énigme du grain de sable. Car à travers elle, c'est tout le mystère des grands nombres cosmiques qui s'exprime. Je m'en étais déjà ému dans mes cours sur le cosmos à la Sorbonne : par quelle étrange coïncidence la taille d'un homme est-elle égale au rayon de la Terre multiplié par celui d'un atome ? Pourquoi, de la même manière, la masse d'un être humain est-elle égale à la masse de la Terre multipliée par la masse d'un atome ? »

Le philosophe Jean Guitton, élève de Bergson.
Il était convaincu que l'Univers matériel avait une origine immatérielle.

Avec ses mots à lui, Jean Guitton venait de poser ce soir-là une question qui intriguait depuis longtemps déjà nombre de physiciens : celles de ces « violentes coïncidences » qui semblent exister entre certaines grandeurs jusqu'à donner un sens à l'Univers tout entier. Par exemple : les particules élémentaires qui composent les murs de la pièce dans laquelle vous vous trouvez reposent sur un certain nombre de constantes physiques dont les valeurs sont fixes et d'une précision extrême. D'où viennent-elles ? Prenons la force nucléaire forte : elle agit comme une sorte de « colle » à l'intérieur des atomes. Grâce à elle, les protons et les neutrons sont confinés au sein du noyau, ce qui fait qu'à notre échelle la matière « tient » solidement. Or, comme l'observe Stephen Hawking, « si la force nucléaire forte était de 2 % plus élevée qu'elle ne l'est, la fusion de l'hydrogène deviendrait impossible. Ceci aurait évidemment des conséquences directes sur la physique des étoiles et ferait probablement obstacle à l'existence de vie similaire à celle qu'on observe sur Terre[53] ».

La question est en effet très troublante. Que se serait-il produit si une ou plusieurs de ces constantes avaient eu des valeurs légèrement différentes ? Le cosmos serait-il alors retombé, en vrac et par délabrement, dans le néant ? Les architectes le savent bien : pour ne pas s'effondrer, leurs constructions doivent être rigoureuses, géométriques, exactes. Or tout se passe, justement, comme si l'Univers tout entier était lui aussi soumis à une même contrainte d'exactitude : on imagine mal un cosmos indécis. On ne demandera jamais à une étoile d'interpréter à sa façon, confusément, poétiquement, la loi de la gravitation, mais de lui obéir à la lettre, de l'exécuter intégralement, sans laisser de « trou » dans l'application de cette loi. En levant les yeux vers le ciel, on sent bien, sans forcer le trait, que les étoiles n'inventent rien : il règne dans le cosmos comme une exactitude enragée. Au stade de géante rouge, l'étoile mourante aura beau paraître indécise quant à son destin (s'effondrera-t-elle en étoile à neutrons ou en trou noir ?), elle n'échappera pas au scénario stellaire très rigoureux que

---

53 Stephen Hawking, *Une brève histoire du temps,* Flammarion, 1988.

sa masse a prédit pour elle : en s'effondrant, elle exprimera, entre autres, la loi sans faille de la gravitation. Son histoire d'étoile n'est pas tout à fait la sienne : elle figure et inscrit dans sa matière stellaire quelque chose de plus : des lois physiques qui ne fabriquent pas seulement des étoiles, mais aussi des planètes, des nuages, des oiseaux, des chiens, des maisons, des fours à micro-ondes ou des téléphones portables. Au mois de mai 2000, pendant nos dernières années de thèses, le cosmologiste David Wilkinson, l'un des pères de WMAP (qui porte le nom du scientifique dans sa première initiale) nous avait alors déclaré : « Je suis certain que notre sonde cosmologique confirmera bientôt que dans l'Univers rien n'a été laissé au hasard. » Il est vrai que quelques années plus tard à peine, WMAP confirmera de manière saisissante et avec une incroyable précision le scénario des toutes premières années de vie de l'Univers : un scénario qui établissait une fois pour toutes l'extraordinaire rigueur du réglage des conditions initiales.

*

De « l'infiniment petit à l'infiniment grand », l'Univers semble donc structuré, hiérarchisé, ordonné. Au siècle des Lumières, il suffisait au philosophe Kant de lever les yeux vers le ciel nocturne pour y voir « un cosmos ordonné par la seule vertu des lois de la nature[54] ». Or, cet « ordre » mystérieux qui fait que les choses sont ce qu'elles sont, repose sur un petit nombre de « constantes physiques » dont nous

---

54 Michel Puech, *Kant et la causalité, étude sur la formation du système critique*, Librairie Philosophique J. Vrin, 1990.

avons aujourd'hui une connaissance précise : la vitesse de la lumière, la constante de gravitation, le temps de Planck, la masse de l'électron, etc. Il s'agit de grandeurs arithmétiques, qui ont chacune une valeur absolue, invariable, calculable. Chacune de ces constantes s'écrit donc avec un chiffre, une virgule et, parfois, trente ou quarante décimales calculées derrière la virgule. Existent-elles de toute éternité, comme le pense l'astrophysicien anglais Martin Rees, Astronome royal, baron de Ludlow et aujourd'hui président de la Royal Society ? Très étrangement, il semble bien que dès le premier instant, les « données initiales » de l'Univers (sa température, sa densité, son degré d'homogénéité, etc.) étaient déjà définies avec une extrême précision.

Parmi ces grands nombres qui intriguent le baron de Ludlow, il y en a un qui jalonne d'épisodes dramatiques, de retournements spectaculaires l'histoire de la physique, à laquelle elle apparaît autant liée qu'à celle de l'Univers : la fameuse « constante cosmologique ». Elle mérite que nous nous y arrêtions quelques instants.

Vous le savez peut-être, la valeur de la constante cosmologique est l'un des paradoxes les plus troublants de la physique actuelle. Pourquoi ? Parce que tout se passe comme si la fameuse constante avait été calculée, « réglée » avec une précision inimaginable, qui tient du miracle. Un prodige que Smoot ne manque pas de relever dans son livre : « Le Big-Bang, l'événement le plus cataclysmique que nous puissions imaginer, à y regarder de plus près, apparaît finement orchestré[55]. »

---

55 G. Smoot, *Wrinkles in Time*, éd. William Morrow and Co, New York, 1994.

Le réglage des grandes constantes de notre Univers et l'harmonie qui en résulte évoque le merveilleux ajustement des musiciens d'un grand orchestre symphonique.

Selon certains – philosophes mais aussi hommes de science –, c'est là, dans cette valeur fantastiquement déterminée (à la cent dix-neuvième décimale près) que l'on retrouve, une nouvelle fois, le visage de Dieu. En effet, il existe des contributions positives d'une part et négatives d'autre part qui, ajoutées les unes aux autres, font que la constante cosmologique a la valeur qu'elle a. Et cette valeur est extraordinaire : c'est ce qui permet à l'Univers d'atteindre la densité critique (incroyablement proche de la valeur 1) grâce à laquelle il est presque plat. Et voici encore une nouvelle raison d'émerveillement face au stupéfiant « réglage » de l'Univers au moment de sa naissance. En effet, Gamow et Weinberg (l'infatigable explorateur des trois premières minutes) ont calculé qu'environ 200 secondes après le Big-Bang, la densité moyenne était celle de l'eau (soit un gramme par centimètre cube). Ce qui signifie que le rapport entre la densité moyenne et la densité critique (appelé Oméga) différait de 1 seulement d'une décimale après treize zéros derrière la virgule. Et au moment du Big-Bang, au temps de Planck (10 puissance moins 43 seconde), Oméga était vertigineusement proche de 1 : il s'écrivait 1,000 000 000 000 000 000 000 0 00 000 000 000 000 000 000 000 000 000 000 001 ! La déviation par rapport à 1 n'apparaît qu'à la soixantième décimale. Tout de même ébranlé, George Smoot n'a alors pas pu s'empêcher d'observer : « Une valeur si proche de 1 ne peut pas être le fait du hasard, et les gens raisonnables pensent que quelque chose oblige Oméga à être égal à 1[56]. »

56 G. Smoot, *Les Rides du temps*, Flammarion, 1994.

Ce « quelque chose » pourrait donc bien être la constante cosmologique. Sommes-nous au bout de nos surprises ? Non, car surgit aussitôt une nouvelle question : comment, par quel prodige, la constante elle-même arrive-t-elle au chiffre tellement précis qui est le sien et pas à un autre ? C'est là que les choses deviennent franchement renversantes. En effet, les contributions positives venant des quatre forces de l'Univers et les contributions négatives venant de la matière s'annulent jusqu'à la 120e décimale. Ce qui veut dire qu'en unités de Planck, la constante s'écrit 0 puis la virgule, puis 119 zéro… jusqu'à ce que l'on trouve enfin un chiffre non nul au 120e rang. Autre manière de voir ce prodigieux réglage : la constante en question a une chance sur un milliard de milliards de milliards de milliards de milliards de milliards de milliards de milliards de milliards de milliards de milliards de milliards de milliards de tomber juste sur la « bonne valeur » par hasard. Curieusement, ce très étrange paradoxe est en accord avec une prédiction faite par Steven Weinberg en 1987 : celui-ci a fait valoir que la constante cosmologique devait être nulle jusqu'à la 120e décimale. Un tant soit peu plus grande et l'Univers se serait dilaté trop vite pour que les étoiles et les galaxies aient le temps de se former. Au contraire, à peine plus petite et le cosmos se serait effondré sur lui-même depuis bien longtemps.

Dès 1967, l'astrophysicien Joseph Silk se demandait si tout n'était pas joué dès le premier instant : il s'attendait bel et bien à trouver, dans le fond cosmologique diffus (en observant l'Univers à peine né du Big-Bang) des fluctuations de température au sein de « l'œuf cosmique originel ». Selon lui, les points les plus « chauds » de la surface cosmologique primordiale devaient représenter les germes des futures galaxies aujourd'hui visibles dans le ciel. Grâce à COBE et, plus récemment, à WMAP, on sait désormais que cette hypothèse était juste : à peine 380 000 ans après sa naissance, le bébé-Univers annonçait déjà son histoire future.

*

Parmi les indices les plus intéressants quant à son avenir, il y a ceux qui, dès l'époque primordiale, nous renseignent sur la « forme » de l'Univers. Sur le site officiel de la NASA, on peut découvrir le paragraphe suivant : « WMAP a déterminé que la géométrie de l'Univers est presque plate. Cependant, selon la cosmologie de type Big-Bang, la courbure s'accentue avec le temps. Un Univers aussi plat que celui que nous observons de nos jours requiert un ajustement extrêmement fin des conditions dans le passé, ce qui serait une incroyable coïncidence[57]. »

Là est toute la question. Car si notre Univers nous apparaît aujourd'hui comme « presque plat », c'est bien que les conditions initiales à l'origine de son évolution étaient alors ajustées avec une précision vertigineuse. Ces « coïncidences », qui ont permis à l'Univers d'évoluer jusqu'à former au moins une forme de vie capable de l'observer, semblent tellement improbables, tellement incroyables, que de nombreux philosophes et scientifiques pensent y déceler une sorte de « projet cosmologique ». Dès la fin des

---

57 http://209.85.129.132/search?q=cache:Dmz4rjoJOf4J:map.gsfc.nasa.gov/universe/bb_cosmo_infl.html+wmap+fine+tuning&cd=1&hl=fr&ct=clnk&gl=fr&client=safari.

années 1950, des astrophysiciens aussi réputés que Robert Dicke, par exemple, avaient observé que dans les cas où un seul paramètre aurait été légèrement différent – un « 2 » à la place d'un « 3 », par exemple –, l'Univers tel que nous le connaissons – et *a fortiori*, la vie telle qu'elle se manifeste sur notre planète – ne serait jamais apparu. Depuis, l'expérience a été répétée maintes et maintes fois : en assignant des valeurs légèrement différentes à ces constantes et en calculant, grâce à de puissants ordinateurs, ce qui se serait alors produit à l'échelle du cosmos, on découvre que dans la totalité des cas possibles, les Univers qui en auraient résulté seraient soit stériles, soit chaotiques, soit encore inorganisés et informes. Prenons par exemple la gravitation. Il s'agit d'une force à laquelle nous sommes tellement habitués, une action tellement banale qu'on oublie que c'est elle qui crée les marées en bord de mer, elle qui rend nos sacs de course toujours trop lourds ou encore elle qui nous permet de jouer à la pétanque : cette force agit clairement sur notre monde mais semble curieusement « en dehors » du monde. C'est d'ailleurs ce qui fait qu'on la retrouve sur la Lune, sur Mars, sur Pluton ou sur n'importe quelle planète hypothétique en orbite autour d'un soleil appartenant à l'une des plus lointaines galaxies. Pourquoi cette loi est-elle universelle ? Comme toutes les autres lois de la nature, elle semble bien avoir une existence abstraite, indépendante, non réductible aux systèmes sur lesquels elle agit, uniquement saisissable par ses effets et seulement descriptibles par les mathématiques. L'ensemble de ces lois fondamentales est ordonné selon des paramètres qui nous demeurent largement mystérieux : pourquoi la vitesse de la lumière est-elle de 299 792 458 km/à la seconde ou pour quelle raison le premier terme de la constante de gravitation revêt-il la valeur de 6,67 ? Pourquoi ces valeurs-là et pas d'autres ? Comme nous venons de le voir, la moindre modification de la valeur d'une des constantes physiques sur lesquelles repose toute la réalité qui nous entoure débouche sur des solutions incompatibles avec l'Univers tel que nous le connaissons : le plus infime glissement des conditions initiales aurait eu pour résultat que la vie n'aurait jamais été possible.

Les horloges cosmologiques sont tellement bien ajustées au moment du Big-Bang, qu'elles ont permis la naissance de tous les éléments légers dans le tout premier quart d'heure de vie de l'Univers, soit 98 % de sa masse.

*

En réalité, cela faisait déjà longtemps que nombre de physiciens étaient intrigués par ces « étranges coïncidences » entre telles grandeurs numériques et tels phénomènes physiques. Dès la fin des années 1930, Paul Dirac lui-même avait été fortement troublé par ces curieuses correspondances : ne pouvait-on alors supposer que dans la longue histoire de l'Univers, rien n'avait été laissé « au hasard » ? L'écrivain Helge Kragh, qui a consacré en 1990 une passionnante biographie à Paul Dirac[58], raconte que ce dernier a été très impressionné par ce qui s'est produit lors d'une conférence qu'il donnait au Palais de la découverte, à Paris, en décembre 1945. À sa grande surprise, lorsqu'il a pris place sur l'estrade de conférencier, il a découvert que l'amphithéâtre était littéralement bondé : plus de deux mille personnes se pressaient sur les gradins, applaudissant à tout rompre alors qu'il n'avait même pas pris la parole. À cet instant, Dirac eut le désagréable sentiment d'une méprise : cette foule si avide de l'écouter ne le prenait-elle pas pour quelqu'un d'autre ? Il se tourna alors vers l'un des organisateurs qui, très gêné, finit par lui avouer :

— Monsieur le professeur, tout le monde croit dans cette salle que vous êtes l'un des pères de la bombe atomique. Ils sont tous venus pour ça !

À cet instant, glissant un regard circulaire sur la foule qui n'en finissait pas de l'applaudir, Dirac faillit tourner les talons et quitter la salle. Mais heureusement, le regard plein d'admiration de sa femme Margit (qui n'était autre que la sœur d'Eugene Wigner, prix Nobel de physique en 1963) allait le convaincre de délivrer malgré tout sa conférence. Au grand dam de l'assistance qui avait cessé de l'applaudir dès les premiers mots de son discours, Dirac ne fera pas la moindre allusion à la bombe. Au lieu de cela, il va

58 Helge Kragh, *Paul Dirac, A Scientific Biography*, Cambridge, 1990.

s'obstiner à décrire avec la plus grande minutie, pendant presque deux heures, ses tentatives de reformulation de « l'électrodynamique quantique ». Totalement sourd aux questions sur la bombe, mais soucieux du moindre détail technique (et probablement pour se venger du fait que cette foule ait osé le prendre pour l'un des pères de la bombe atomique), il prit le plus grand soin à distinguer la méthode « directe » (reformulée, comme il le répétait à qui voulait l'entendre, en « électrodynamique standard » par Heisenberg et Pauli) de la méthode « indirecte », associée, selon lui, à l'effondrement brutal de la fonction d'onde ! Autant dire que ces subtilités passaient largement au-dessus de la tête de tous ceux qui, ce jour-là, étaient venus entendre un « grand savant » parler de la bombe et que personne ne comprit goutte au discours parfaitement opaque du conférencier.

Le physicien anglais Paul Dirac, prix Nobel en 1933. En plus d'avoir été l'un des fondateurs de la théorie quantique, il était fasciné par l'éblouissant réglage existant entre les quatre forces élémentaires de l'Univers.

On a raconté par la suite que Dirac a souvent repensé à cette méprise : que se serait-il passé s'il avait vraiment fait partie du projet Manhattan ? Certes, pendant les années de guerre, alors qu'il se trouvait à Oxford, il avait bel et bien travaillé sur certains problèmes liés à la bombe, mais de là à le considérer comme l'un des « pères » de cette arme, il y avait un gouffre. Était-ce parce qu'il était profondément pacifiste ? Toujours est-il qu'il finit par conclure qu'un « réglage fin » avait fait basculer son destin et que plusieurs « heureuses coïncidences » qu'il croyait avoir repérées l'avaient éloigné des recherches auxquelles beaucoup de ses proches (comme Robert Oppenheimer, par exemple) avaient participé. C'est peut-être à cause de l'incident du Palais de la découverte que Dirac avait fini par conclure que le destin d'une vie correspond à un ordre profond susceptible, à force d'en rechercher les causes, d'être analysé et expliqué. Et selon lui, pour l'Univers, c'était exactement la même chose.

*

Au fond, la seule question qui compte vraiment c'est celle-ci : l'Univers est-il apparu par hasard ? ou s'agit-il, comme aimait à en plaisanter l'astrophysicien Fred Hoyle, d'un « coup monté » ? L'aventure de la vie résulte, semble-t-il, d'une tendance naturelle de la matière à s'organiser spontanément en systèmes de plus en plus hétérogènes et de plus en plus complexes. Mais pour quelle raison profonde ? Y a-t-il une ou plusieurs « lois » encore inconnues qui, dans certaines conditions d'énergie, poussent la matière à s'organiser jusqu'à devenir « vivante » ? À juste titre,

Ilya Prigogine, prix Nobel de chimie 1977, a consacré une grande partie de sa vie à montrer qu'il existe une sorte de trame continue unissant l'inerte, le prévivant et le vivant, la matière tendant, selon lui par construction, à s'autostructurer pour devenir matière vivante : c'est là tout le secret de ce qu'il appelle les « structures dissipatives ». En fait, toujours selon Prigogine, l'Univers n'est pas seulement un immense ensemble matériel d'étoiles et de planètes, c'est surtout une stupéfiante organisation hiérarchique qui conduit nécessairement les molécules inanimées vers la vie. En d'autres termes, la vie apparaît comme l'expression nécessaire d'un Univers dont le réglage sous-jacent implique que les molécules les plus simples s'organisent en systèmes plus complexes jusqu'à engendrer du vivant. Faisant un pas de plus vers l'intuition d'un ordre profond, le physicien anglais Freeman Dyson, l'un des pères de la chromodynamique quantique, ira même jusqu'à écrire : « Plus j'analyse l'Univers et étudie les détails de son architecture, plus je rencontre de preuves selon lesquelles, dans un certain sens, l'Univers "savait" que nous allions apparaître. Il y a plusieurs exemples saisissants au sein des lois de la physique nucléaire d'accidents numériques qui semblent conspirer pour rendre l'Univers habitable[59]. »

*

59 P. Davies, *The Fifth Miracle*, Simon & Schuster, 1999.

Selon le mathématicien Roger Penrose d'Oxford, il n'y avait qu'une chance sur $10^{10^{123}}$ pour que notre Univers naisse tel qu'il est. Un nombre tellement énorme, que même si l'on écrivait un zéro sur chaque particule de l'Univers, l'Univers ne serait pas assez grand pour contenir ce nombre. Ce qui l'amène à conclure : « Il s'agit là d'une précision incroyable dans l'organisation de l'Univers à son commencement ».

De la même manière que Hawking, Freeman Dyson, très perplexe, s'est donc interrogé, lors d'une conférence à l'université interdisciplinaire de Paris, sur l'ordre mystérieux qui semble s'étendre sur le réel : « La puissance des forces d'attraction nucléaire est tout juste suffisante pour s'opposer à la répulsion électrique qui s'opère entre les charges positives des noyaux des atomes ordinaires comme les atomes de fer ou d'oxygène. Et il existe bien d'autres accidents forts chanceux en physique atomique. Sans ces accidents, l'eau n'existerait pas sous sa forme liquide, les chaînons d'atomes de carbone ne pourraient pas se combiner en molécules organiques complexes, et les atomes d'hydrogène ne pourraient pas servir de ponts entre les molécules. C'est donc grâce à tous ces accidents physiques et astronomiques que l'Univers est un lieu aussi hospitalier pour les créatures vivantes. Étant un scientifique éduqué dans le mode de pensée et le langage du XXe siècle et non du XVIIIe siècle, je ne prétends pas que l'architecture de l'Univers prouve l'existence de Dieu, je dis seulement que cette architecture est compatible avec l'hypothèse selon laquelle “l'esprit” joue un rôle essentiel dans le fonctionnement de l'Univers. Je pense que l'Univers tend vers la vie et la conscience et qu'il y a du sens parce que nous sommes là pour l'observer et appréhender sa beauté harmonique. Mais j'insiste sur le fait qu'il s'agit la d'un pari métaphysique et non d'un strict raisonnement scientifique[60]. »

*

60 http://www.uip.edu/uip/spip.php?article628.

Depuis peu, une nouvelle hypothèse est apparue afin d'expliquer l'ordre qui se manifeste à toutes les échelles de la réalité : celle d'un « Univers information ». Selon Seth Lloyd, professeur au MIT et concepteur du premier ordinateur quantique techniquement réalisable, toutes les interactions entre les particules dans l'Univers consistent non seulement à transmettre de l'énergie, mais aussi de l'information : en d'autres termes, non seulement les particules entrent en collision les unes avec les autres, mais elles calculent également. Et dès lors, c'est l'Univers tout entier qui, selon Seth Lloyd, « calcule » sa propre évolution. Selon Lloyd, pour « calculer » l'état d'un verre d'eau ou d'une puce mémoire, seuls deux éléments sont à prendre en compte : l'énergie et l'entropie. Comme on le sait, pour transformer un « 0 » en un « 1 » il faut de l'énergie : l'inversion du spin nucléaire ou la commutation d'un transistor consomme une certaine quantité d'énergie. Or, Seth Lloyd a appliqué la même approche à l'Univers tout entier : « Les idées sont cosmiques, mais la physique est plutôt banale », a-t-il déclaré, s'appuyant essentiellement sur des lois bien établies. Selon la célèbre équation $E=mc^2$, l'énergie de l'Univers se trouve « bloquée » dans la matière où elle reste essentiellement constante. S'appuyant sur des estimations approximatives de l'âge et de l'énergie densité de l'Univers, et en supposant que l'énergie totale de la gravité soit égale, en grandeur, à celle de la matière, il constate que l'Univers pourrait avoir effectué, à ce jour, 10^{120} opérations de base sur tous les « bits » qui le composent : autrement dit, l'Univers serait composé de 10^{120} bits d'informations.

Même si l'on n'accepte pas nécessairement (ni facilement) l'idée selon laquelle l'Univers serait comparable à un immense « ordinateur quantique », l'une des principales hypothèses de Lloyd selon laquelle la réalité se résout, au stade ultime, en information, nous semble particulièrement intéressante. Nous sommes parvenus exactement aux mêmes conclusions par d'autres voies.

Dans *Le Commencement du temps*[61], puis dans *Le Code secret de l'Univers*[62] et *L'Équation Dieu*[63], nous insistions sur l'idée selon laquelle à la dispersion de l'énergie correspond une augmentation de la quantité totale d'information dans l'Univers. De la même façon, Lloyd pense qu'il a trouvé une nouvelle façon d'expliquer l'une des questions les plus fondamentales en science : Pourquoi le monde est-il si complexe ? Si l'Univers a commencé par un Big-Bang peu « informé », comment a-t-il pu évoluer jusqu'à engendrer des étoiles, des planètes, des souris, des girafes et des hommes ? Sur ce point, Lloyd n'hésite pas à répondre : l'information engendre toujours plus d'information. En d'autres termes, l'Univers de Lloyd est, en quelque sorte, « programmé » pour la complexité : de ce point de vue, l'apparition de la vie et de la conscience était pratiquement inévitable.

En fait, nous pensons que l'évolution de l'Univers et son histoire doivent, en effet, être comprises en termes d'interaction entre l'énergie et l'information. L'information

61 Éd. Flammarion, 2009.
62 Éd. Albin Michel, 2015.
63 Éd. Grasset, 2019.

initiale enfouie à l'origine, au cœur de l'instant 0, cette information primordiale qui contient toutes les lois et constantes nécessaires à l'évolution de l'Univers, s'est transformée en énergie au moment du Big-Bang. Puis, très lentement, au fil des millions de siècles, cette énergie a diminué pour se transformer à nouveau en information.

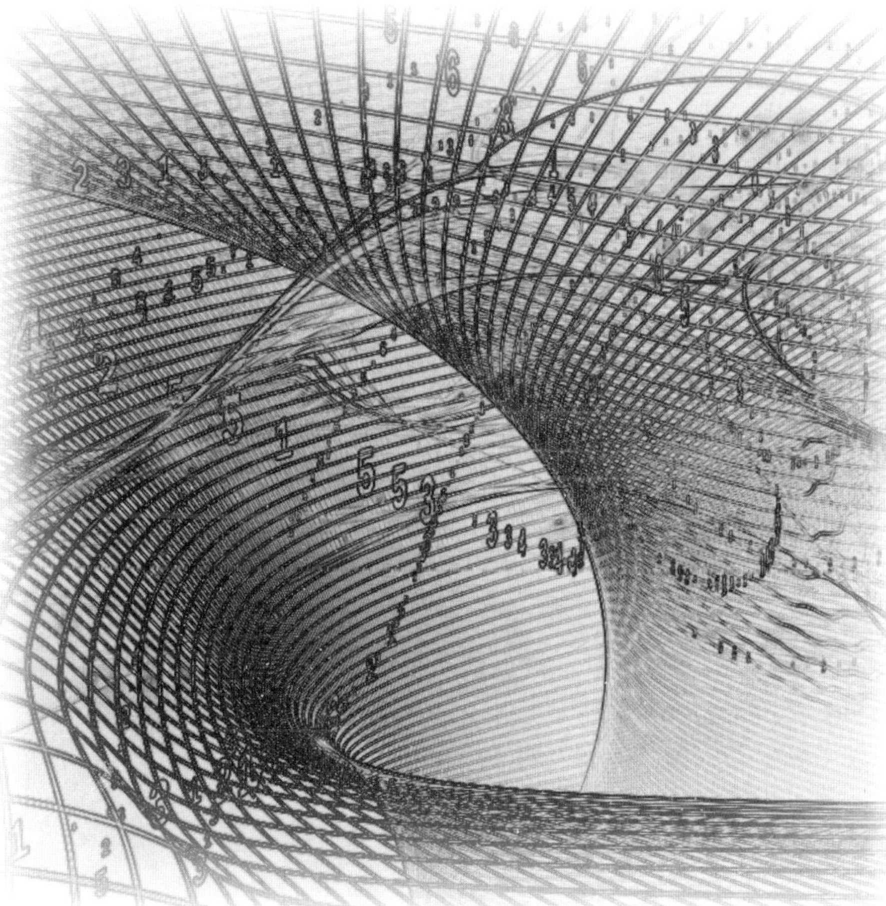

Tout comme les êtres vivants sont précédés par une information qu'on appelle le code génétique, l'Univers pourrait être précédé par un « code cosmologique » réglant sa naissance au moment du Big-Bang, ainsi que les moindres détails de son évolution.

Ce qui compte, c'est que rien, dans l'histoire de l'Univers, ne semble avoir été laissé au hasard. Son évolution est mystérieusement codée, ordonnée, structurée dès le début. Dans les dernières pages du *Commencement du temps*, nous écrivions ceci : « Avant que le premier atome de réalité n'émerge du néant, peut-être verrons-nous enfin la trace fulgurante, énigmatique, mystérieuse, d'une harmonie à l'instant zéro. Peut-être cette singularité initiale, riche de l'immense Univers à venir, portait-elle, dès cet instant-là, l'image d'un ordre profond, d'un degré infiniment élevé, qui depuis les premières particules jusqu'aux lointains amas de galaxies, allait orienter le cosmos, le réaliser et, finalement, lui donner un sens. »

*

Contrairement à ce qu'affirme le biologiste Jacques Monod, grand défenseur de l'idée de hasard universel, la vie ne semble pas explicable par une série d'accidents. Il y a aussi peu de chances, comme l'observe le théoricien de la complexité James Gardner[64] que des systèmes complexes soient apparus par hasard dans l'Univers, qu'un Boeing 747 s'assemble spontanément au cœur de la ceinture des astéroïdes, à partir des matériaux environnants. Tout semble au contraire avoir été minutieusement préparé, organisé dans le grand théâtre cosmique pour permettre l'apparition, sur la scène de l'Univers, d'une matière ordonnée, puis de la vie, et enfin de la conscience. Ce réglage d'une précision

64 *The Intelligent Universe : AI, ET, and the Emerging Mind of the Cosmos*, New Page Books, 2007.

vertigineuse permet-il d'en déduire *de facto* une Intelligence organisatrice transcendant notre réalité ? C'est peut-être à cette intelligence-là qu'Einstein a songé par un beau soir du 19 janvier 1936. Ce soir-là, une jeune écolière, Phyllis Wright, bien droite dans ses chaussettes blanches, lui avait adressé cette lettre plutôt insolite :

Mon cher docteur Einstein,

Nous avons préparé pour vous une question : est-ce que les scientifiques prient ? Dans notre classe du dimanche, nous nous sommes demandés s'il est possible de croire à la fois à la science et à la religion.

Nous nous sentirions grandement honorés si vous pouviez nous répondre : les scientifiques prient-ils et pour quoi prient-ils?

Nous sommes en sixième année, dans la classe de Mlle Ellis.

Respectueusement vôtre,

Phyllis

Une semaine plus tard, Einstein a adressé à Phyllis la réponse que voici :

Ma Chère Phyllis,

Tous ceux qui sont sérieusement impliqués dans la science finiront par comprendre un jour qu'un esprit se manifeste dans les lois de l'Univers, un esprit immensément supérieur à celui de l'homme.

Cordialement vôtre,

A.Einstein

Et souvenons-nous : c'est ce même Einstein qui, quelques années plus tôt, a lancé à la figure de son grand contradicteur Niels Bohr, l'un des maîtres de la théorie quantique son inoubliable formule : « Dieu ne joue pas aux dés ! ».

Pendant longtemps, on s'est plu à penser qu'Einstein avait eu tort d'affirmer que le hasard n'existe pas dans la nature. Or aujourd'hui, les points de vue ont changé et on commence à s'apercevoir que le génial « Albert » avait sans doute, une fois de plus, eu raison. Car ce que l'on sait aujourd'hui, c'est que le hasard dans l'infiniment petit n'est pas de la même nature que le hasard à notre échelle. C'est ce qu'a affirmé avec force en 2017 Alexia Auffèves, physicienne quantique et Directrice de recherche au CNRS : « Le hasard quantique est régi par des lois spécifiques très différentes de celles qui gouvernent le hasard classique. »

Déjà, l'on voit poindre sous le hasard apparent la présence de lois qui l'encadrent. Certaines nous sont accessibles. D'autres non. Ce qui nous fait déboucher tout droit sur cette question profonde : quelle est la source du hasard à l'échelle quantique ?

Dans son excellent ouvrage *L'impensable hasard,* Nicolas Gisin, de l'université de Genève, nous apporte un début de réponse. selon lui, la source de ce que nous appelons, à défaut d'un meilleur mot, « hasard » ne se trouve pas dans notre réalité mais « en dehors de l'espace-temps ». Autrement dit, au-delà des limites du cône de lumière de l'espace-temps, là où le temps devient imaginaire pur. C'est pourquoi notre connaissance des phénomènes à l'échelle quantique des phénomènes élémentaires est nécessairement incomplète et destinée à le rester. Et c'est justement pour cette raison qu'en 2013, nous avons proposé de remplacer le célèbre « principe d'incertitude » de la mécanique quantique par un principe nouveau, fondé sur le célèbre théorème d'incomplétude de Kurt Gödel : le principe d'incomplétude.

Sans doute un tel principe nous permettra-t-il de mieux comprendre un jour la célèbre et si belle formule du physicien théoricien Bernard d'Espagnat (avec lequel nous avons eu il y a quelques années de merveilleux échanges à ce sujet) : « Le réel est voilé et il est destiné à rester voilé ».

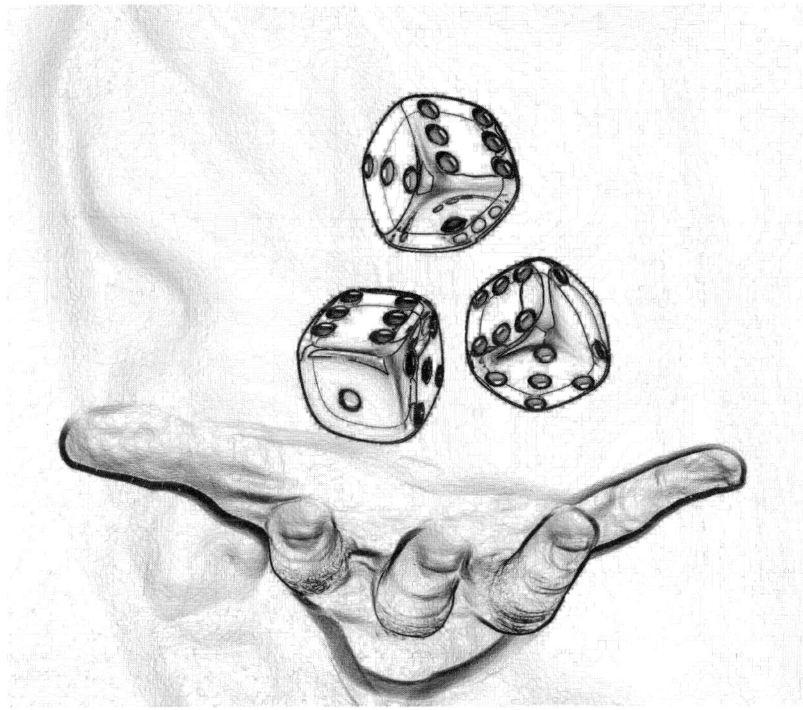

Dieu ne joue pas aux dés ! Einstein était persuadé que le hasard n'avait pas sa place dans la nature, ni dans l'infiniment grand, ni dans l'infiniment petit.

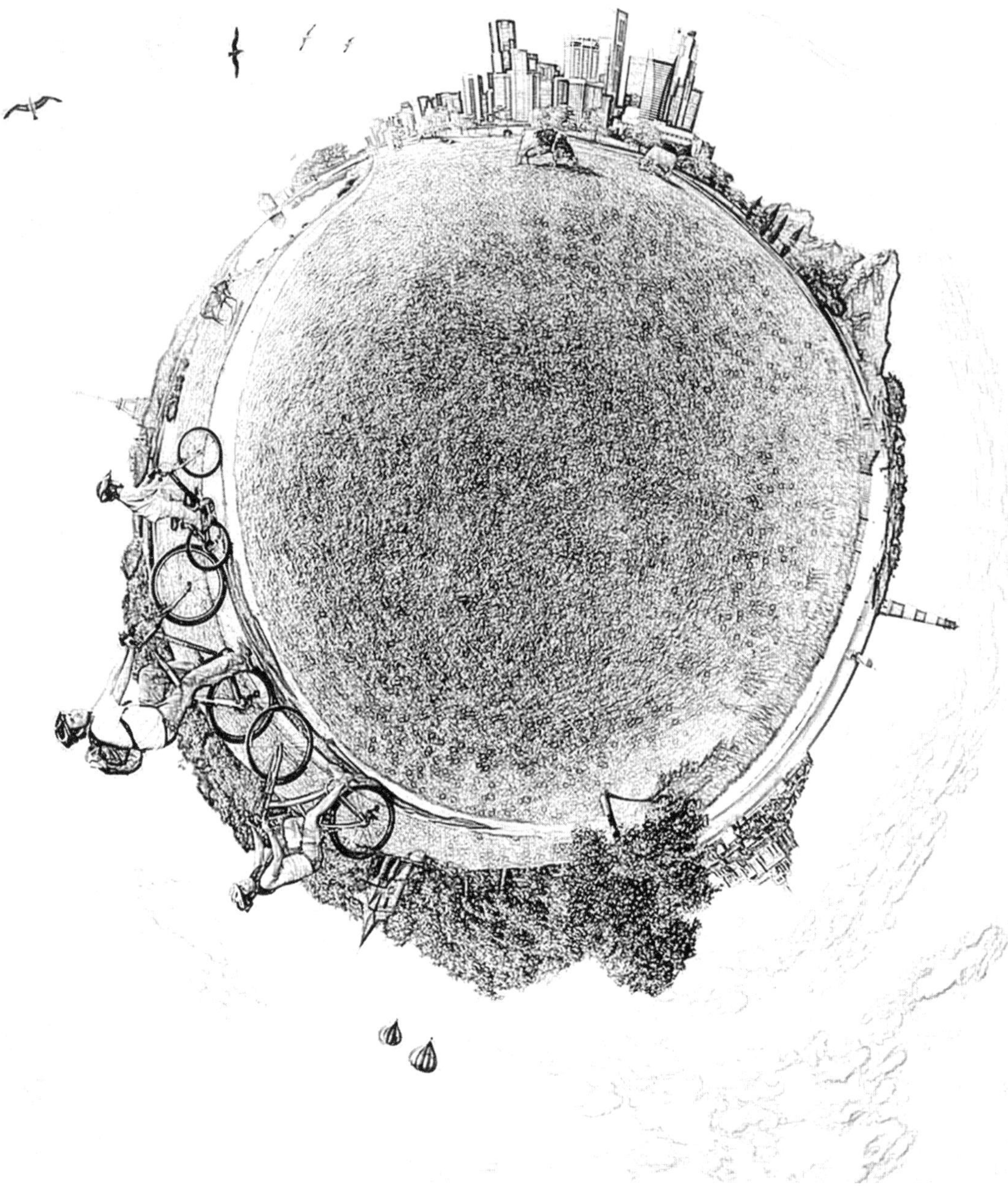

Selon les résultats des mesures effectuées par les trois satellites astronomiques, il est probable que notre espace à trois dimensions présente une très légère courbure positive. Cela signifie que contrairement à ce que l'on pensait jusqu'ici, l'espace à trois dimensions est sans doute de nature sphérique. Si l'on marche tout droit devant soi, après un voyage très long, on finira un beau jour par revenir à son point de départ.

19

QUELLE EST LA FORME DE L'UNIVERS ?

24 février 2010, à Paris. Il est tard, plus de 2 heures du matin. Dans le noir indifférent, une balise d'alerte vient de s'allumer : un e-mail de George Smoot. La veille, nous lui avions demandé ceci : « Quelle est votre opinion à propos de la forme de l'espace à trois dimensions dans lequel nous vivons ? Est-ce que les observations les plus récentes favorisent un espace plat ou bien très légèrement courbé, comme une sphère à trois dimensions ? »

Sa réponse est des plus intéressantes : « La topologie la plus probable de l'espace à trois dimensions est "simplement connexe", comme un cube géant ou une sphère complète (aucune section du volume ne manque) et il est extrêmement grand. Les observations de la première lumière montrent que la taille de l'Univers est très grande – au moins les deux tiers de l'horizon de Hubble et sans doute beaucoup plus grande encore[65]. »

Signalons ici que ce que Smoot appelle l'horizon de Hubble est simplement la limite de l'Univers observable, située à 13 milliards 750 millions d'années-lumière de chez nous. En kilomètres, cela fait – en gros – quelque chose comme 122 mille milliards de milliards de kilomètres.

Un an plus tôt, le 9 février 2009, nous avions déjà reçu une première lettre de George Smoot. Selon lui, la possibilité pour que notre espace ait une courbure positive – c'est le cas de la sphère – « est permise par les observations[66] ». Mais, ajoute-t-il aussitôt, les données dont nous disposons « sont également compatibles avec un Univers plat ».

Alors ? Où en sommes-nous aujourd'hui ? Notre Univers est-il plat ou, au contraire, courbé ? Pour la première fois, nos moyens d'observation – en fait, pour l'essentiel, les satellites WMAP et *Planck* – nous permettent d'entrevoir une réponse. Et nous allons vous proposer la nôtre dans ce livre.

*

Quelle est la forme de notre Univers ? Si vous posez aujourd'hui la question à n'importe quel astrophysicien, il vous répondra – comme la plupart de ses collègues – que

---

65 E-mail de George Smoot du 24 février 2010.
66 E-mail de George Smoot du 9 février 2009.

l'espace à trois dimensions, celui dans lequel nous vivons, est « plat ». Qu'est-ce que cela veut dire ? Que si, par exemple, vous partez en voiture droit devant vous, que vous dépassez le Système solaire, puis les limites de la Voie lactée puis, encore plus loin, la région de l'amas local de galaxies, vous ne reviendrez jamais à votre point de départ. Jamais. Au contraire, vous avancerez encore et toujours, de plus en plus loin, sans jamais atteindre l'horizon ni rencontrer de limite. C'est cela, un espace plat !

L'idée que l'Univers est plat est aujourd'hui fermement ancrée chez les astrophysiciens. Elle repose sur les mesures (fournies essentiellement par les trois satellites astronomiques) de la quantité de matière existant dans l'Univers. Et voici l'étonnant : ces mesures convergent toutes vers une densité dite « critique », dont la valeur est incroyablement proche de 1 et qui correspond donc à un espace pratiquement plat ! Ce résultat est d'autant mieux admis qu'il s'insère dans l'une des principales prédictions de la célèbre théorie de l'inflation (selon laquelle, une fraction de seconde après le Big-Bang, l'Univers s'est mis à enfler démesurément, jusqu'à ce qu'il devienne plat).

Soit.

Mais l'idée d'un espace plat est-elle pour autant fondée ? Nous ne le pensons pas. Ou plutôt, si nous acceptons l'idée que l'espace est bel et bien plat localement (c'est-à-dire dans des régions relativement petites) ce n'est absolument pas le cas globalement, c'est-à-dire à l'échelle de l'Univers tout entier. Avant d'aller plus loin, remarquons au passage que c'est exactement ce que pense (avec plusieurs solides arguments de bon sens à l'appui) le physicien théoricien Carlo Rovelli, chercheur au Centre de physique théorique de l'université de Marseille-Luminy, et bien connu des Français. Voici ce qu'il a écrit en 2010 avec son collègue Eugenio Bianchi (également à Luminy) dans un excellent article consacré à une explication simple de l'énergie noire (explication qui, nous le verrons plus loin, coïncide en tout point avec notre approche) : « L'humanité a fait jadis une erreur bien connue : à partir de l'observation selon laquelle la Terre est approximativement plate dans les limites de l'horizon visible, il en a été déduit que la Terre était plate. Par conséquent, nous pensons qu'il ne faut peut-être pas sauter à la conclusion que l'Univers spatial est plat, comme c'est souvent affirmé. Notre propre préjugé est en faveur d'un Univers très grand mais fermé (pour les mêmes raisons selon lesquelles une Terre infinie plate est conceptuellement désagréable), et on peut vouloir déduire ceci des données[67]. » Sur leur lancée, Bianchi et Rovelli font également remarquer que le grand physicien George Ellis, de l'université de Cape Town (et coauteur avec Stephen Hawking de l'un des ouvrages les plus complets sur l'espace-temps à grande échelle) pense exactement la même chose : sa conclusion est que la courbure de l'espace à trois dimensions est positive, autrement dit que notre espace est fermé.

Nous reviendrons plus loin sur sa forme. En attendant, précisons pourquoi nous pensons que l'affirmation selon laquelle l'espace est plat est tout bêtement erronée. La

---

67 Eugenio Bianchi, Carlo Rovelli, « Why all these prejudices against a constant ? », arXiv : 1002.3966V3, avril 2010.

réponse est toute simple. Pour que l'espace soit plat partout jusqu'à l'infini, il faudrait que le paramètre critique dont nous avons parlé plus haut – que les scientifiques appellent Oméga – soit rigoureusement, *exactement* égal à 1. Non pas 1,00… et quelque chose (c'est-à-dire une approximation autour de 1) mais exactement 1. Est-ce bien le cas ? En réalité, pas du tout ! Les meilleures mesures fournies en janvier 2010 par WMAP – les plus fines, résultant de sept années d'observation – donnent pour Oméga une valeur comprise entre 0,991 et 1,173. Pour ce qui est du satellite *Planck*, les derniers résultats cosmologiques datés du 18 juillet 2018 nous donnent une valeur entre 0,999 et 1,001. Il suffit tout simplement – et sans préjugé – de lire les chiffres pour réaliser que la valeur d'Oméga, engloutie dans les barres d'erreur, se rapproche bien sûr de 1 mais… n'est pas *exactement* 1 !

Pour en avoir le cœur net, rendons-nous sur le site de la NASA. L'Univers y est bel et bien décrit comme *presque* plat : « Imaginez que vous viviez à la surface d'un ballon de football (dans un monde à deux dimensions). Il serait pour vous évident que cette surface est courbée et que vous vivez dans un Univers fermé. Cependant, si ce ballon se dilatait à l'échelle de la Terre, il vous apparaîtrait plat, même s'il s'agit encore d'une sphère d'échelle plus grande. À présent, imaginez que vous agrandissiez votre ballon jusqu'aux échelles astronomiques. Pour vous, aussi loin que vous puissiez l'observer, il vous semblerait plat même s'il avait pu être très courbé à l'origine. L'inflation a étendu toute courbure initiale de l'Univers à trois dimensions jusqu'à ce qu'elle devienne presque plate[68]. »

Presque plate : venant de la NASA, l'expression est réconfortante ! Car en l'état actuel des observations, l'espace à trois dimensions ne peut pas être considéré comme plat (sauf localement, sur de petites régions de l'Univers).

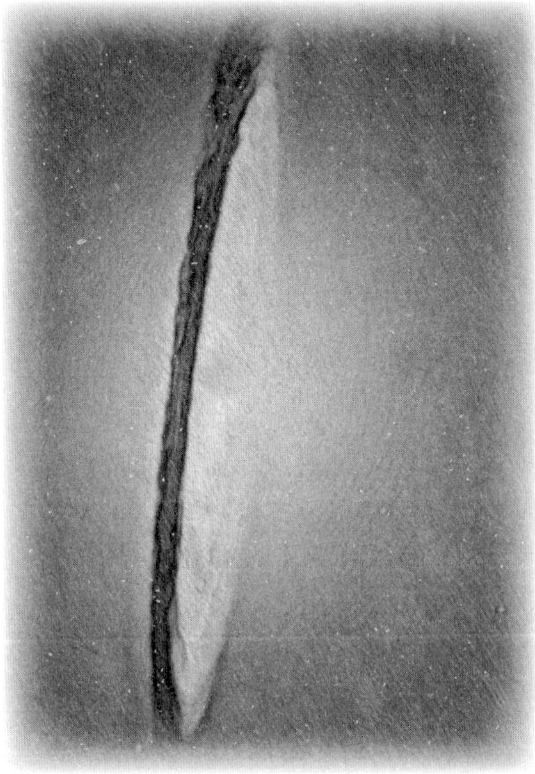

Jusqu'à récemment, les astrophysiciens, ignorant les dernières informations transmises par le satellite Planck, ont modélisé un Univers « plat ».

68 http://209.85.129.132/search?q=cache:Dmz4rjoJOf4J:map.gsfc.nasa.gov/universe/bb_cosmo_infl.html+wmap+fine+tuning&cd=1&hl=fr&ct=clnk&gl=fr&client=safari.

*

En revanche, comme le fait observer George Smoot (et il est loin d'être le seul), ces mesures ont donc tendance à faire peu à peu apparaître que l'espace est bel et bien courbe. Certes, cette courbure est tellement faible qu'il est très difficile de la déceler, même avec les instruments les plus précis. En effet, après plus de 13 milliards d'années d'une expansion ininterrompue (et, qui plus est, s'accélère à chaque seconde) l'Univers est aujourd'hui immensément grand (près de 50 milliards d'années-lumière de rayon). Sa courbure est donc fantastiquement faible, presque indécelable. Mais pour autant, elle existe ! À la lumière des résultats des mesures effectuées durant plusieurs années par les satellites astronomiques – et tout récemment *Planck* –, de nombreux chercheurs penchent donc plutôt aujourd'hui vers l'hypothèse selon laquelle la courbure de l'espace à trois dimensions n'est pas exactement nulle mais extrêmement faible. Ce point de vue est parfaitement exprimé par Alan Coley, professeur au département de mathématiques de l'université Dalhousie (Canada) dans un article publié sur l'ArXiv le 14 mai 2019 à partir des résultats cosmologique de *Planck* en juillet 2018 : « La possibilité d'une valeur non nulle du paramètre de courbure devrait être prise au sérieux[69]. »

---

69 A. A. Coley, *Spatial Curvature in Cosmology Revisited*, arXiv : 1905.04588v1 [gr-qc], 11 mai 2019.

Certes. Mais ici surgit une nouvelle question : quel est le genre de cette courbure ? Car il existe deux possibilités. Soit la courbure est négative, auquel cas on se trouve dans un Univers « en selle de cheval », c'est-à-dire hyperbolique et ouvert. Soit, au contraire, sa courbure est positive et dans ce cas, l'espace à trois dimensions est fermé et a la forme d'une immense sphère à trois dimensions.

Or, depuis le début de nos travaux en 1990, nous penchons plutôt pour cette deuxième possibilité. Et de plus en plus de chercheurs prennent aujourd'hui cette direction. Pour vous en convaincre, reportez-vous simplement à l'un des tout derniers articles signés par les meilleurs experts de WMAP (Charles Bennett, David Spergel, Gary Hinshaw, Eiichiro Komatsu, Gregory Tucker, etc.). L'article en question est référencé sur le site de la NASA[70]. Que peut-on y découvrir en page 15 ? Cette étonnante conclusion, fondée sur des données chiffrées : « Tandis que ce résultat est compatible avec un Univers plat, le modèle préféré est légèrement courbé et fermé[71]. » C'est très exactement ce que nous pensons et avons soumis à la discussion depuis 1998 (sans avoir été vraiment suivis jusqu'ici). Nous l'avons écrit ailleurs : prétendre que l'Univers est plat nous semble aussi naïf que de croire que la Terre est plate. La comparaison vous paraît exagérée ? En tout cas, pas à George Smoot qui, dans son passionnant livre *Les Rides du temps* a écrit :

70 « Seven Year Wilkinson Microwave Anisotropy Probe Observations : Power Spectra and WMAP-derive Parameters », D. Larson2, J. Dunkley3, G. Hinshaw4, E. Komatsu5, M. R. Nolta6, C. L. Bennett2, B. Gold2, M. Halpern7, R. S. Hill8, N. Jarosik9, A. Kogut4, M. Limon10, S. S. Meyer11, N. Odegard8, L. Page9, K. M. Smith12, D. N. Spergel12, 13, G. S. Tucker14, J. L. Weiland8, E. Wollack4, E. L. Wright1, 26 janvier 2010.

71 *Idem.*

« L'idée d'un Univers courbé semble aussi étrange à beaucoup de personnes que l'idée d'une Terre ronde il y a plusieurs siècles[72]. »

L'hypothèse de l'Univers « plat », apparaît aussi dénuée de sens que celle de la Terre plate. Les dernières données du satellite Planck semblent montrer au contraire que la topologie de l'Univers est sphérique.

Dans cet esprit, Alan Coley précise les choses : « Les spectres de puissance de la température et de la polarisation du CMB récemment mesurés fournissent une détection de niveau de confiance de 99 % [...] correspondant à une courbure spatiale positive[73]. » La conclusion qu'en tire d'ailleurs l'astrophysicien français Jean-Pierre Luminet, de l'observatoire de Marseille, dont les travaux font autorité au plan international, est sans appel : « En aucun cas on ne peut donc dire que l'Univers est plat : c'est un gros abus de langage, qui induit beaucoup d'incompréhension de la

72 G. Smoot, *Les Rides du temps*, Flammarion, Coll. Champs, 1994.
73 *Idem.*

part du public non initié[74]. » Et très assuré sur sa position, face à l'hypothèse d'un espace « plat comme la table » il poursuit : « Il est toutefois plus vraisemblable que la courbure de l'espace ait une valeur non nulle[75]. » Quant à la valeur de cette courbure, le modèle d'Univers qui lui paraît coïncider le mieux avec l'observation « exige une courbure positive pour l'Univers[76] ».

*

À ce stade, il nous faut tout de même faire un aveu : jusqu'ici, les mesures ne nous permettent pas encore de trancher avec certitude. Les dernières estimations de *Planck* ont beau aller dans le sens d'une courbure légèrement positive, le flou qui entoure les mesures est encore trop grand pour qu'un consensus définitif puisse émerger. L'étape suivante ne sera franchie que par la nouvelle génération : le satellite *Euclid*, dont le lancement dans le cadre de l'Agence spatiale européenne est prévu en 2022. Sur le site public consacré au désormais célèbre engin spatial, l'on trouve en tête des questions posées celle concernant l'énergie noire. Or, nous en sommes absolument certains : les futures analyses du fond cosmologique par *Euclid* confirmeront la tendance amorcée avec *Planck*. Et feront pencher définitivement la balance du côté d'un Univers courbe et fermé.

74 J.-P. Luminet, *100 Questions sur l'Univers*, éd. La Boétie, 2015.
75 *Idem*.
76 J.-P. Luminet, interview dans Futura Sciences, https://www.futura-sciences.com/sciences/actualites/astronomie-interview-jean-pierre-luminet-explique-modele-univers-fini-14589/.

Selon le physicien George Ellis (le fameux co-auteur avec Stephen Hawking d'un magnifique ouvrage sur l'espace-temps), la topologie de l'Univers est bel et bien sphérique.

*

Reste une dernière chose : découvrir quelle forme a notre espace, une fois admis que sa courbure est donc positive. Ici, nous n'avons que l'embarras du choix : l'espace dans lequel nous vivons peut ressembler à un colossal pneu de voiture à trois dimensions, à un beignet, à une figure plus compliquée, un « dodécaèdre » (comme le pensent Luminet et certains de ses collègues avec lui) ou encore à un cylindre (toujours à trois dimensions, bien sûr).

Alors ?

Pour notre part, nous pensons que parmi toutes les formes possibles et imaginables, l'Univers est allé au plus simple. Et quelle est donc la forme la plus simple ? C'est la sphère ! Mais attention : notre espace n'a pas deux dimensions mais trois. Par conséquent, chez nous, la forme la plus simple, c'est une sphère à trois dimensions (et non pas à deux, comme le ballon de foot). Vous vous en souvenez peut-être, la sphère à trois dimensions est la forme adoptée par Riemann pour son modèle et par Einstein pour le sien. Ce qui, évidemment, nous incite à penser que le choix de la sphère est « le bon ».

Mais est-ce vraiment certain ? En fait, tout porte à penser que oui. Car ce résultat magique a déjà été formulé il y a plus d'un siècle, en 1904, par le grand mathématicien Henri Poincaré. Qu'a-t-il dit à l'époque ? Qu'une surface fermée à trois dimensions simplement connexe et sans bord est nécessairement une sphère à trois dimensions. Et voici l'étonnant : il aura fallu plus de cent ans d'efforts, de tâtonnements, de travaux acharnés pour qu'enfin la célèbre conjecture (l'un des sept problèmes du millénaire selon la Fondation Clay en Amérique) soit démontrée et devienne un théorème. Qui est l'auteur de cette prouesse ? Grigori Perelman, un mathématicien russe jusqu'alors inconnu. Il vit aujourd'hui avec sa mère à Saint-Pétersbourg (la ville de Friedmann) dans un modeste immeuble loin de tout. Il a l'habitude de rester sans manger ni dormir jusqu'à ce qu'il ait résolu le problème qui l'occupe. Et pour se détendre, il joue délicatement du violon ou écrase ses adversaires au tennis de table (qu'il faut, précise-t-il, pratiquer « avec colère » si l'on veut gagner).

Ne faisant rien comme tout le monde, il a publié sa démonstration en trois brefs articles entre 2002 et 2003 directement sur le site internet de l'arXiv (et non dans une revue à comité de lecture). Lorsqu'on lui a décerné la médaille Fields (le prix Nobel pour un mathématicien, remis seulement tous les quatre ans), il a haussé les épaules et a refusé en bloc la médaille, l'argent et le voyage à Madrid qui lui étaient offerts. Et rien ne dit que le « prix du Millénaire » que vient de lui décerner le 18 mars 2010 la Fondation Clay ne subira pas le même sort. Allergique aux honneurs et au tapage médiatique, l'ombrageux lauréat ne semble nullement disposé à venir à Paris pour chercher son prix. Et pas davantage à proposer une méthode qui permettrait à la fondation de lui verser la somme d'un million de dollars qui, en principe, lui revient. Seule compte pour lui sa démonstration, longue et compliquée (même pour ses propres collègues). Des formules incompréhensibles. Des calculs bourrés de symboles indéchiffrables. Mais le résultat est là, clair comme un lever de soleil dans un ciel sans nuages : en trois dimensions, la sphère est l'objet le plus naturel de tout l'Univers. Aussi, nous vous proposons d'adopter notre devise : tout comme la Terre est ronde, l'Univers, lui aussi, est rond !

Le mathématicien russe Grigori Perelman. Au début des années 2000, il a réussi à démontrer la célèbre conjecture de Poincaré, montrant que la sphère est l'objet le plus naturel de l'Univers.

*

Que signifie tout ceci ? Le fait que l'espace dans lequel vous êtes en train de lire ces lignes est probablement rond a d'immenses conséquences. Car cette sphère contient un secret. Quelque chose qui va nous permettre de remonter avant le Big-Bang, jusqu'à l'instant zéro. Par quel miracle ? C'est ce que nous allons découvrir dans le prochain chapitre en abordant une nouvelle question, posée dès 1992 par George Smoot : d'où viennent les rides du temps ?

De même que les vagues font fluctuer la surface d'un océan,
les structures de l'Univers fluctuaient au moment de sa création.

20

D'OÙ VIENNENT LES RIDES DU TEMPS ?

Si vous visitez un jour le site de l'ESA consacré à *Planck*, vous pourrez y lire ceci : « L'on observe les fluctuations du rayonnement fossile, de quelques dizaines à quelques centaines de millionièmes de degré[77]. » Mais d'où proviennent ces fluctuations ? Et comment sont-elles reliées aux étoiles et aux galaxies ?

C'est toute la question : d'où viennent ces différences de température que l'on observe depuis 1992 ? Et pourquoi ces écarts-là et pas d'autres ?

À présent, si vous allez d'un centre de recherche à l'autre et que vous faites le recensement des grands problèmes non résolus dans le modèle standard de cosmologie, vous verrez

77 http://public.planck.fr/recherche.

qu'en haut de la liste se trouve la question ouvrant ce chapitre : *d'où viennent les fluctuations du rayonnement fossile ?*

Jusqu'à présent, il n'y a pas vraiment de réponse. Et lorsque, au hasard d'un article se risque une explication, celle-ci reste toujours très vague. Ou très aventureuse. L'idée généralement proposée est que ce sont les fluctuations du vide quantique, à l'échelle de Planck, qui pourraient avoir engendré les fameuses « sautes » de température. Soit. Mais l'hypothèse nous semble devoir être précisée dans les détails. Ne serait-ce que pour apercevoir les véritables mécanismes sur lesquels elle repose. C'est ce que nous proposons de faire dans la suite.

*

Venons en une nouvelle fois à ce que l'on observe : la « carte » de la distribution de la matière en l'an 380 000. La première idée est que les différences de couleur d'une région à l'autre proviennent obligatoirement d'un état *antérieur* de l'Univers, avant que la lumière ne s'échappe de la matière. Mais ici surgit une première question : jusqu'où va-t-on devoir remonter pour trouver ce qui a pu causer ces fameuses fluctuations ? En fait très tôt, bien en dessous de la première seconde.

Pour en avoir le cœur net, nous avons posé la question aux deux principaux héros de la grande aventure de COBE : John Mather et George Smoot eux-mêmes. Voyons d'abord ce que nous dit Smoot sur le mode constructif qui est le sien : « Il est possible d'utiliser les observations du

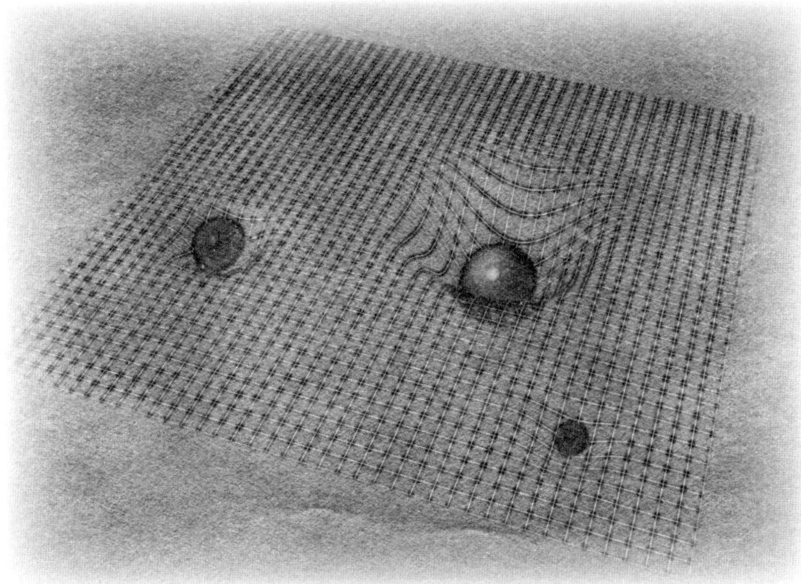

Le 11 février 2016, les instruments de LIGO et VIRGO ont annoncé la détection d'ondes gravitationnelles émises par la collision entre deux trous noirs.

rayonnement fossile pour découvrir ce qui se passe très tôt dans l'histoire de l'Univers. À l'heure actuelle, on utilise deux méthodes. La première consiste à se servir des variations de température pour révéler des ondes sonores en provenance d'une époque extrêmement précoce dans l'histoire de l'Univers. Leurs caractéristiques nous renseignent alors sur ce qui s'est passé autour d'une minuscule fraction de seconde après le Big-Bang. La seconde approche consiste à utiliser le motif de la polarisation linéaire pour chercher des traces d'ondes gravitationnelles produites en même temps que les perturbations de densité. C'est une tâche très difficile, qui sera peut-être accomplie par le satellite *Planck*. Ou pas.

Dans les scénarios les plus probables concernant la production d'ondes gravitationnelles et les perturbations de densité, on remonte plus tôt que le premier millième de milliardième de seconde après le début du Big-Bang[78]. »

D'ailleurs, dès 1993 dans son livre, Smoot précisait : « Notre résultat montrait que la gravitation pouvait effectivement avoir modelé l'Univers actuel à partir des fluctuations quantiques minuscules formées dans les premières fractions de seconde suivant le Big-Bang[79]. »

Voilà déjà de quoi rassurer ceux qui pensent que rien de sérieux ne peut se faire en dessous des premières minutes après le Big-Bang. Quant à John Mather, il va encore plus loin : « Les anisotropies, mesurées par le radiomètre à micro-ondes de COBE et aujourd'hui par beaucoup d'autres instruments, nous montrent l'Univers tel qu'il était à l'époque du découplage, environ 389 000 ans après le commencement. Mais bien sûr, les structures observées ont dû être imprimées beaucoup plus tôt, à travers des processus quantiques qui remontent jusqu'au temps de Planck, la toute première 10 puissance moins 43 seconde[80]. »

Puis, tout comme George Smoot, il poursuit en abordant ce qu'on appelle la « polarisation » du rayonnement fossile. En gros, on peut comprendre la polarisation d'un rayon lumineux comme lié à son orientation[81]. « La polarisation

78 G. Smoot, e-mail aux auteurs le 24 février 2010.
79 G. Smoot, *Les Rides du temps*, *op. cit.*
80 J. Mather, e-mail aux auteurs le 25 février 2010.
81 En particulier l'orientation de son champ électrique.

du rayonnement fossile, qui commence maintenant à être mesurée, est également imprimée sur ce rayonnement à l'époque du découplage. Mais il existe une partie de ce rayonnement, appelée mode B (parce que sa divergence est nulle) qui, pense-t-on, résulte des ondes gravitationnelles présentes, elles aussi, à 10 puissance moins 43 seconde, le tout premier instant[82]. »

*

La première conclusion de ce qui précède, c'est que le rayonnement fossile se comporte un peu comme une feuille de papier sur laquelle seraient imprimées des informations. En somme, un parchemin dans une bouteille… Or, ce qu'il nous faut comprendre ici, c'est que l'impression elle-même ne date pas de l'an 380 000 mais remonte bien plus tôt, en fait jusqu'à l'instant de Planck, au moment même où commence le Big-Bang. C'est peut-être la principale raison pour laquelle George Smoot a pu s'exclamer qu'observer les stries du rayonnement cosmologique, c'est comme voir le visage de Dieu : ces stries trouvent leur source lointaine au moment même de la création matérielle de l'Univers. En disant cela, nous rejoignons aujourd'hui la majorité des scientifiques pour qui le rayonnement fossile est un miroir qui reflète la création de l'Univers. Cependant, ne peut-on pas aller plus loin ? Préciser – et même justifier – cette affirmation ?

82 *Idem.*

Si vous posez la question à un expert du fond cosmologique (une autre façon de désigner le rayonnement fossile), il se contentera d'une réponse assez générale, consistant en gros à dire qu'au moment du Big-Bang, il existait des « effets quantiques » qui ont fait fluctuer la gravitation. Ces fluctuations microscopiques auraient été imprimées dans l'espace-temps naissant puis fantastiquement dilatées par ce qu'on appelle l'inflation, vers 10 puissance moins 35 seconde après le Big-Bang. C'est très exactement ce que nous dit John Mather : « L'empreinte est imprimée extrêmement tôt puis étirée plus tard par l'inflation. La manière dont je vois ça est que l'empreinte, déjà là avant, reste "gravée" tout au long de l'inflation[83]. »

Enfin, 380 000 ans plus tard, on retrouve ces empreintes sous forme de fluctuations de température du rayonnement fossile. Ceci est donc le scénario généralement accepté par la plupart des astrophysiciens. Toutefois, dans la mesure où l'on en sait très peu sur les conditions qui régnaient au moment du Big-Bang, l'explication quant à l'origine des étranges « rides du temps » ne va habituellement guère plus loin.

*

Pourtant, nous pensons qu'il est possible d'en savoir davantage. Le secret ? Selon nous, il faut le chercher du côté de l'extraordinaire équilibre qui dominait tout l'espace-temps

83 E-mail de John Mather aux auteurs le 9 mars 2010.

à l'échelle de Planck. Un équilibre que l'on ne peut comparer à rien de ce qui existe aujourd'hui dans l'Univers. Mais dont on peut comprendre et décrire les extraordinaires propriétés. Il semble exister un lien, visible aujourd'hui, entre les étranges stries du rayonnement fossile et l'état unique dans lequel se trouvait l'Univers juste avant le Big-Bang. Découvrir ce lien, c'est mieux comprendre l'Univers. Mais aussi, avec l'un des secrets de la création, trouver la place qui est la nôtre dans l'immensité de l'espace et du temps.

Tel un funambule, l'Univers avance sur un fil sans jamais perdre l'équilibre.

21

VERS LE GRAND ÉQUILIBRE ORIGINEL

Nous vous proposons maintenant de suivre pas à pas le chemin vers le Big-Bang. À la recherche de l'équilibre qui régnait à l'aube des temps. Comment le comprendre ? En gros comme un ordre très élevé, un ajustement fin entre les parties qui, très près de l'origine, composaient l'Univers. Lorsque vous prenez votre bain et qu'il est trop chaud, vous faites couler de l'eau froide. Au début, elle est localisée près de la source. Puis, peu à peu, l'eau devient partout tiède, à peu de chose près. C'est un peu la même chose pour le « bain primordial » de l'Univers au moment du Big-Bang. Or, il y a dans cet équilibre – cet ordre d'un genre très particulier – l'un des secrets qui pourrait bien nous permettre de répondre à la question toujours ouverte à ce jour : d'où viennent les stries, ces infimes irrégularités du fond diffus ? Ces fameuses rides du temps dont parle George Smoot ?

*

Commençons par ce que l'on observe en l'an 380 000, époque où a été émis le rayonnement fossile. Qu'a donc découvert, pour la première fois, le satellite COBE ? Vous vous en souvenez : il lui a fallu très peu de temps (l'affaire de quelques heures) pour indiquer que le rayonnement fossile avait un spectre de corps noir ! Autrement dit, que la première lumière était de nature thermique et qu'en outre, elle était dans un état d'équilibre presque parfait. Que veut donc dire ce « presque » ? Que si nous voulons trouver un équilibre vraiment parfait dans l'Univers, il va falloir le chercher ailleurs. Ou plus exactement : plus tôt. Jusqu'où ? Tout au début de l'Univers, comme le suggère Peter Coles, l'un des astrophysiciens les plus écoutés aujourd'hui : « Cette radiation fossile trouve son origine à une époque de l'histoire thermique de l'Univers où l'équilibre thermique était réalisé[84]. »

Le tout est maintenant de préciser quand. C'est ce que nous allons faire en nous appuyant prudemment sur le modèle du Big-Bang. Que nous dit ce modèle ? Que plus on remonte dans le passé, plus la densité et la température de l'Univers augmentent. Souvenez-vous : en l'an 380 000, lorsque l'Univers est mille fois plus petit qu'aujourd'hui, il fait déjà très chaud d'un bout à l'autre du cosmos : environ 3 000 degrés. Et plus on va revenir en arrière, plus cette température va augmenter. Mais il y a plus : avec

84 P. Coles, *The Routledge Critical Dictionary of the New Cosmology*, Routledge Inc., New York, 1999.

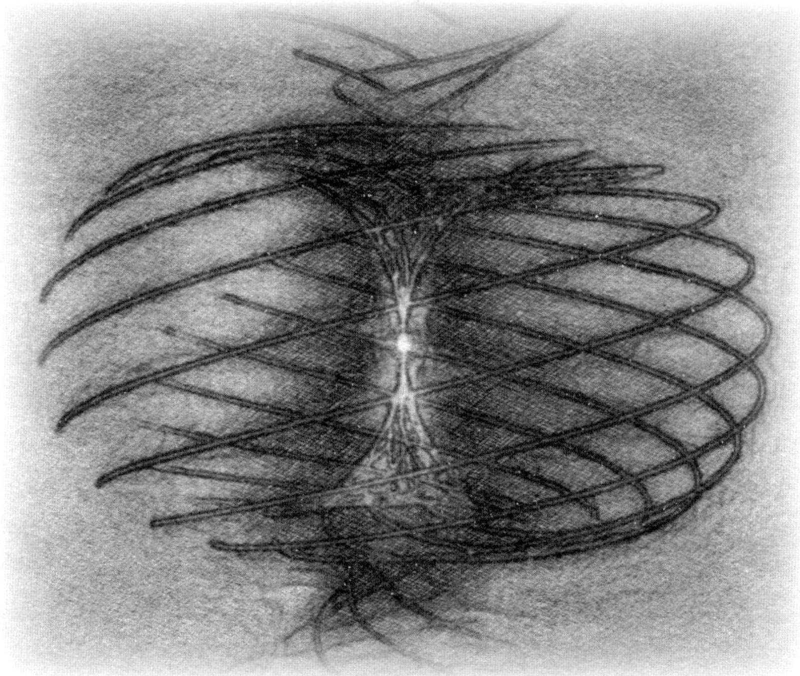

À l'instant du Big-Bang, lorsque l'horloge cosmique marque 10^{-43} seconde, l'Univers est en équilibre thermique.

la température, c'est l'équilibre global de l'Univers qui va croissant. Pour nous en convaincre, suivons à présent ce chemin en arrière.

*

Dix mille ans après le Big-Bang : il n'y a plus aucun atome de matière. Seulement leurs noyaux et des myriades d'électrons couplés aux premiers photons. La température est montée à 15 000 degrés.

Un an après le Big-Bang : la température grimpe à 700 000 degrés.

Une demi-heure après le Big-Bang : la température passe les 300 millions de degrés. C'est en vain que l'on cherche dans le cosmos nouveau-né quelque chose qui tranche par rapport au reste : le gaz originel devient de plus en plus indifférencié. L'équilibre thermique, déjà très grand, ne cesse d'augmenter.

Trois minutes après le Big-Bang : la température dépasse maintenant le milliard de degrés. Une valeur telle que les noyaux de matière (notamment ceux d'hélium) commencent à se désagréger en protons et en neutrons. L'équilibre thermique s'accroît encore.

Une seconde après le Big-Bang : l'Univers observable s'étend sur 300 000 kilomètres. La température atteint maintenant le seuil inconcevable de 10 milliards de degrés.

Un dixième de seconde après le Big-Bang : 30 milliards de degrés. Il n'existe plus aucun noyau de matière dans le cosmos. Seules ces milliards de particules élémentaires – des photons, des électrons, des neutrinos – qui tourbillonnent dans tous les sens. On se rapproche de plus en plus de l'équilibre parfait.

Un dix millième de seconde après le Big-Bang. La température franchit un seuil inouï : 1 000 milliards de degrés. Encore un nouveau pas vers l'équilibre.

Un millionième de seconde après le Big-Bang : à présent, le rayon de l'Univers visible n'est pas plus grand qu'un stade de football : à peine 300 mètres. Quant à sa taille totale (qui tient compte de la partie non visible) elle est de l'ordre de 300 millions de kilomètres. Il règne d'un bout à l'autre une chaleur infernale : 10 000 milliards de degrés.

Un millième de milliardième de seconde après le Big-Bang. La température atteint maintenant un million de milliards de degrés. L'Univers perd à un rythme hallucinant ce qui lui reste de complexité. Seules la force nucléaire forte et la force de gravitation restent encore libres et distinctes l'une de l'autre. Ce qui veut dire que l'équilibre thermique parfait n'est plus très loin.

*

10 puissance moins 32 seconde après le Big-Bang : une époque hypothétique importante pour les astrophysiciens : l'inflation. Pourquoi « inflation » ? Parce que entre 10 puissance moins 32 et une infime fraction de seconde plus tôt, l'Univers entier s'est peut-être dilaté dans des proportions monstrueuses, passant de la taille d'une infime particule à celle d'une orange à trois dimensions. Le 11 mars 2010, nous avons eu une discussion téléphonique avec Alan Guth, du MIT, le fondateur historique de l'inflation en 1972 : pour lui, grâce au satellite *Planck*, l'on devrait savoir un jour ou l'autre si l'inflation a vraiment eu lieu. Et de quelle façon.

10 puissance moins 35 seconde après le Big-Bang : nous voici avant l'inflation. À présent, l'Univers entier n'est plus qu'une infime étincelle incroyablement brûlante – un milliard de milliard de milliard de degrés – perdue dans le néant. Or, cet Univers va encore se simplifier et se rapprocher de l'équilibre thermique parfait. Car à ce niveau d'énergie qui dépasse tout ce que nous pouvons élaborer, il se passe quelque chose d'inouï : la force nucléaire forte (celle qui unit les quarks dans le noyau atomique) s'unifie aux deux autres (électromagnétique et force faible) déjà fondues dans la force électrofaible. C'est la « Grande Unification », selon la belle image des physiciens. Une véritable prouesse ! Car ces deux interactions sont séparées par un gouffre. La force électromagnétique a une portée infinie. C'est elle qui fait que le livre que vous tenez entre vos mains ou bien la chaise sur laquelle vous êtes assis ne s'écroulent pas en poussières d'atomes ! Elle s'exerce dans toute votre maison mais peut également s'engouffrer dans la rue, traverser en trombe la ville, votre département, la France et l'Europe entière, quitter la Terre, le Système solaire, se ruer enfin vers les étoiles et les galaxies lointaines. Au contraire, la force nucléaire forte doit se contenter de quelques millionièmes de milliardième de millimètre : son monde, c'est l'infiniment petit. Au-delà, elle tombe à zéro. Or, à l'échelle fantastique où nous nous trouvons maintenant, ces deux forces pourtant si éloignées dans la vie de tous les jours se rejoignent et font jeu égal. Un pas de plus vers l'équilibre parfait.

*

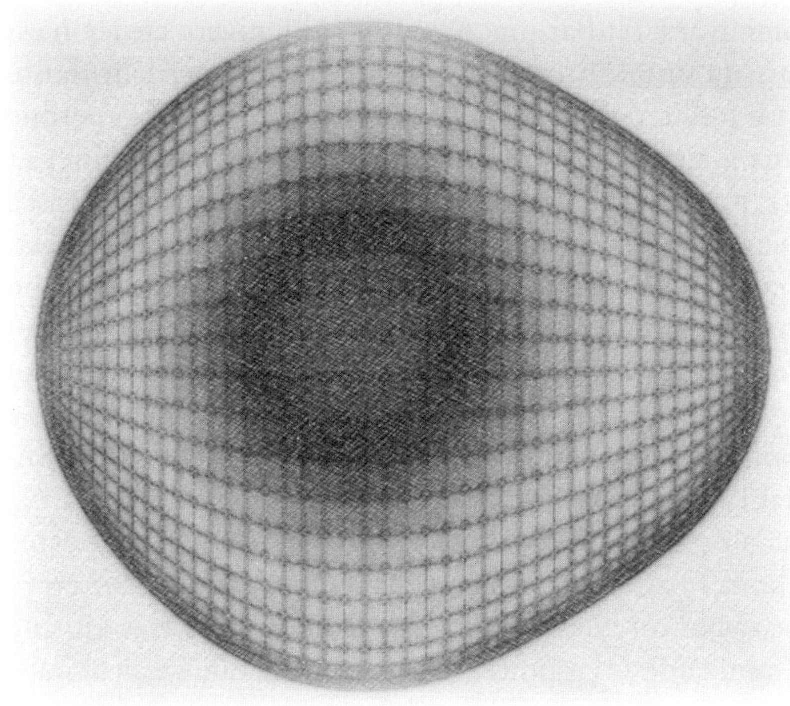

L'instant du Big-Bang marque la naissance de l'espace, du temps et de la matière.

Notre voyage est sur le point de s'achever. À présent, nous sommes attirés par quelque chose de prodigieusement puissant, un flot gravitationnel irrésistible qui nous entraîne en arrière de plus en plus loin, de plus en plus vite. Et regardez devant vous : vous apercevez maintenant, tout au fond, une sorte d'éclair dans le noir absolu. Un intense flot de radiations qui s'échappe du néant. Or, ce que vous voyez, c'est le fabuleux rayonnement du Big-Bang. La naissance de l'espace, du temps et de la matière. De tout ce qui existe. Et tout au fond de cet hallucinant siphon qui nous aspire à une vitesse folle, il y a le mur de Planck.

Nous filons à présent à plus de 90 % de la vitesse de la lumière. Pour vous (par rapport à un hypothétique observateur extérieur), le temps ne cesse de ralentir : deux fois moins vite, puis trois fois, puis quatre, etc. Et l'espace ? Comment décrire la courbure de la sphère à trois dimensions inconcevablement comprimées qui le représente ? Imaginez seulement que la totalité de ce que vous voyez aujourd'hui dans la vie de tous les jours (votre voiture, votre maison, votre ville, la France, les étoiles que vous contemplez), tout cela se trouve enfermé dans cette particule universelle bien plus petite que le noyau d'un atome. Quel est alors, à cet instant indescriptible, l'âge de l'Univers ? Environ 10 puissance moins 40 seconde.

Mais plus rien ne va nous arrêter. Nous voici à 99,999999 % de la vitesse de la lumière. Le temps a encore ralenti et passe des centaines de fois moins vite que chez nous. : chaque seconde dure des heures entières et chaque minute des jours. 10 puissance moins 42 seconde après le Big-Bang. Nous remontons à présent à contre-courant d'un inimaginable déferlement d'énergie.

Et nous voici enfin à 100 % de la vitesse de la lumière. Pour nous, le temps s'arrête totalement. Serions-nous arrivés à l'instant zéro ? Un coup d'œil à notre horloge. Elle indique 10 puissance moins 43 seconde. Nous ne sommes donc pas à l'instant 0 mais plus tard, à un instant très insolite : l'instant de Planck. À quoi ressemblait alors l'Univers ? Dans quel étrange état se trouve-t-il ? Allons voir de plus près : vous êtes loin d'être au bout de vos surprises.

La genèse de l'Univers, à l'aube de son histoire il y a presque 14 milliards d'années, lorsque l'espace, le temps et la matière étaient encore en train de se former.

22.

L'ÉTRANGE MOMENT DU BIG-BANG

Le temps de Planck ! La plus petite fraction de temps que l'on puisse mesurer : 0,000 000 000 000 000 000 000 000 000 000 000 000 000 000 1 seconde. Comme pour le satellite qui en ce moment même tourne dans le ciel, l'instant du Big-Bang porte donc le nom de Planck. Ce grand savant allemand, prix Nobel en 1918, est le fondateur de ce qu'on appelle la mécanique quantique. Proche d'Einstein, qui jouait souvent du violon pour se détendre, il aimait à s'installer au piano pour l'accompagner. Les deux savants restaient parfois à jouer pendant des heures, sans dire un mot. En 1929, ils reçoivent tous les deux la médaille Max-Planck et plaisantent alors sur cette chose cocasse : à eux deux, ils traversent tout l'Univers, de l'infiniment petit à l'infiniment grand.

Justement, revenons à l'Univers au moment où l'infiniment grand est encore infiniment petit, au moment du Big-Bang. Toute la réalité se trouve alors tassée, compressée, écrasée dans cette infime étincelle de réalité perdue dans le néant. Une poussière de 20 microgrammes, des milliards de milliards de fois plus petite que le noyau d'un atome. C'est la chose la plus insignifiante qui ait jamais pu exister. Il est d'ailleurs bien difficile d'admettre – certains s'y refusent encore – que c'est de là, de ce flocon de réalité à jamais invisible (même à l'aide des plus puissants microscopes) que vont naître nos maisons, nos villes, la Terre avec ses mers et ses montagnes, et au-delà encore, les étoiles et les galaxies par centaines de milliards. Et c'est peut-être parce qu'elle contient une phénoménale quantité d'informations que cette particule primordiale est inconcevablement chaude : 100 000 milliards de milliards de milliards de degrés ! Un chiffre qui dépasse l'imagination la plus folle. Mais c'est une limite : la température la plus élevée qui puisse exister dans notre Univers. Pour autant, avons-nous enfin atteint ce que nous cherchions ? Le stade de l'équilibre parfait ?

*

Pour le savoir, tournons-nous une nouvelle fois vers les experts. À commencer par George Smoot. Pour lui, la question ne soulève aucun doute : il est pratiquement certain que juste avant le démarrage de l'expansion l'Univers a été en équilibre thermique. Et il n'hésite pas à nous l'écrire, le 25 février 2010 : « Il est très probable que l'Univers ait été en équilibre thermique à l'échelle de Planck, bien qu'il soit passé par de nombreuses transformations avant d'atteindre

Souvent, Albert Einstein aimait jouer en duo avec son ami, Max Planck : la réunion des deux visionnaires de l'infiniment grand et de l'infiniment petit.

l'équilibre que nous observons aujourd'hui. À partir du rayonnement fossile, il est possible de "voir" que l'Univers était en équilibre au moins une heure après le Big-Bang. De plus, la nucléosynthèse liée au Big-Bang fournit une preuve solide que cet équilibre existait plus tôt encore, dès la première seconde[85]. »

Appuyée sur sa longue expérience d'observateur de l'Univers primordial, la conclusion de Smoot nous a évidemment renforcés dans nos propres intuitions. Mais il est loin d'être isolé. Déjà, il y a trente ans, l'emblématique Stephen Hawking écrivait noir sur blanc : « L'Univers a nécessairement été en équilibre thermique à l'échelle de Planck[86]. »

Quelques années plus tard, en 1987, cet infatigable explorateur de l'Univers primordial qu'est Lizhi Fang, ancien vice-recteur de l'université des sciences de Chine, aujourd'hui à l'université d'Arizona, écrit à son tour, en compagnie de Remo Ruffini[87], président du Centre international d'astrophysique relativiste, professeur à l'université de Rome : « L'Univers a commencé approximativement en équilibre thermique à l'échelle de Planck[88]. » Et c'est bien sûr ce qui ressort des résultats cosmologiques du satellite *Planck* publiés en 2018.

---

85 E-mail de George Smoot aux auteurs le 24 février 2010.
86 *In* « Astrophysical cosmology », Proceedings of the Study Week on Cosmology and Fundamental Physics, Vatican City State, 28 septembre-2 octobre 1981.
87 Entre autres, il a cosigné dans les années 1960 avec John Wheeler un article où, pour la première fois, sont apparus deux mots qui allaient faire le tour du monde : « trou noir ».
88 *In* « Quantum Cosmology », Advanced Series in Astrophysics & Cosmology, World Scientific, 1987.

À vrai dire, c'est ce que pensent aujourd'hui la plupart des astrophysiciens. C'est pourquoi nous vous proposons maintenant d'aller plus loin dans cette direction. Mais cette fois, nous allons préciser la nature des objets supposés être en équilibre au moment du Big-Bang. Quelle est notre idée ? Que ces choses que l'on va trouver en abondance dans l'Univers primordial ne sont autres que des « gravitons » (un nom pittoresque, popularisé dans les années 1960 et qui, vous vous en doutez, vient de « gravité »). De quoi s'agit-il ? De particules hypothétiques, jamais observées, mais censées véhiculer la force gravitationnelle (celle qui fait que vous ne vous mettez pas à flotter au-dessus de votre fauteuil en lisant ces lignes).

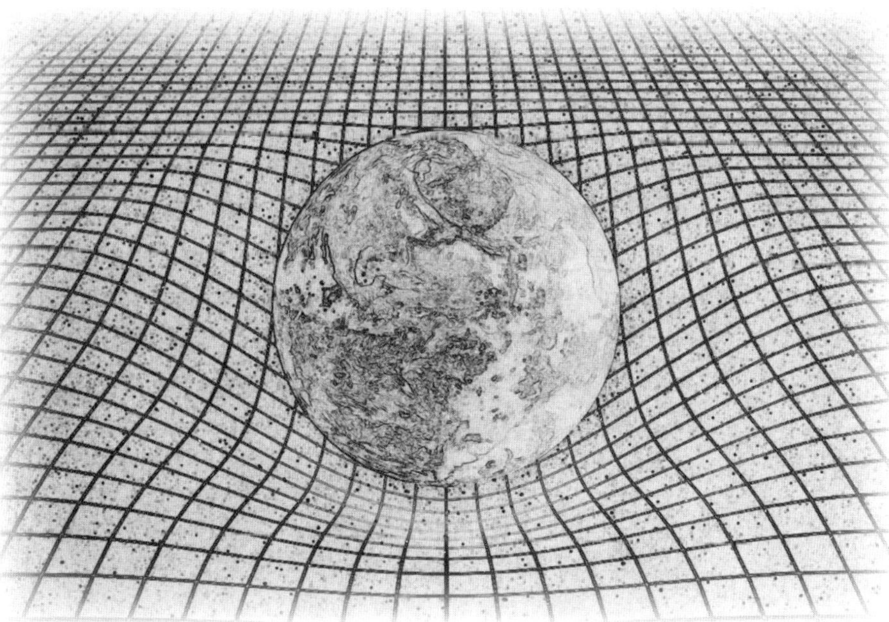

La force de gravitation, qui agit sur tous les objets de l'Univers serait véhiculée par d'hypothétiques particules appelées « gravitons » et déformant l'espace-temps.

À ce sujet, une grande nouvelle : le 14 septembre 2015, cent ans après leur prédiction par Einstein, ont été découvertes les premières ondes gravitationnelles jamais observées. Il a fallu aller les chercher à un milliard d'années-lumière de chez nous, au cœur déchaîné d'une fantastique tempête gravitationnelle déclenchée par la titanesque collision entre deux trous noirs. Si nous relevons ce phénomène, c'est parce qu'il aura un rôle à jouer au moment du Big-Bang. Un rôle décisif.

En attendant, revenons à notre fameux graviton, théoriquement relié aux ondes qui portent le même nom. Certains physiciens appellent le graviton la « particule divine ». Pourquoi ? Parce que cette force était déjà là, unifiée aux trois autres forces de l'Univers, au moment du Big-Bang (et, selon nous, même avant). À défaut d'observer un par un des gravitons (l'espoir est plutôt mince) les savants détectent ce qu'ils appellent les « ondes gravitationnelles », qui ne sont autres que des nuages de gravitons. C'est pourquoi, comme l'a rappelé John Mather, l'un des principaux objectifs du satellite *Planck* a été de débusquer ces fameuses ondes gravitationnelles, traces ultimes de ce qu'était (peut-être) l'Univers à l'échelle de Planck. Pour être plus précis, il s'agit d'oscillations de ce qu'on appelle la métrique de l'espace-temps au voisinage de l'échelle de Planck. Les chercheurs du monde entier s'attendent à ce que ces oscillations primordiales aient laissé des traces au sein du rayonnement fossile. Malheureusement, leur signal est extrêmement faible et jusqu'à présent, cet immense défi – déceler l'empreinte de ces précieuses ondes primordiales au milieu de l'effroyable mélange d'autres traces – n'a été que très partiellement relevé. Mais de nouvelles générations

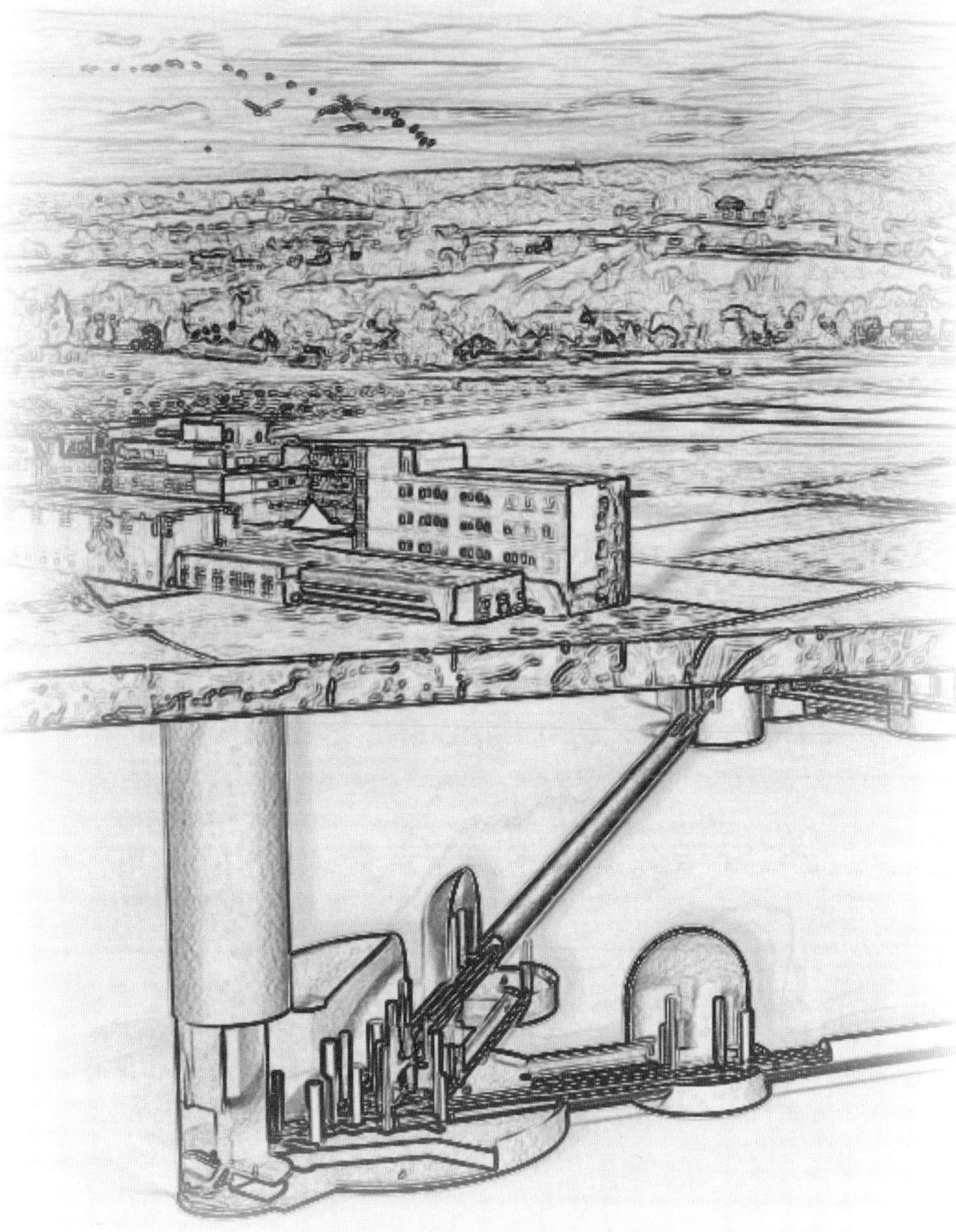

Grâce à des détecteurs enfouis dans les profondeurs de la terre,
il a été possible de mettre en évidence les ondes gravitationnelles
prédites par Einstein il y a un siècle.

d'instruments bien plus sensibles – tel le futur télescope *Einstein* – sont aujourd'hui en route pour explorer à partir de 2020 les tout premiers instants de la vie de l'Univers après le Big-Bang. Mais à notre avis, cette magnifique exploration ne s'arrêtera pas à la frontière du Big-Bang. En effet, selon nous, les ondes gravitationnelles primordiales sont peut-être les vestiges de phénomènes encore plus anciens, qui se sont produits avant le Big-Bang. Plus exactement, ce que les physiciens appellent aujourd'hui les « vibrations » de l'espace-temps naissant – c'est-à-dire les ondes gravitationnelles primordiales – pourraient avoir pour source des événements qui ont affecté le support fondamental de la réalité à cette échelle très lointaine, autrement dit : la « métrique » du pré-espace-temps avant même le Big-Bang ! Cette nouvelle approche mérite d'être plus détaillée, une tâche passionnante à laquelle nous allons nous atteler dans un instant.

En effet, essayons de mieux comprendre ce que sont ces fameuses « ondes gravitationnelles primordiales ». Les experts sont aujourd'hui d'accord pour dire que dans ce monde très instable qui entoure le Big-Bang, ces fameuses ondes primordiales résultent des perturbations que subit la « métrique » de l'Univers à cette échelle. Le mot « métrique » vous fait froncer les sourcils ? Pas d'affolement ! Pensez tout bonnement au mètre (l'étalon du système métrique) qui vous permet de mesurer les murs de votre salon. Sans la fameuse métrique, qui fixe les choses dans l'espace comme dans le temps, le paysage autour de nous ne cesserait de se déformer, les objets de se rapprocher ou de s'éloigner sans crier gare tandis que le temps deviendrait élastique. Une excellente raison, donc, pour s'y intéresser. Mais que deviennent ces métriques – ces gravitons – au moment du Big-Bang ? Écoutons ce que nous dit l'astrophysicien Peter Coles (déjà rencontré ici) : « Il est raisonnable de penser que durant la période où la température est de l'ordre de 10 puissance 19 GeV, un équilibre thermique entre les composantes de l'Univers – en particulier les gravitons – est réalisé[89]. » Même conclusion pour le cosmologiste Maurizio Gasperini (un proche de Gabriele Veneziano, le célèbre pionnier de la théorie des cordes) : « Dans le modèle standard, un état fondamental constitué d'ondes gravitationnelles thermiques pourrait trouver son origine à l'échelle de Planck, lorsque la température est assez élevée pour maintenir les gravitons en équilibre thermique[90]. »

Que l'on parle de gravitons ou de métriques (ce qui, en gros, revient pour nous au même) seule compte ici la conclusion : l'Univers est bien en équilibre thermique à l'échelle de Planck.

*

Et à présent, voici le « miracle » : si l'Univers est à l'équilibre à l'échelle de Planck, alors il est nécessairement dans un état très spécial, tout à fait unique. De quoi s'agit-il ? De ce que les physiciens mathématiciens (jamais avares de trouvailles bizarres) appellent l'« état KMS ». Pour simplifier, disons que dans le monde de l'infiniment petit, lorsqu'un système

---

89 « Detecting relics of thermal gravitational wave background in the early Universe », *Physics Letters B*, Vol. 680, Issue 5, p. 411-416.
90 Testing String Cosmology with Gravity Waves Detectors, gr-qc / 9707034.

est en équilibre thermique, il est *de facto* en état KMS. Donc, retenez bien ces trois lettres. Vous n'en aviez jamais entendu parler ? Rassurez-vous : vous n'êtes pas le seul. En fait, même parmi les physiciens, plutôt rares sont ceux qui connaissent cette magnifique théorie. Nous l'avons nous-mêmes découverte et approfondie durant nos années de recherche en thèse. Et c'est ce qui, progressivement, nous a permis de « voir » (plus que de découvrir) que l'Univers à l'échelle de Planck était bel et bien en état KMS. Un état unique qui, nous le pensons, a dominé l'Univers juste avant le Big-Bang et dont il subsiste encore, comme nous le suggérons plus loin, des traces observables aujourd'hui. Où donc ? C'est là que la situation devient franchement passionnante : au sein même du rayonnement fossile.

*

Que veut dire KMS ? Ces trois lettres sont les initiales des trois auteurs de la mémorable théorie, les physiciens mathématiciens Kubo (un Japonais, lauréat du prix Boltzmann), Martin (un mathématicien toujours perdu dans d'interminables calculs) et Schwinger (prix Nobel de physique en 1965, avec Richard Feynman et Shin Tomonaga). Schwinger était lié de longue date à notre directeur de thèse, le physicien mathématicien Moshé Flato, ce qui nous a naturellement mis sur la piste de la condition KMS. Nous n'en avions jamais entendu parler (et au fond, cela ne nous avait pas manqué). Jusqu'à ce beau jour de l'été 1995 où Flato nous avait convoqués chez lui et, après avoir couvert son tableau blanc de formules compliquées, avait lâché entre deux rasades de café : « Regardez de près la théorie KMS : il s'y passe des miracles ! »

Tout comme un funambule au-dessus du vide, l'état KMS relie l'équilibre thermique d'un système à son évolution.

Pour simplifier, disons que dans l'infiniment petit, l'état KMS relie l'équilibre thermique d'un système à son évolution. Un peu comme un funambule qui, sur une corde, ne peut conserver son équilibre qu'au prix des petits mouvements de son balancier. Mais voici le plus important (et aussi le plus déconcertant) : lorsqu'un système quantique est en état KMS (c'est-à-dire quand son équilibre et son évolution sont réunis), alors son temps propre cesse, au sens strict, d'exister. Plus exactement, il devient *complexe* au sens que les mathématiciens donnent à ce mot. Pour avancer, contentez-vous de retenir que le temps en régime KMS n'est pas bien défini. Qu'il se déforme et devient flou. Il peut ralentir (une seconde va alors durer une heure) ou bien accélérer brutalement (une journée va passer en cinq minutes) ou encore « sauter » tout à coup de midi et demi à neuf heures du soir !

*

Peut-on alors retrouver cette condition dans l'Univers tout entier ? La réponse est oui, puisque les deux conditions sont réunies : l'Univers à l'échelle de Planck – dans l'infiniment petit donc – est un système quantique et il est en équilibre thermique. Et ceci entraîne de fantastiques conséquences. La plus spectaculaire est que la coordonnée temporelle du cosmos avant le Big-Bang n'est pas encore fixe mais est soumise à des fluctuations entre la direction réelle et une direction *imaginaire* (c'est-à-dire mesurée par des nombres imaginaires).

Au printemps 2006, nous avons eu la chance de rencontrer Stephen Hawking. Et nous lui avons demandé s'il pensait que le temps imaginaire était la forme fondamentale du temps. Il nous a alors répondu, par l'intermédiaire de son étrange « codeur vocal » : « *Oui ! C'est bien cela.* » En somme, une autre manière de dire qu'avant d'être réel, avant le

Big-Bang, le temps a existé sous une forme imaginaire. Au fait, pourquoi « imaginaire » ? C'est le philosophe (mais aussi brillant mathématicien) Descartes qui a trouvé ce nom. Par dérision, parce qu'il ne croyait pas que de tels nombres pouvaient exister. Mais à vrai dire, cette appellation leur va comme un gant. À présent, souvenez-vous de vos cours de maths : le carré d'un nombre imaginaire est toujours négatif. Ce sont ces nombres pas comme les autres qui vont donc nous servir à mesurer la direction imaginaire du temps. Si le temps est une droite, alors le temps imaginaire est tout simplement perpendiculaire à la droite du temps réel.

Le célèbre physicien de Cambridge, Stephen Hawking, le premier à avoir utilisé la notion de temps imaginaire pour expliquer l'origine de l'Univers.

Nous touchons presque au but. Si le temps fluctuait avant le Big-Bang, alors ces fluctuations ont laissé des traces visibles au sein même du rayonnement fossile (ce qu'à la faveur d'une belle intuition, Smoot a traduit par l'expression les « rides du temps »). Pourrait-il alors s'agir de celles qu'on observe ?

*

Nous pensons que oui. Pour en avoir le cœur net, imaginons maintenant que nous puissions marcher dans cet Univers juste avant le Big-Bang. L'état KMS veut dire que d'un endroit à l'autre, la métrique sous nos pieds est soit ordinaire – la même que chez nous – soit, au contraire, elle est orientée dans le temps imaginaire (elle est donc euclidienne). Tant que la métrique reste la nôtre, le sol est lisse sous nos pieds. En revanche, lorsqu'elle devient, ici et là, euclidienne, alors des crevasses apparaissent sur notre chemin.

Cette petite analogie peut nous permettre de mieux nous représenter ce qu'est l'Univers en état KMS : un lieu pas vraiment hospitalier, où le « panorama » n'est plus lisse et continu mais se trouve à chaque instant déchiré, troué par des « crevasses euclidiennes ». En poussant l'analogie encore plus loin, l'on pourrait dire qu'à l'échelle de Planck, il y a des régions (en rouge) où la gravité existe et d'autres où elle est modifiée (en bleu) parce qu'elle est devenue euclidienne. À présent, étendons (grâce à l'inflation) ce paysage quantique à grande échelle, celle de l'Univers en l'an 380 000. Que constate-t-on ? Que les régions où la gravitation existe (en rouge) ont attiré la matière et créé des « îlots » ; au contraire, les régions où la gravité était peut-être euclidienne (et donc n'existait pas) apparaissent désormais comme des vides (en bleu). La première lumière porterait donc la trace des oscillations du temps qui, nous le pensons, existaient avant le Big-Bang. L'expression « rides du temps » proposée par George Smoot nous apparaît donc particulièrement bien choisie.

*

Nous terminerons donc par quelque chose de relativement provocant. Les fluctuations visibles sur le fond diffus pourraient donc bien avoir pour origine lointaine les fluctuations de la métrique à l'échelle de Planck. Et dans ce cas, le rayonnement fossile n'est autre que l'image visible de l'état KMS de l'Univers avant le Big-Bang. Alors, face à cet étrange poudroiement de couleurs venues d'un temps où le temps n'existait pas encore, comment ne pas être tenté d'y deviner le visage de Dieu ?

L'énergie noire, cette énigmatique forme d'énergie
accélère l'expansion de l'Univers
et représente plus des deux tiers de son contenu.

23

D'OÙ VIENT L'ÉNERGIE NOIRE ?

Ce matin-là, en juin 1997, l'air venu des prairies entrait en silence par les fenêtres ouvertes en grand. Pas un bruit. Juste les abeilles dans le ciel et le frôlement de la brise sur les branches d'arbres à portée de main. Nous avions du mal à réaliser que nous trouvions dans le plus grand laboratoire du monde. Le CERN, en Suisse, un lieu mythique. C'est là, en 1990 que grâce à une poignée de physiciens, est né Internet tel que nous l'utilisons aujourd'hui tous les jours. Là qu'a été mis en service en 1991 le tout premier site Web de l'histoire. Là qu'à l'automne 2008 a été créé dans une fabuleuse gerbe d'énergie le premier choc de particules élémentaires – des protons – dans le tunnel géant (27 kilomètres de diamètre) du célèbre LHC. Là enfin que sera découvert en 2012 le fameux boson de Higgs, que certains appellent la particule-Dieu.

Au CERN, le plus grand accélérateur de particules du monde.
Il a permis la découverte en 2012 du mystérieux Boson de Higgs, dans la collision à très haute énergie entre deux nuages de protons accélérés à des vitesses proches de celle de la lumère.

En attendant, ce jour-là nous tentions de convaincre un physicien théoricien du CERN que nos calculs débouchaient sur quelque chose d'étrange. Ce physicien s'appelait Gabriele Veneziano. Nous vous en avons déjà parlé : il a fait partie de la commission d'évaluation de nos thèses réunie en juin 1999 à l'École polytechnique avant la soutenance. Aujourd'hui professeur au Collège de France, c'est lui qui, en 1968, en appliquant les propriétés d'une fonction purement mathématique au monde des particules élémentaires, a été à l'origine de la théorie des cordes – ce magnifique édifice théorique, hérissé de formules, dont le but est d'élucider, tout au fond de l'infiniment petit, le mystère de la matière. Mais ce jour-là, c'est un autre mystère qui nous occupait. Un mystère apparemment venu du fond de l'Univers et qui laissait Veneziano perplexe.

De quoi s'agissait-il ? À première vue, de pas grand-chose. Juste une anomalie surgie de nos calculs et que dans un premier temps nous avions pensé pouvoir éliminer. Mais au fil des mois, malgré les heures passées à tordre les équations dans tous les sens, nous n'étions toujours pas parvenus à résoudre le problème. Quel problème ? Celui posé par l'existence d'une « force » étrange, venue du fond des temps, avant le Big-Bang, avant même la naissance physique de notre Univers. Quelque chose qu'en physique on appelle un « champ scalaire » et qui – selon nous – était encore là aujourd'hui, dans tout l'Univers. Or, ce qui n'allait pas dans les équations, c'est que ce champ invisible, totalement inconnu, ne pouvait bizarrement qu'accélérer sans cesse l'expansion de l'Univers. En somme, à en croire nos calculs, le cosmos était comme soumis à l'action d'une force invisible qui le forçait à se ruer de plus en plus vite vers l'infini.

Notre directeur de thèse, le mathématicien Moshé Flato avait pourtant remarqué l'existence de ce phénomène étrange au sein même de nos calculs. Membre du comité Nobel et fondateur de la célèbre et très sélective revue de physique mathématique *Letters of Mathematical Physics*, Moshé Flato était loin de s'en laisser conter. Pourtant, le

5 octobre 1995, dans un rapport à en-tête de l'université de Bourgogne intitulé « Rapport sur l'état des travaux de thèse de doctorat en physique mathématique de M. Grichka Bogdanoff », le professeur Flato pointe cet aspect selon lui important de la recherche en question : « Ce travail original présente des perspectives nouvelles et importantes de nature à résoudre certains des problèmes parmi les plus difficiles dans le domaine de la gravité quantique. L'auteur établit, en particulier, l'existence d'un champ scalaire complexe (dilaton + axion) issu de la double signature fluctuante (+ + + ±) dans le domaine quantique $\sum_h$ $(0 < t < 10^{-43}$ s)) couplé à la 3-géométrie susceptible, selon lui, d'accélérer l'expansion de l'espace-temps. Nous recommandons la publication de certains des résultats concernés[91]. » Ce rapport du professeur Flato, repris et attesté en 2015 par le mathématicien Daniel Sternheimer puis publié cette même année par le physicien théoricien Luis Gonzalez-Mestres, ancien membre du Comité national de la recherche scientifique, indique qu'un phénomène nouveau se nichait au cœur de nos calculs.

Pourtant ce jour-là (c'était donc en 1997, deux ans après le rapport de Flato), nous n'avons convaincu personne. Ni Veneziano (d'ailleurs en général distant face aux constructions trop mathématiques) ni les autres théoriciens rencontrés au CERN. Une accélération de l'expansion cosmique ? La chose paraissait trop invraisemblable. Jamais on n'avait observé le moindre phénomène de ce genre. Pourtant, même si nous ne le savions pas encore, notre recherche de

---

91 Rapport du professeur Flato, *in L'Énigme Bogdanov*, de Luis Gonzalez-Mestres, éd. Télémaque (5 novembre 2015).

l'Univers avant le Big-Bang nous avait menés face à l'un des mystères les plus profonds de la cosmologie d'aujourd'hui.

Le physicien mathématicien Moshé Flato, ancien élève de Louis de Broglie et membre du comité Nobel. Il est l'un des pionniers de la théorie des groupes quantiques, puissants instruments algébriques ayant permis l'exploration de l'Univers avant le Big-Bang.

*

Ce mystère, c'est celui de l'énergie noire.

Un an après notre passage au CERN – en fait en octobre 1998 – voilà qu'une nouvelle ahurissante fait le tour du monde en quelques heures à peine : deux équipes indépendantes d'astronomes ont observé que ces étoiles explosives qu'on appelle des « supernovae » se trouvent en réalité bien plus loin que ce que l'on pouvait croire jusqu'alors. « Un véritable cataclysme ! » s'exclame le physicien théoricien américain Leonard Susskind, de l'université Stanford. « Un séisme ! » lance-t-on en France dans les observatoires. Seule explication : le cosmos grandit plus vite que prévu. Ou plutôt, son expansion s'accélère. Pour quelle raison ? Nul ne le sait. Sous l'action d'une énergie inconnue, à laquelle Michael Turner, cosmologiste à l'université de Chicago, a fini par donner ce nom qui semble issu de *La Guerre des étoiles* (mais du mauvais côté de la force) : l'énergie sombre (ou noire, selon l'état d'esprit des astrophysiciens).

Nous en sommes là aujourd'hui. En 2006, un astrophysicien publie sur l'arXiv scientifique un article sous ce titre provocateur : « Énergie sombre : le mystère du millénaire[92] ». Ce qui est sûr (parce qu'on l'observe dans les laboratoires astronomiques), c'est que l'Univers grandit de plus en plus vite, que son expansion s'accélère bel et bien. Mais pourquoi ? Autant le dire sans détour : pour beaucoup de chercheurs, on n'en sait pas plus aujourd'hui qu'au moment de la découverte du phénomène en 1998. L'énergie noire reste pour ces physiciens-là un mystère. Son origine, ce qu'elle est, comment elle agit, tout cela

92 T. Padmanabhan, arXiv:astro-ph/0603114.

leur reste inaccessible. Pour les uns, elle pourrait être une nouvelle force de l'Univers, la cinquième. Ceux-là l'ont baptisée « quintessence ». Pour d'autres, il pourrait s'agir de la fameuse « constante cosmologique » proposée par Einstein. Pour d'autres encore, elle pourrait résulter de ce qu'ils appellent « l'énergie fantôme », à l'origine d'une accélération très rapide de l'expansion. Mais jusqu'à aujourd'hui, personne, aucun théoricien ou expérimentateur n'est encore parvenu à résoudre l'énigme. Pourtant, en ce moment même, vous pouvez lire sur le site de la NASA que l'énergie noire représenterait plus des deux tiers de l'Univers (la matière ordinaire ne comptant que pour moins de cinq pour cent). Ce qui débouche sur cette conclusion somme toute surprenante : nous ignorons les trois quarts de l'Univers dans lequel nous vivons.

Alors ?

*

Nous l'avons déjà dit en 2000 dans nos articles scientifiques, puis en 2004 dans notre livre *Avant le Big-Bang*[93] et encore en 2010 dans la première version du *Visage de Dieu* : nous ne pensons pas du tout que l'énergie noire est « le plus grand mystère de l'humanité » comme on le répète partout ici et là. En cela, nous partageons le même point de vue qu'Eugenio Bianchi et Carlo Rovelli lorsqu'ils soutiennent dans leur article scientifique publié sur l'arXiv en

---

93 I. & G. Bogdanoff *Avant le Big-Bang*, éd. Grasset, 2004.

2010 : « Il n'y a aucun "grand mystère" dans une expansion accélérée de l'univers. Ce phénomène est clairement prédit et simplement décrit par la théorie physique actuelle bien comprise. Il s'explique clairement dans le contexte de la relativité générale, qui inclut naturellement une constante cosmologique[94]. » Et pour en rajouter encore une couche, ils assènent : « Il est particulièrement faux de parler d'une mystérieuse "substance" pour désigner l'énergie noire. L'expression "substance" est inappropriée et trompeuse. C'est comme si on disait que la force centrifuge qui sort d'un manège est "l'effet d'une substance mystérieuse"[95]. »

Dont acte. Pour mieux comprendre pourquoi, comme Bianchi et Rovelli, nous pensons que l'énergie noire peut aisément s'expliquer dans le cadre de la relativité générale, faisons un petit retour en arrière. Nous retrouvons Einstein en 1916, au moment où il achève le calcul des équations du champ. C'est alors que, pour la première fois, pour des raisons mathématiques – et donc indépendamment de la question de la fixité cosmique –, il ajoute sa fameuse constante, qu'il baptise « lambda » (noté par la lettre grecque L). En effet, la forme la plus générale de l'action gravitationnelle implique l'existence de cette constante. Donc, Einstein l'ajoute dans ses équations. Au passage, cet ajout l'arrange bien car il impose que l'Univers reste statique. Or, il suffit de regarder les célèbres équations de la relativité pour constater au premier coup d'œil que la constante cosmologique est très naturellement couplée à la

94 Eugenio Bianchi, Carlo Rovelli, « Why all these prejudices against a constant ? », arXiv : 1002.3966V3, avril 2010.
95 *Idem*.

métrique. Qu'est-ce que ça veut dire ? Ici un petit rappel. La métrique (notée *g*) décrit tout bêtement les distances dans un espace. À présent, Einstein a exprimé le couplage entre la métrique *g* et la constante cosmologique L par le terme L*g*, en somme par une multiplication. Et vous comprenez à présent pourquoi la constante cosmologique intervient directement sur la mesure des distances dans l'Univers et pourquoi elle explique l'accélération de ces distances en fonction du temps. Mais comme le dit Rovelli, l'important est que cette constante – et donc l'énergie noire – fasse partie intégrante de la relativité. Pour preuve, comme le soulignent avec force Bianchi et Rovelli : « Le modèle Lambda-Cold Dark Matter (LCDM), qui est actuellement le modèle standard en cosmologie, suppose la présence du terme cosmologique dans les équations d'Einstein[96]. »

$$R_{\mu\nu} - \frac{1}{2} R\, g_{\mu\nu} + \Lambda\, g_{\mu\nu} = \frac{8\pi G}{c^4} T_{\mu\nu}$$

L'équation du champ d'Einstein avec le terme Λ
désignant la célèbre constante cosmologique,
souvent considérée responsable de l'expansion cosmique.

*

96 *Idem.*

Faisons le point. Nous savons à présent que l'énergie noire fait partie du modèle standard en cosmologie et qu'elle est intégrée aux équations du champ. Mais pour trouver ce qu'elle est vraiment, la première chose à faire, c'est d'en chercher la source au bon endroit. Or, selon nous, cette source ne se trouve pas ici, dans notre Univers. Ou plutôt, elle se trouve avant sa naissance matérielle. Avant le Big-Bang.

Ceux qui ont suivi nos recherches le savent : pour nous, avant le Big-Bang, le temps n'est plus fixe : il oscille entre la direction réelle et la direction imaginaire. Or, voici à présent un point du plus grand intérêt : il est possible de voir que la source de fluctuation du temps avant le Big-Bang est un « champ » (pensez à une sorte de force). Plus exactement un champ complexe, au sens des nombres complexes, ayant une partie réelle et une partie imaginaire pure. À partir de là, tout s'éclaire : dans l'Univers en état KMS, ce champ scalaire complexe « remplace » le temps et est donc la source profonde des fluctuations de l'axe temporel. À partir de là, que se passe-t-il après le Big-Bang ? Un phénomène spectaculaire : l'équilibre thermique est brisé ! L'Univers quitte alors l'état KMS et le temps se normalise, cesse de fluctuer et devient tout bonnement réel.

Mais à présent réfléchissons : le champ scalaire complexe qui, avant le Big-Bang, existait à la place de la dimension temporelle s'est brisé. Que devient-il ? Il a soudain « libéré » la partie imaginaire, qui est donc devenue le temps ordinaire, celui que nous connaissons. Et la partie réelle ? C'est désormais un paramètre libre, dont la valeur est devenue une constante. Et c'est donc lui qui, une fois libre, se couple naturellement à la métrique de l'espace-temps (ce que l'on constate dans les équations de la relativité) et *accélère* l'expansion. Or, ici survient l'un de ces « miracles » qui enchantent l'histoire de la physique : les observations du satellite *Planck* montrent que la valeur de la constante cosmologique est extrêmement petite, de l'ordre de $1{,}11 \times 10^{-52}$ m^{-2} (la constante Λ a donc les dimensions de l'inverse d'une longueur au carré). En fait, la valeur ci-dessus correspond à ce qu'on appelle aujourd'hui « l'énergie du vide », soit environ 29 grammes par centimètre cube ! Une valeur troublante : c'est celle qui a été calculée pour la constante cosmologique, celle qui ressort de toutes les mesures, notamment des observations de *Planck*. Comme si le champ à l'origine de l'oscillation du temps avant le Big-Bang et aujourd'hui la constante cosmologique étaient une seule et même chose.

*

Que conclure de tout ceci ?

Peut-être que deux problèmes cruciaux trouvent ici, l'un comme l'autre, une solution. D'abord, la constante cosmologique : son origine lointaine sous la forme d'un champ dynamique à l'échelle de Planck, avant le Big-Bang, pourrait bien résoudre la plupart des difficultés qu'elle soulève encore aujourd'hui.

Ensuite, l'énergie noire : d'où vient-elle ? D'avant le Big-Bang ! C'était un champ scalaire, sans doute présent avant même que l'Univers n'émerge du brouillard quantique. Et vous connaissez à présent nos conclusions : les caractéristiques de ce champ évoquent irrésistiblement la fameuse constante cosmologique logée par Einstein en 1917 dans ses équations (délogée dans les années 1920 puis relogée aujourd'hui). Enfin, cerise sur le gâteau, comme le soulignent Bianchi et Rovelli dans leur article sur la constante cosmologique, celle-ci explique pourquoi l'Univers est fermé et a nécessairement la topologie d'une sphère. La boucle est bouclée !

Le cône de lumière de l'espace-temps décrivant l'évolution de l'Univers depuis le Big-Bang jusqu'à aujourd'hui. L'extérieur du cône de lumière avait été baptisé par Einstein « l'Ailleurs » et correspond à la région du temps imaginaire.

Ce chapitre s'achève donc sur une bonne nouvelle : si notre hypothèse est un jour confirmée, alors l'origine dynamique, avant le Big-Bang, de la fameuse constante résoudrait le paradoxe qui, depuis sa naissance, lui est attaché. Autrement dit, l'extraordinaire « réglage » de cette constante évoqué dans un précédent chapitre trouverait alors une explication on ne peut plus naturelle.

Inversement, l'existence même de l'énergie noire pourrait bien représenter un indice fort de l'existence énigmatique, étrange, d'un temps autre : un temps imaginaire avant le Big-Bang.

Et justement : ceci nous conduit tout droit vers la dernière question posée, somme toute hallucinante : d'où vient le Big-Bang ?

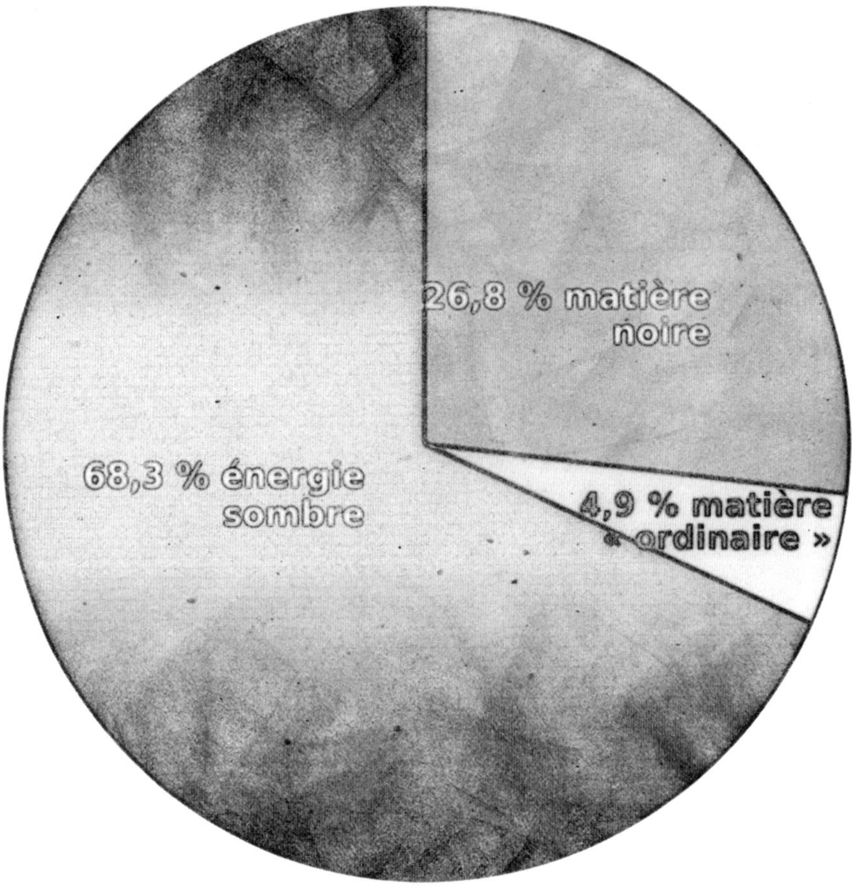

La matière, telle que nous la connaissons, ne représente qu'un peu moins de 5 % du contenu de l'Univers.

24

D'OÙ VIENT LE BIG-BANG ?

10 puissance moins 43 seconde !

Tout à coup un immense éclair invisible déchire le néant. Un atome de seconde plus tard, une indescriptible boule de feu – des milliards de milliards de degrés – jaillit du trou noir primordial, franchit l'horizon et repousse loin devant elle un torrent de radiations. Par vagues de plus en plus hautes, la monstrueuse onde de flammes lèche le vide, brise les forces naissantes, engendre une lave de particules qui retombe en nappes dans les creusets invisibles de la gravitation. Le choc recule au seuil de l'abîme, déferle en nuée ardente dans l'espace électrifié. Le temps et l'espace viennent de naître en écume tourbillonnante.

C'est la première seconde de vie de notre Univers.

Une énergie qui frôle l'infini, à une température folle,
apparaît dans le vide primordial…

*

Vous le savez sans doute, c'est en moins de trois minutes (comme l'a magnifiquement écrit le prix Nobel de physique Stephen Weinberg) que l'espace, le temps et la matière se sont mis à exister au cœur des ténèbres. Trois minutes avant, il n'y avait encore rien. Pas un gramme de matière. Pas un centimètre d'espace. Pas une seconde de temps. Rien. Puis une seconde plus tard, c'est le Big-Bang. Une énergie qui frôle l'infini, à une température folle, explose dans le vide primordial. Mais d'où vient cette fantastique énergie ? Les physiciens le savent : un instant avant, il n'y avait rien. Alors, par quel miracle a-t-elle soudain surgi du néant ? Pourquoi y a-t-il tout à coup *quelque chose* plutôt que rien, comme une seconde plus tôt ? En bref : d'où vient le Big-Bang ?

Nous sommes là face au plus grand des mystères. En 1991, dans le tout premier chapitre de *Dieu et la science* intitulé « Le Big-Bang », Jean Guitton prenait en premier la parole, suspendue au-dessus du mystère formulé par Leibniz : « Avant d'entrer dans ce livre, j'ai envie de poser la première question qui me vient à l'esprit : la plus obsédante, la plus vertigineuse de toute la recherche philosophique : pourquoi y a-t-il quelque chose plutôt que rien ? Pourquoi y a-t-il de l'Être ? Ce "je-ne-sais-quoi" qui nous sépare du néant ? Que s'est-il passé au début des temps pour donner naissance à tout ce qui existe aujourd'hui ? À ces arbres, ces fleurs, ces passants qui marchent dans la rue, comme si de rien n'était ? Quelle force a doté l'Univers des formes qu'il revêt aujourd'hui ?[97] »

En 1991, il était très difficile (pour ne pas dire impossible) de répondre à ces questions. Où en sommes-nous aujourd'hui ? Pas beaucoup plus loin. Pour la plupart des scientifiques, il est impossible de savoir ce qui a pu se passer avant le Big-Bang. Un exemple intéressant ? Celui du célèbre astrophysicien américain Robert Jastrow. Il ouvre son beau livret *La Science et la création*[98] avec ces mots : « Nous ne pourrons jamais savoir ce qui a causé le commencement,

97 *In Dieu et la science, op. cit.*
98 Robert Jastrow, *La Science et la création in* Creation, éd. Thomas H. Schattauer, 1980.

parce que les scientifiques butent sur un mur opaque, là où a eu lieu le Big-Bang. L'explosion cosmique – la naissance de l'Univers – est un effet dont ils ne peuvent pas trouver la cause. Certains pensent que si les hommes de science ne peuvent pas trouver la réponse aujourd'hui, ils la trouveront demain et que nous pourrons la lire dans les colonnes du *New York Times*. Pourtant, il s'agit d'une découverte qui ne pourra sans doute jamais céder aux investigations des scientifiques, dans la mesure où dans les premiers moments d'existence de l'Univers, la température et la pression étaient infiniment élevées. Ceci veut dire que toutes les reliques de l'Univers avant la création, celles qui auraient pu nous donner une idée d'un processus naturel à l'origine de ce moment explosif appelé Big-Bang, tout cela a disparu. » Et en bonne logique, Jastrow conclut : « Finalement, les astronomes et les cosmologistes se retrouvent nez à nez avec les théologiens, qui ont toujours pensé que ce qu'on pourrait appeler une force surnaturelle, une force créatrice, est responsable de ce qui s'est passé à l'origine du monde. »

Bien que largement fondé, le point de vue de Jastrow (et d'une grande partie de la communauté scientifique) nous paraît excessivement pessimiste. Dans le sillage des tout derniers progrès de la physique (et d'autres disciplines, comme les mathématiques ou les sciences de l'information), nous pensons que certaines réponses peuvent être trouvées (même s'il faut les chercher là où on n'a pas l'habitude d'aller). Avec le concours des satellites cosmologiques, nous croyons qu'il est devenu possible de jeter un coup d'œil avant le mur de Planck. Et d'en savoir un peu plus (ne serait-ce qu'un peu) sur ce qui a été à l'origine du Big-Bang.

Grâce au satellite Planck, certains chercheurs pensent qu'il est possible d'entrevoir ce qui se cache avant le mur de Planck, de l'autre côté de la réalité matérielle.

*

Pour commencer, remontons plus de 130 millions de siècles en arrière et revenons une nouvelle fois à l'Univers tel qu'il était au moment du Big-Bang.

La question que l'on peut soulever est celle-ci : est-ce que les satellites cosmologiques (en particulier *Planck*) vont nous permettre d'en savoir plus sur l'échelle de Planck, c'est-à-dire sur le Big-Bang lui-même ? Nous l'avons vu dans ce livre, sans prendre de risque, on peut affirmer que oui. Un exemple ? Ce que vient de déclarer l'astrophysicien George Efstathiou, de l'université de Cambridge, membre anglais de la « Planck Team », ceux qui, il y a dix-sept ans, ont fondé le programme : « Nous avons maintenant commencé l'analyse scientifique des splendides données de *Planck* et nous attendons de découvrir des informations toutes nouvelles sur les débuts de l'espace et du temps tels que nous les connaissons. »

Ceci est vrai pour l'Univers au moment du Big-Bang. Mais avant ? Là encore, pour la première fois, l'on commence à s'appuyer sur les satellites cosmologiques pour envisager d'explorer l'Univers avant le Big-Bang. Voici ce qu'a écrit en 2006 à ce sujet un groupe de physiciens théoriciens japonais : « De précieuses informations sur les processus physiques qui se déroulent dans l'Univers en expansion ont été enregistrées dans le rayonnement fossile sous forme de minuscules anisotropies. Les spectres de puissance angulaire de ces anisotropies, récemment observées par COBE et WMAP sont, *grosso modo*, la projection de l'histoire de l'Univers pour la période comprise entre sa naissance et aujourd'hui. Ceci nous donne un espoir extraordinaire que si nous croyons en l'idée de l'inflation de l'univers, c'est-à-dire à une expansion extrêmement rapide sans thermalisation globale, la corrélation à grande distance des anisotropies observées peut fournir des informations sur la dynamique de la période avant l'échelle de Planck. Nous sommes maintenant au seuil de révéler et de vérifier l'aspect quantique de l'univers. »

Tout ceci en dit long sur l'état d'esprit des théoriciens aujourd'hui. Des penseurs du commencement, débarrassés de la plupart des inhibitions qui jusqu'ici pouvaient rendre impossible l'exploration de l'Univers au moment du Big-Bang et avant.

L'Univers au moment du Big-Bang est donc là, devant vous. Cependant, il n'a pas surgi du néant « comme ça » (comme une pin-up d'un gâteau, selon l'expression ironique de Fred Hoyle). Il vient bien de quelque part. Mais d'où ?

*

Premier repère : il existe bien quelque chose, un autre monde, avant le Big-Bang. Perdu au fond de l'infiniment petit, nous ne pourrons jamais le voir. Mais ce n'est pas le néant. Contrairement au raccourci un peu rapide souvent emprunté, faute de mieux, par les scientifiques eux-mêmes, l'Univers n'a pas été « créé à partir de rien ».

Deuxième repère : la réalité physique, telle que nous la connaissons, est apparue avec le Big-Bang. Non pas à l'instant zéro mais très exactement 10 puissance moins 43 seconde après l'instant zéro. Et dès les trois premières minutes, on trouve dans l'Univers du temps et de l'espace, bien sûr, mais aussi de l'énergie (beaucoup d'énergie) et déjà un peu de matière (ou plus exactement, les briques fondamentales dont est faite la matière).

Troisième repère (qui découle des deux précédents) : avant le Big-Bang, l'espace, le temps et la matière n'existent pas encore. À la place, on va donc trouver autre chose. Quoi donc ? Des bribes de réponse vous ont déjà été fournies çà et là, en particulier dans le chapitre consacré à l'extraordinaire état dans lequel se trouvait l'Univers juste avant le Big-Bang. Vous vous en souvenez ? L'état KMS. C'est de ce côté-là que nous allons maintenant chercher la réponse à la question « d'où vient le Big-Bang ? »

*

Avec la condition KMS, nous disposons en fait d'une clef qui va nous permettre d'ouvrir une porte dans le mur de Planck. Vous vous en souvenez, elle s'applique à l'Univers entier au temps de Planck. D'où cette conséquence spectaculaire : le temps avant le Big-Bang était très probablement complexe (c'est-à-dire oscillant entre une forme réelle – le temps ordinaire – et une forme imaginaire). Or, une partie de la réponse à la question « d'où vient le Big-Bang ? » est sans doute là : dans les trois formes du temps.

Le temps et l'énergie forment un couple indissociable.

La première, c'est la forme ordinaire, le temps de chez nous. Il est en profondeur lié à l'existence de l'énergie dans notre monde. C'est ce qui fait que les choses bougent, explosent, se transforment, etc. Sans le temps, pas d'énergie !

À présent, voyons la deuxième forme possible du temps : le temps imaginaire. Plus exactement, imaginaire pur (souvenez-vous : il est mesuré par les nombres imaginaires). À la différence du temps réel – toujours en mouvement d'un instant à l'autre –, le temps imaginaire ne s'écoule pas (il est comme « gelé »). Un peu comme la bobine d'un film, dont l'histoire est comme gelée. Dans le temps imaginaire, l'énergie ne peut donc pas exister. Qu'allons-nous y trouver à la place ? Ce que les spécialistes, depuis quelques années, appellent l'information. De quoi s'agit-il ? En fait (surprise !) de la même chose que l'énergie mais dans le temps imaginaire. Au lieu de parler de grammes (pour une cerise) ou de kilomètres-heures (pour une voiture), on va chercher à décrire ces mêmes objets par la quantité d'information qu'ils contiennent. Une information mesurée en bits (un mot rassurant, que vous connaissez bien). Ainsi, ce fauteuil, les lunettes ou les vêtements que vous portez, la maison dans laquelle vous vivez se réduisent, *in fine*, à de l'information pure. On commence désormais à mesurer (plus ou moins grossièrement) le degré d'information de tel ou tel objet et de le comparer à tel autre.

*

Mais revenons maintenant à l'origine de l'Univers. Où donc au juste allons-nous trouver ce prodigieux temps imaginaire ? Vous l'avez deviné : non pas dans notre monde mais ailleurs. Avant le Big-Bang. Soyons plus précis. Le temps complexe, en mathématique, résulte de l'addition du temps réel et du temps imaginaire pur. Et tout s'éclaire : le temps imaginaire pur existe lorsque le temps réel, lui, n'existe pas encore, autrement dit : à l'instant zéro. Vous pouvez donc sans effort en déduire avec nous qu'à l'instant zéro – au moment où l'Univers n'existe encore qu'en temps imaginaire – ce que nous appelons dans notre monde « énergie » n'existe pas non plus. Et qu'y a-t-il à la place ? Tout naturellement, de l'énergie imaginaire ! Cette chose vous paraît sûrement des plus étranges. Pourtant, elle est bien connue des physiciens, pour lesquels elle est presque banale. Elle ne varie pas (puisque le temps réel n'existe plus) et se réduit à ce qu'en mathématique on appelle un « champ scalaire », c'est-à-dire un nuage de nombres. Un ensemble de chiffres. Un bon exemple d'énergie imaginaire, souvent cité, est celui de la charge électrique de l'électron, un nombre que les physiciens appellent l'énergie imaginaire de la particule[99].

Nous voici donc face à cette forme d'énergie cristallisée, qui associe un nombre à chaque point. Au lieu d'énergie imaginaire, nous allons l'appeler « information ». Et nous en déduisons donc qu'à l'instant zéro, il n'y a rien d'autre que de l'information. Quelque chose de purement

---

99 « Electric Charge as a Form of Imaginary Energy », T. Zhang, *Progress in Physics*, vol. 2, avril 2008.

numérique mais qui « encode » toutes les propriétés de l'Univers destiné à apparaître après le Big-Bang.

Selon l'application du principe du physicien Ralph Landauer, brillant chercheur à IBM dans les années 1960, la matière pourrait résulter de la transformation d'une information primordiale ayant existé avant le Big-Bang.

Mais à présent, afin d'éclairer davantage ce passionnant paysage originel, allons plus loin et précisons encore les choses.

Quel est le lien entre matière et information ? Comment passe-t-on de l'un à l'autre ? Pour en savoir plus, nous vous invitons à revenir vers un principe scientifique dont nous avons déjà parlé dans nos ouvrages précédents. Un principe saisissant, qui complète merveilleusement le puzzle de l'origine. Celui-ci a été découvert en 1961 – et prouvé en 2012 – par un physicien mathématicien américain, Ralph Landauer. Ce chercheur expert de l'information, qui a effectué avec succès une brillante carrière au sein d'IBM, a martelé toute sa vie à qui voulait l'entendre que « l'information est physique ». Que nous dit son célèbre principe ?

Tout simplement que dans un système quelconque, lorsqu'on efface un bit d'information, alors l'entropie – c'est-à-dire le désordre – environnant ce système augmente. Autrement dit, l'effacement d'un bit d'information implique inévitablement un dégagement de chaleur ! La quantité minimum de chaleur dégagée par l'effacement d'un bit est de $S = k.T \log 2$ (k étant la constante de Boltzmann et T la température d'un « réservoir » avec lequel le bit d'information échange de la chaleur).

Ce lien entre information et énergie est spectaculaire et a frappé des générations de chercheurs plus ou moins sceptiques. Jusqu'à ce qu'il soit prouvé avec éclat en 2012. En effet, à la surprise de tous, une équipe de recherche de l'université d'Augsbourg a apporté la preuve expérimentale que tout dégagement d'énergie implique l'effacement irréversible d'une certaine quantité d'information.

Mais ce n'est pas tout. En 2018, une équipe de physiciens chinois a apporté une nouvelle preuve de ce fameux principe, cette fois à une échelle purement quantique, celle d'un seul atome. L'article sobrement intitulé « Single-atom demonstration of quantum Landauer principle » puis publié le 28 mars 2018 sur l'arXiv est captivant. Et le résultat n'est pas mince. Pour certains, ce fameux principe est même l'un des plus importants de ce début du XXIe siècle. En tout cas, il nous permet d'aller plus loin dans notre exploration de ce qui a pu se passer avant le Big-Bang.

*

En effet, le moment est venu de nous poser à nouveau la question : d'où vient l'énergie colossale qui soudain se déverse dans le vide primordial il y a 13 milliards 820 millions d'années ? Quelle est la source de cette énergie dont nous voyons la formidable trace dans le rayonnement fossile photographié par *Planck* ?

Le principe de Landauer nous permet de proposer ici une fascinante hypothèse. Et peut-être un début de réponse. En effet, en appliquant ce principe (prouvé aussi bien à l'échelle classique en 2012 qu'au niveau quantique en 2018), il est plausible de considérer que la formidable énergie thermique du Big-Bang (10^{32} degrés K) pourrait résulter de l'effacement irréversible d'une « information » originelle qui, selon cette approche, a existé avant le

Big-Bang. Toujours dans un tel cadre, l'Univers naissant se comporte donc exactement comme le « réservoir » évoqué par les experts en thermodynamique, réservoir dans lequel l'Univers déverse la chaleur correspondant à l'effacement de l'information existant avant le Big-Bang.

Nous tenons donc les deux « bouts » de l'Univers : à l'échelle zéro le temps imaginaire et l'information, à l'échelle de Planck le temps réel et l'énergie.

Et entre les deux ?

La réponse est simple : le temps est nécessairement complexe (c'est la principale conséquence de l'état KMS) et ceci débouche donc sur un mélange entre l'information et l'énergie. Plus exactement, au cours de cette phase où le temps imaginaire se transforme en temps réel, de la même manière, l'énergie imaginaire à l'instant zéro (donc l'information initiale) se transforme en énergie réelle au moment du Big-Bang.

*

D'où vient le Big-Bang ?

Finalement, nous touchons peut-être ici à une réponse. La source de la colossale énergie qui, en quelques fractions de seconde, jaillit en torrents furieux du néant pourrait bien être l'information primordiale, encodée à l'instant zéro. En somme, une brutale « transition de phase » entre l'énergie imaginaire (l'information originelle) et l'énergie bien réelle qui va se déployer dans le Big-Bang. Pour créer les galaxies, les étoiles par milliards, la Terre, vous et votre chien. En ce sens, comme nous l'avons dit ailleurs, la singularité initiale pourrait être le support de ce que nous appelons le « code cosmologique » : une sorte de programme mathématique, que nous pourrions comparer au code génétique pour un être vivant. Ce qui, au passage, affaiblit terriblement le rôle qu'aurait pu jouer le hasard au moment du Big-Bang (et *a fortiori* avant).

L'Univers contiendrait-il un message exprimé dans un code secret ?

Il y a vingt ans, dans la toute dernière page de *Dieu et la science*, Jean Guitton et nous écrivions : « Dans le sillage de tout ce qui précède, nous pouvons appréhender l'Univers comme un message exprimé dans un code secret, une sorte de hiéroglyphe cosmique que nous commençons tout juste à déchiffrer. Mais qu'y a-t-il dans ce message ? Chaque atome, chaque fragment, chaque grain de poussière existe dans la mesure où il participe d'une signification universelle. Ainsi se décompose le code cosmique : d'abord de la matière, ensuite de l'énergie, et enfin de l'information. »

Évidemment, dire que le Big-Bang vient de l'information ne nous dit pas – ne nous dira sans doute jamais – d'où vient l'information elle-même. « Y a-t-il encore quelque chose au-delà ? Si nous acceptons l'idée que l'Univers est un message secret, qui a composé ce message ? »

Sans doute l'absence de réponse est-elle écrite dans le message.

Dans l'avenir très lointain, à l'horizon des milliards de milliards d'années, l'Univers tel que nous le connaissons aura disparu.
Pourtant, il restera quelque chose. Un acquis immatériel qui permettra peut-être au cosmos d'aborder un nouveau cycle.

25

OÙ VA LE BIG-BANG ?

Depuis des milliards d'années, le Big-Bang se poursuit. À chaque seconde, poussé par l'énergie noire à un rythme de plus en plus accéléré, l'Univers grandit en silence. Se rue en trombe vers un horizon de plus en plus lointain. Pour aller où ? Quel est le sens de cette course folle dans laquelle nous sommes emportés malgré nous ? Quelle est notre destination ?

Aussi incroyable que cela puisse paraître, au terme de cette traversée de notre histoire, nous sommes en mesure d'apporter un début de réponse à ces questions. Le poids des mystères qu'elles portent ne nous terrasse pas, bien au contraire. Et c'est avec une sorte d'allégresse métaphysique que nous allons partager avec vous ce que nous pensons être la meilleure nouvelle de ce livre. Dans le même temps, gardons à l'esprit que ce qui va suivre s'inscrit sur un registre spéculatif et déborde des limites standards, prudentes par construction, de la science. Mais ce sont ces mêmes frontières spéculatives qu'a franchies Roger Penrose dans le modèle d'Univers cyclique dont nous vous avons dit quelques mots, modèle qui, à bien des égards, possède de profondes analogies avec ce que nous allons vous exposer à présent.

Pour ce faire, d'une manière qui va peut-être vous surprendre, nous allons retrouver – une fois de plus – les mathématiques et leur extraordinaire pouvoir prédictif. Plus précisément, nous allons nous tourner vers le mystérieux théorème de récurrence de Poincaré.

De quoi s'agit-il ?

Un beau jour de 1890, le grand savant met la dernière main à un problème sur lequel il a réfléchi pendant de longs mois. Ce défi mathématique est aujourd'hui connu dans le monde entier sous ce titre très évocateur : le problème des trois corps. La solution apportée par Poincaré est si nouvelle, si éblouissante, que le roi Oscar 1er de Norvège et de Suède, passionné de mathématiques, lui offre le prix qui porte son nom royal.

Que nous dit ce théorème ? Dans les grandes lignes, qu'un système dynamique conservatif (c'est-à-dire qui n'échange pas son énergie avec un autre système) au bout d'un temps plus ou moins long, revient à sa position initiale. À présent, fixons bien notre attention, car comme nous l'avons annoncé, ce théorème contient quelque chose de précieux, un secret qui a de quoi redonner des couleurs à la plupart d'entre nous. De quoi s'agit-il ? Pour le savoir, commençons

Le célèbre mathématicien Henri Poincaré,
découvreur du théorème de récurrence en 1910.

par nous demander s'il est possible d'appliquer ce fameux théorème de récurrence à... notre Univers. En fait, la réponse est oui. Pourquoi ? Parce que l'Univers est un système – le « système Univers » – dont, tout d'abord, les conditions initiales sont connues (le Big-Bang). Ensuite ce système est dynamique (il évolue à chaque instant selon le second principe de la thermodynamique depuis 13 milliards et 800 millions d'années). Enfin il est conservatif (il n'échange aucune énergie avec un autre système extérieur à lui).

À partir de là, nous proposons donc d'appliquer le théorème de récurrence de Poincaré au système Univers. Qu'allons-nous en tirer ? Tout simplement qu'au bout d'un temps arbitraire (qui peut bien sûr être très long, des milliards de milliards de siècles), l'Univers va nécessairement retrouver les conditions initiales qui ont entouré sa naissance.

*

Sans doute est-il utile d'expliciter ce que nous venons de suggérer. En effet, se pose ici la question de l'évolution à très long terme de notre Univers. Que va-t-il devenir dans un avenir très lointain ? En fait, tous les scénarios s'accordent sur la même conclusion : depuis environ 5 milliards d'années, notre soleil brûle 600 millions de tonnes d'hydrogène à chaque seconde ! À ce rythme d'enfer, il va tout de même encore briller pendant longtemps. Mais un moment viendra, dans 5 milliards d'années environ, où il aura épuisé toutes ses réserves. Alors il s'éteindra pour toujours. Beaucoup d'étoiles de sa génération feront comme lui. Et un jour lointain, dans très longtemps, toutes les étoiles de toutes les galaxies se seront éteintes à leur tour. Après l'inéluctable extinction de la lumière, la matière des soleils disparus commencera lentement à se désagréger. Puis viendra le temps où elle sera progressivement engloutie par des trous noirs géants, l'Univers sera alors âgé de 1 trillion de trillion de trillion de trillion de trillion d'années. À cette époque inimaginable, proche d'une sorte d'éternité, les trous noirs eux-mêmes, ultimes témoins du temps où l'Univers existait en rayonnement et en matière, devront s'évaporer à leur tour. Encore plus tard, des milliards de milliards de milliards d'années après l'évaporation de tous les trous noirs subsistant dans l'immensité cosmique, toute la matière composant l'Univers aura disparu. Jusqu'au dernier proton. Jusqu'à l'ultime électron.

Selon la prédiction des équations de la relativité, une fois le dernier grain de matière évaporé, une fois la température tombée au zéro absolu, l'espace et le temps eux-mêmes disparaîtront à leur tour.

Que restera-t-il alors ?

Rien ? Eh bien non ! Il restera bel et bien quelque chose. Une nouvelle aube se lèvera, éclairant une ère nouvelle. Laquelle ? À nouveau, celle de l'*information*.

L'information !

Alors que le dernier souffle de réalité matérielle s'envolera dans le néant, l'Univers quittera le temps réel, celui de l'énergie et de l'évolution, pour retourner au temps imaginaire pur. Que sera alors devenu ce trésor inimaginable d'informations accumulées, dans tout l'Univers, au cours des milliards de milliards d'années d'évolution ? Où ira ce savoir fantastique, illuminé par les innombrables civilisations et les prodigieuses intelligences qui, depuis la nuit des temps, seront apparues, partout dans l'Univers, jusqu'aux amas de galaxies les plus lointaines ?

C'est ici que l'immense aventure cosmique s'éclaire d'une signification nouvelle. Car dans cet avenir inaccessible à l'imagination des hommes, cette information finale portera le souvenir de tout ce qui a eu lieu dans la longue histoire de l'Univers. Ici comme sur les milliards de mondes qui auront existé. Le sourire merveilleux de votre maman. Votre première promenade à bicyclette. Votre rencontre avec l'amour de votre vie. Les premiers pas de votre enfant dans l'herbe… Rien de tout cela ne sera oublié par l'Univers. Tout sera là, dans le moindre détail.

Selon le théorème de récurrence, l'avenir du cycle qui est le nôtre aujourd'hui correspond au passé d'un nouveau cycle.

*

À ce stade plutôt mystérieux, sans doute que vous vous posez une nouvelle question : par quel mécanisme l'Univers pourrait-il « stocker » en mémoire cet ensemble quasi infini d'évènements ? Or, depuis quelques années, les scientifiques proposent une explication spectaculaire qui vaut que l'on s'y arrête. De quoi s'agit-il ? De ce qu'on appelle dans le langage des physiciens le « principe holographique », un terme aujourd'hui très à la mode.

Ce fameux principe a été proposé au début des années 1990 par le prix Nobel de physique Gerard t'Hooft. Le point de départ est lié à une découverte à laquelle personne ne s'attendait, même pas Stephen Hawking et Jacob Bekenstein, pourtant à l'origine de cette impressionnante avancée. Ce que l'on sait aujourd'hui grâce à eux, c'est que lorsqu'un objet – par exemple un livre, une chaise, une voiture, etc. – tombe dans un trou noir, la matière de l'objet est entièrement détruite mais l'information qui le compose n'est pas perdue. Contre toute attente, elle subsiste. En fait elle se trouverait stockée sur ce qu'on appelle « l'horizon des évènements », c'est-à-dire une surface à deux dimensions marquant la limite entre l'intérieur et l'extérieur du trou noir.

À partir de là, Gerard t'Hooft – avec lequel nous avons – nous-mêmes souvent parlé de la théorie holographique – et, un peu plus tard (en 1995) le célèbre expert en théorie des cordes Leonard Susskind (un brillant pédagogue, toujours très clair) ont proposé cette idée fulgurante : tout ce qui est contenu dans un volume d'espace – votre maison, votre voiture, la chaise sur laquelle vous êtes assis, etc. – peut être décrit par l'information contenue à la surface de ce volume. Tirant une conclusion générale de ce principe, Susskind (avec t'Hooft en renfort) en tire l'idée audacieuse selon laquelle tout ce que contient l'Univers dans son immense volume (les planètes, les étoiles, les galaxies groupées en amas, etc.) n'est en réalité qu'un « d'hologramme », une sorte de projection à trois dimensions, dont la source est l'information encodée sur sa surface à deux dimensions.

Pour bien comprendre le mécanisme de conservation de l'information dans notre réalité de tous les jours, il apparaît nécessaire d'étendre l'hypothèse de Susskind. En effet, nous vivons dans un Univers qui ne comporte pas trois mais bien quatre dimensions (les trois dimensions d'espace et la dimension du temps). Avec cela dans nos bagages, notre nouvelle formulation du principe holographique est donc la suivante : tout le contenu matériel de l'Univers depuis son origine trouve sa source dans l'information stockée sur son bord à trois dimensions ! Autrement dit, dans le cadre « holographique » prisé par les théoriciens, notre réalité de tous les jours correspond à la projection en quatre dimensions d'informations qui existent dans trois dimensions.

Or, c'est là que tout s'éclaire et devient réellement passionnant.

En effet, souvenez-vous : les dernières mesures cosmologiques du satellite Planck (concordant avec celles de COBE et WMAP) indiquent que l'espace à trois dimensions présente une très faible courbure positive. La conclusion est donc immédiate : comme le pensait Einstein il y a un siècle, le bord de l'espace-temps n'est autre qu'une sphère à trois dimensions ! Par conséquent, premier cadeau, toutes les informations caractérisant l'histoire de notre Univers se trouvent donc encodées à la surface de l'immense sphère à trois dimensions matérialisant le bord de notre Univers.

Dans le cadre du principe holographique, l'espace à trois dimensions (représenté ici par une sphère pleine) est la projection tridimensionnelle d'une surface à deux dimensions (au-dessous) sur laquelle se trouve encodé l'ensemble des informations codant la réalité.

Un cadeau pour nos connaissances ? Certes. Mais il y a encore autre chose, de tout aussi exaltant, si ce n'est plus. En effet, intéressons-nous un instant à l'intérieur de notre fameuse sphère à trois dimensions (à laquelle les mathématiciens ont donné le joli nom de « sphère S3). Nous l'avons répété souvent ailleurs dans nos ouvrages : les mathématiciens ont établi que S3 est à la fois le bord de notre espace-temps mais aussi le bord de ce qu'on appelle en topologie une « boule B4 », c'est-à-dire une boule pleine à quatre dimensions représentant l'intérieur de la sphère S3 (un peu comme un boule de billard est une boule pleine à trois dimensions représentant l'intérieur d'une sphère à deux dimensions). Ici, soyez bien attentifs : ce que nous allons vous expliquer peut vous paraître un peu compliqué mais si vous nous suivez pas à pas, le paysage va magnifiquement s'éclairer et vous allez comprendre le pourquoi du comment. En premier lieu, nous allons voir où et par quel mécanisme se trouvent stockées toutes les informations accumulées dans l'Univers depuis sa naissance.

En effet, dans la mesure où la sphère S3 à trois dimensions est le bord de notre espace-temps à quatre dimensions, le rayon de la sphère (qui n'est autre que le temps, bien sûr) grandit à chaque instant, ce qui explique que l'Univers est naturellement en expansion. Mais ici attention : nous l'avons dit et répété, S3 est au même moment – et à chaque instant – le bord de la boule B4 ! Dans ce cas, le rayon de la sphère, orienté dans la direction perpendiculaire à l'axe temporel, a pris la direction de ce qu'on appelle « le temps imaginaire » (on l'a vu, c'est tout bêtement une nouvelle direction du temps mesurée par des nombres imaginaires). Mais ici émerge quelque chose de fascinant : en 1975, le fameux prix Nobel Gerard t'Hooft (encore lui) a montré qu'une boule à quatre dimensions n'est autre que ce qu'il a appelé un « instanton », c'est-à-dire une configuration à quatre dimensions dont la quatrième dimension est celle du temps imaginaire. Or, le bord de l'instanton à quatre dimensions n'est autre – une nouvelle fois – que la sphère à trois dimensions S3. Celle-ci est ce que les théoriciens appellent une « pure jauge », c'est-à-dire qu'elle ne contient aucune énergie mais uniquement l'information – toute l'information – de l'instanton. La boucle est donc bouclée : la sphère S3, bord à l'infini de notre Univers mais aussi de la configuration à temps imaginaire du type instanton encode toute l'information de l'Univers, depuis son origine jusqu'à aujourd'hui. Tout ce qui s'est passé et continue de se passer se trouve donc « gravé » à chaque instant sur le bord sphérique à trois dimensions de notre espace-temps.

*

Quelle merveille ! Nous voici face à la magnifique surprise que nous vous avions promise dans notre livre : Rien de ce qui a existé dans l'Univers, jusqu'au moindre détail, ne sera jamais perdu. Autrement dit, l'Univers a une mémoire absolue ; il garde tout et ne jette rien. Surtout pas ces mille choses qui font votre vie et auxquelles vous tenez tant ... En somme, une nouvelle confirmation, aussi spectaculaire que rassurante, du célèbre principe énoncé par le génial Lavoisier au XVIIIe siècle : *rien ne se perd, rien ne se crée, tout se transforme !*

À présent, encore un petit effort d'attention. Car il y a encore une chose de plus. En effet, C'est à ce stade que nous retrouvons le puissant théorème de récurrence de Poincaré. En effet, selon le fameux théorème, l'Univers – qui est un système conservatif – va donc retourner, au bout d'un cycle immensément long, à un état caractérisé par l'existence d'une pure information. Et à partir de là, il est possible d'envisager que cette information finale – encodée à l'infini sur la sphère S3 – devienne en fait l'information initiale donnant naissance à un nouveau Big-Bang, engageant ainsi un nouveau cycle d'évolution cosmique, lequel débouchera lui-même sur un cycle suivant, et ce à l'infini.

C'est en cela qu'il faut comprendre la magnifique lettre adressée par Einstein le 21 mars 1955 à la famille de Besso, son collègue et ami de toujours, qui venait de disparaître : « Il m'a de nouveau précédé de peu en quittant ce monde étrange. Ce n'est pas important. Pour des gens comme nous qui croient en la physique, la distinction entre passé, présent et futur n'est qu'une illusion »

Tout est et sera donc à jamais conservé !

*

C'est là que le merveilleux instanton dont nous vous avons parlé plus haut fait son retour sur le devant de la scène. Avec une bonne nouvelle, une de plus ! En effet, à la suite des travaux du physicien Gérard t'Hooft, les théoriciens ont établi que l'instanton assure une transition par effet tunnel entre les différents « vides », c'est-à-dire entre les états sans matière d'un système. Or, si nous appliquons à présent cette très intéressante propriété à l'Univers entier, alors on comprend d'un seul coup que l'instanton cosmologique, qui portera toute l'information finale au bout de notre longue histoire, pourrait assurer la transition par effet tunnel de cette information finale en une information initiale susceptible d'engendrer un nouveau Big-Bang. Voilà qui selon le théorème de récurence de Poincaré pourrait donc donner naissance à un nouveau cycle d'expansion cosmique.

*

Récapitulons pour bien éclaircir nos idées sur ce sujet passionnant. Dans un premier temps, au cours du Big-Bang l'information initiale se transforme en matière. Puis dans un deuxième temps, selon le second principe de la thermodynamique, la matière se transforme progressivement en information. Enfin, dans un troisième temps, cette information finale (à la fin de l'Univers) se transforme à son tour en matière au cours d'un nouveau Big-Bang. Un nouveau cycle commence et ainsi de suite.

Ainsi, chaque cycle s'enrichirait du précédent, l'Univers et tout ce qu'il contient – entre autres nos lointains descendants – tirant de la sorte – sans le savoir – les leçons d'un passé inaccessible mais toujours présent en filigrane.

Dans son ouvrage paru en 2013, *Les Cycles du temps*[100], sir Roger Penrose nous invite à une nouvelle vision de l'Univers, « riche d'espoir » selon ses propres mots. Ce faisant, il pose en route, depuis son puissant bastion de l'université d'Oxford, trois grandes questions : Qu'y avait-il avant le Big-Bang ? Quelle est la source de l'ordre qui règne dans l'Univers ? Quel avenir cosmique nous attend ? Ce

100 Éd. Odile Jacob, 2013.

sont exactement les mêmes que les nôtres. Avec au bout cette fascinante « cyclicité de la trace » (pour reprendre une expression du langage mathématique).

Tel semble être le cycle mystérieux – et le destin – de l'Univers : une information primordiale dont l'origine restera à jamais voilée quittant le temps imaginaire pour se transformer en énergie avant de se reconvertir, peu à peu, en une pure information.

*

Jusqu'à ce que dans un avenir insondable, un astronome, à l'aide d'un satellite, photographie la première lumière issue de ce nouveau Big-Bang, croyant y déceler, comme il le dira à ses collègues rassemblés en conférence, le visage de Dieu…

L'effet tunnel qui, peut-être, permettra à notre Univers dans un futur très lointain d'aborder un nouveau cycle.

CONCLUSION

Depuis son apparition, il y a 13,8 milliards d'années, l'Univers a lentement évolué, par paliers de complexité croissante, jusqu'à produire la vie et la conscience. Question, fascinante, peut-être la plus importante de toutes : un tel scénario est-il inscrit, comme l'a écrit George Smoot ou comme le pense Freeman Dyson, au cœur même de la matière ? Car si tel est le cas, l'Univers est alors bien autre chose qu'un système de galaxies, d'étoiles et de planètes : c'est aussi une organisation hiérarchisée qui conduit nécessairement les molécules inanimées vers la vie. En d'autres termes, la vie serait l'expression spontanée d'un Univers dont la tendance naturelle consiste à organiser les molécules les plus simples en systèmes plus complexes jusqu'à engendrer du vivant.

Quel est alors le secret de cette tendance spontanée de la matière vers la vie ? Pourquoi apparaît-elle de plus en plus comme une conséquence des propriétés fondamentale de la matière ? On a peut-être trop tendance à oublier que l'extraordinaire programmation du vivant que vous pouvez découvrir depuis votre fenêtre sous la forme de brins d'herbe, d'hirondelles, de fourmis ou de roses, trouve son origine dans l'atome de carbone : nous voilà renvoyés vers le lointain cosmos et les étoiles sans lesquelles le carbone ne serait jamais apparu. Comme nous l'avons vu et répété, la moindre modification de la « chaîne causale cosmologique » ou de la valeur d'une des constantes physiques sur lesquelles repose toute la réalité qui nous entoure débouche sur des solutions incomplètes, inexactes, incompatibles avec l'Univers tel que nous le connaissons : le plus infime changement des conditions initiales aurait eu pour résultat que la vie n'aurait jamais été possible.

Pour répondre à ces questions, il nous faut donc remonter très loin dans le passé, jusqu'à l'instant zéro, c'est-à-dire jusqu'à cet instant très mystérieux qui représente l'origine absolue de l'Univers où, comme nous le pensons, devaient être codées toutes les lois physiques sur lesquelles repose la réalité qui nous entoure. De même que tous les êtres vivants sont précédés d'une information génétique qui « code » leurs caractères physiques, l'Univers pourrait ainsi être précédé d'une information cosmologique qui, elle aussi, « code » ses caractéristiques et les grandes lois physiques. Comme tous les codes, ce « programme cosmologique primordial » se réduirait à un système d'instructions et de données numériques. Dans le cas où – comme nous le pensons – ce mystérieux code cosmologique serait bien situé à l'origine de l'Univers, c'est-à-dire à l'instant zéro, alors il serait du même coup plongé dans le temps imaginaire. Comme on l'a vu à plusieurs reprises, dans la vie de tous les jours le « temps qui passe » est associé à de l'énergie (un feu brûle et libère son énergie dans le temps, un moteur libère son énergie dans le temps). Pour prendre un exemple familier, lorsque vous projetez sur votre téléviseur le dernier film DVD que vous venez d'acheter, vous allez consommer une certaine quantité d'énergie (électrique, lumineuse, mécanique, etc.) mesurable et répartie dans le temps. Vous ne pourrez ni ralentir la lecture du film ni l'accélérer (sans quoi, vous ne comprendrez rien au film) : vous êtes absolument contraint de demeurer sagement devant votre écran du début jusqu'à la fin. Or, dès que vous éjecterez votre DVD du lecteur, le film quittera alors le monde du temps réel (celui de l'énergie) pour entrer dans celui du temps imaginaire (celui de l'information). En effet, l'histoire de votre film est toujours « là », gravée dans le DVD sous forme de « 0 » et de « 1 » : le scénario complet, avec ses aventures, ses personnages, ses voitures, ses chiens et ses maisons, est enfoui dans les sillons du disque, hors de toute énergie, hors de toute chronologie, hors de toute durée : sur votre disque, il n'y a plus de « passé » ni de « futur » mais, simplement, de l'information. Autre exemple : toute l'information du livre que vous tenez en ce moment entre vos mains est bien là, mais vous ne pouvez pas y accéder d'un seul coup : vous êtes contraint de tourner les pages, l'une après l'autre, et d'étaler votre lecture dans le temps, sur plusieurs jours, en consommant de l'énergie (sous forme de respiration, de nourriture, etc.).

Or, nous vous l'avons confié, ici et ailleurs, l'Univers d'avant le Big-Bang ne repose pas sur de l'énergie mais seulement sur de l'information. Faisons un pas de plus et imaginons, pour prendre une métaphore commode, que toutes les lois physiques soient gravées sur une sorte de « DVD cosmique » : que se passerait-il si notre disque n'était pas mis en lecture ? Rien. L'Univers tel que nous le connaissons n'existerait pas : l'information contenue sur le disque resterait alors dans le temps imaginaire (exactement comme un film reste « hors du temps » aussi longtemps qu'il n'est pas décodé par un lecteur de DVD). Mais aussitôt que notre « disque cosmique » serait mis en lecture, alors l'information qu'il contient, c'est-à-dire l'ensemble des lois physiques qui gouvernent l'Univers, entrerait dans le monde de l'énergie et du temps réel : la réalité serait alors soumise, dans le temps, à l'action des grandes lois et constantes physiques. La constante de la vitesse de la lumière, par exemple, celle qui fait qu'un rayon de lumière voyage à la vitesse de 299 792 458 km/à la seconde. L'origine de cette constante, le fait qu'elle soit fixée à cette valeur-là et pas à une autre à la seconde nous semble bien, en effet, extérieure au monde : comme toutes les autres, cette loi semble avoir une existence indépendante de l'Univers : on sent confusément que ces grandes lois viennent d'ailleurs. Elles constituent une information d'une complexité impénétrable qui fait que la température du zéro absolu est de -273 °K et pas -280 °K. Pourquoi ces valeurs-là ?

*

Aujourd'hui, 138 millions de siècles après la naissance de l'Univers, la vie est apparue sur un petit monde banal sous la forme de fleurs, de bactéries, de chiens, de paramécies et de rhinocéros, de chênes et d'acariens, d'étoiles de mer et d'êtres humains. Or, malgré cette étonnante diversité, tous ces organismes présentent, au niveau génétique et moléculaire, une remarquable unité de structure et de fonction.

Ils portent tous les mêmes acides nucléiques et les mêmes protéines composées des mêmes éléments de base (acides aminés), leurs gènes sont tous des formes de la même molécule d'ADN, le code génétique est le même, les mêmes enzymes interviennent dans des réactions semblables pour tous.

Au-delà de ce premier mystère, il y en a un autre, tout aussi curieux : pourquoi toutes les molécules qui constituent les « briques » du vivant sont-elles lévogyres, c'est-à-dire « orientées à gauche » ? La bactérie ou le doryphore, la rose ou la girafe, l'algue ou la mouche, l'homme ou la limace sont constitués d'acides aminés lévogyres. Quelle est la raison d'un tel phénomène ? Pourquoi les molécules du vivant ne sont-elles pas, au contraire, « orientées à droite » ? Y a-t-il une justification à ce phénomène ?

Il semble qu'à un niveau profond, cette unité de structure renvoie bel et bien à une unité de la vie dont le scénario semble écrit depuis l'origine. On sait aujourd'hui que si les embryons de la morue, du cheval et de l'humain passent par un stade au cours duquel on observe dans chaque espèce des ébauches de branchies, c'est bien que ces différentes espèces ont évolué à partir d'un ancêtre commun, une espèce de poisson aujourd'hui disparue. Or, les recherches les plus récentes concernant ces ancêtres communs ont permis de mettre en évidence un fait extraordinaire : l'évolution future du cerveau primitif de ces créatures vers le néocortex humain est déjà codée dans le génome du cerveau reptilien de ces lointains ancêtres. Il s'agit là d'un coup sérieux porté à l'idée pourtant bien ancrée selon laquelle l'évolution des espèces dépendrait exclusivement du hasard. Ce que l'on observe est d'une tout autre nature : le hasard intervient, bien sûr, mais il existe aussi un mystérieux programme qui contraint et oriente l'évolution vers une complexité croissante. Cette découverte, reprise par des physiciens comme Seth Lloyd ou David Deutsch – qui n'hésitent pas à parler de « programmation des espèces » –, confirme que le grand scénario de la vie et de son évolution semble bel et bien préparé et écrit, dès l'origine la plus lointaine, enfoui au cœur même de la matière vivante et, bien avant encore, de la matière tout court. Jusqu'où nous faudra-t-il remonter pour trouver l'origine de ce code ? Celui-ci n'est-il pas antérieur à l'apparition même de l'Univers, à cet instant très énigmatique qui précède le Big-Bang ? Le physicien Paul Davies va sans aucun doute dans le sens de cette hypothèse lorsqu'il écrit : « En affirmant que l'eau signifie la vie, les scientifiques de la NASA font tacitement un pari immensément profond sur la "nature de la nature". Ils disent, en effet, que les lois de l'Univers ont, contre toute attente, habilement réussi à apprivoiser la vie ; que d'une certaine manière, les principes mathématiques de la physique, dans leur élégante simplicité, savaient tout, "à l'avance", de la vie et de son immense complexité. Si la vie découle bien de la soupe primordiale, si elle en dépend par causalité, alors les lois de la nature encodent une instruction cachée, un "impératif cosmique" qui ordonne : "Créez la vie !" Et à travers la vie, ses conséquences : l'esprit, la connaissance, la compréhension des choses. Telle est la vision à couper le souffle de la nature, magnifique et exaltante dans sa majestueuse grandeur[101]. »

101 P. Davies, *The Fifth Miracle*, Simon & Schuster, 1999.

La réalité dans laquelle nous vivons pourrait être le résultat
d'un très mystérieux codage…

*

En ce moment même, un satellite glisse en silence à 1 million et demi de kilomètres de la Terre. Lancé le 14 mai 2009, *Planck* va poursuivre pour toujours sa mission solitaire. Perdu aujourd'hui dans le vide, tous ses capteurs éteints, il glisse en silence dans le froid glacial de l'espace, loin de l'influence gravitationnelle de notre planète et du Soleil, loin de tout. Il a rempli sa mission d'approfondir le travail de ses prédécesseurs, COBE et WMAP. Les mesures qu'il a effectuées sans relâche pendant des années sont entrées dans l'histoire des sciences.

En réussissant à reconstituer le scénario énigmatique des tout premiers instants de l'Univers, en nous montrant comment tout a commencé, *Planck* a livré à l'humanité un fabuleux trésor cosmologique : peut-être pas le visage de Dieu, mais tout au fond du gouffre du temps, mystérieux et splendide, l'instant même de la création.

Achevé d'imprimer en novembre 2019
sur les presses de la Nouvelle Imprimerie Laballery
58500 Clamecy
Dépôt légal : novembre 2019
Numéro d'impression : 910711

Imprimé en France

La Nouvelle Imprimerie Laballery est titulaire de la marque Imprim'Vert®